W0085995

Kompaktwissen XL

Dieses Buch wurde klimaneutral gedruckt.

Alle CO_2-Emissionen, die beim Druckprozess unvermeidbar entstanden sind, haben wir durch ein Klimaschutzprojekt ausgeglichen, das sich für den Regenwaldschutz in Papua-Neuguinea einsetzt.

Nähere Informationen finden Sie hier:

ClimatePartner.com/14058-1912-1001

Yomb May

Abiturwissen Deutsch

Reclam

Kompaktwissen XL | Nr. 15237
2018 Philipp Reclam jun. GmbH & Co. KG,
Siemensstraße 32, 71254 Ditzingen
2., verbesserte und erweiterte Ausgabe 2018
Druck und Bindung: Kösel GmbH & Co. KG,
Am Buchweg 1, 87452 Altusried-Krugzell
Printed in Germany 2020
RECLAM ist eine eingetragene Marke
der Philipp Reclam jun. GmbH & Co. KG, Stuttgart
ISBN 978-3-15-015237-9

Auch als E-Book erhältlich

www.reclam.de

Inhalt

Inhalt

Vorwort

Abiturwissen Deutsch hilft Schülerinnen und Schülern bei der Vorbereitung auf Klausuren und die Abiturprüfung im Fach Deutsch.

Die bundesweiten Bildungsstandards für die allgemeine Hochschulreife erfordern nicht nur ein gut geplantes und straff organisiertes Lernen in der Oberstufe, sondern auch umfangreiches und strukturiertes Wissen.

Das vorliegende Buch bietet in komprimierter und übersichtlicher Form das Prüfungswissen an, das im Laufe der Ober- bzw. Kursstufenzeit, meist verstreut über die Jahre und über verschiedene Schulbücher hinweg, vermittelt wird. Es bündelt und strukturiert dieses Wissen, so dass es schnell aufzufinden ist.

Durch die modularisierte und kompakte Darstellung tritt das Prüfungswissen in diesem Buch deutlicher hervor, als es in den Lehrbüchern geschehen kann. Die einzelnen Module konzentrieren sich auf Wissensgebiete, Gegenstände und Themen, die in den Richtlinien und Lehrplänen zentral sind. Damit lassen sich alle abiturrelevanten Stoffgebiete rasch wiederholen und vertiefen.

Darüber hinaus hat dieses Buch den Anspruch, Schülerinnen und Schülern eine praktische Orientierungshilfe für den kompetenten Umgang mit Texten an die Hand zu geben. Neben bewährten Methoden und Arbeitstechniken zur Lösung der häufigsten Abituraufgaben bietet es daher zahlreiche Formulierungshilfen und Tipps, die zu einer guten sprachlichen Darstellungsleistung bei Klausuren führen.

Das Register am Ende des Buches hilft, schnell die richtigen Seiten zu einem prüfungsrelevanten Themengebiet zu finden.

Auf diese Weise fällt die Vorbereitung auf die Abiturprüfung leichter, kann gezielter ablaufen und daher Zeit sparen.

Autor und Verlag wünschen Ihnen viel Erfolg!

Modul I

Sprache und Sprachgebrauch

1 Was ist Sprache?

1.1 Unterschiedliche Erklärungsansätze

Es gibt zahlreiche Ansätze, die sich mit dieser Frage befassen. Ihre Antworten fallen unterschiedlich aus. Das liegt vor allem daran, dass menschliche Sprache verschiedene Eigenschaften aufweist. Einige davon sind:

- Sprache ist anthropologisch fundiert;
- sie beschreibt den Kontext zwischen Menschen und der Welt;
- sie beruht auf Sinneswahrnehmung;
- sie unterliegt der kulturellen Evolution;
- sie trägt zur kulturellen Identität einer Gruppe bei;
- sie ist anfällig für Manipulationen.

Einzelne Sprachen lassen sich bestimmten Sprachfamilien zuordnen (z. B. indoeuropäische Sprachen, Turksprachen). Sprachfamilien werden durch umfassende lexikalische (den Wortschatz betreffende) und morphologische (die Struktur der Wörter betreffende) Vergleiche zwischen Sprachen eines Gebietes oder eines Kontinents ermittelt.

1.2 Die Ebenen der Sprache

Die wissenschaftliche Beschreibung und Untersuchung von Sprache fällt in den Zuständigkeitsbereich der Sprachwissenschaft. Allerdings ist der Untersuchungsgegenstand ›Sprache‹

sehr komplex. Denn Sprache lässt sich auf verschiedenen Ebenen betrachten. Daher gibt es unterschiedliche Teilgebiete der Sprachwissenschaft. Folgende Sprachebenen und die jeweils zugeordneten Teildisziplinen lassen sich unterscheiden:

Sprachwissenschaft	
Ebene der Sprache	**zuständige Teildisziplin**
semiotische Ebene	Die Semiotik ist die Wissenschaft von Zeichen (vgl. Kapitel 1.5).
grammatische Ebene	Die Grammatik legt die formalen Regeln der Sprache fest.
syntaktische Ebene	Die Syntax beschreibt den Satzbau (als Teilbereich der Grammatik).
morphologische Ebene	Die Morphologie beschäftigt sich mit der Struktur der Wörter, also der Wortbildung.
semantische Ebene	Die Semantik befasst sich mit der Bedeutung von Wörtern und Sätzen.
lexikalische Ebene	Die Lexikologie untersucht den Wortschatz bzw. den Wortbestand einer Sprache.
pragmatische Ebene	Die Pragmatik untersucht die Wirkung von Wörtern.
phonologische Ebene	Die Phonologie untersucht die Lautstruktur sprachlicher Zeichen.

1.3 Sprachursprung und Spracherwerb

Seit der Antike beschäftigt sich die Wissenschaft mit der Frage nach der Entstehung der Sprache in der Geschichte der Menschheit. Mittlerweile ist bewiesen, dass sich der bereits vor 400 000 Jahren lebende Neandertaler der Sprache bedient hat. Aber wie kam der Mensch überhaupt zur Sprache? Über diese Frage gibt es zahlreiche, zum Teil einander widersprechende Meinungen und Theorien.

Sprachursprungstheorie von Johann Gottfried Herder

Als Antwort auf die Preisfrage der Berliner Akademie der Wissenschaften nach dem Wesen der menschlichen Sprache verfasst Johann Gottfried Herder (1744–1803) seine *Abhandlung über den Ursprung der Sprache* (1772). Darin formuliert er die These, dass sich Sprache auf natürliche Weise entwickelt habe. Beim Vergleich von Mensch und Tier gelangt er zu der Erkenntnis, dass auch Tiere mit ihren verschiedenen Lauten über eine Art Sprache verfügen, womit sie ihre Empfindungen unmittelbar ausdrücken können. Nach Herder grenzt sich der Mensch vom Tier wesentlich dadurch ab, dass er über Vernunft und Besonnenheit verfügt und somit der Reflexion fähig ist, während Tiere nur instinktgeleitet seien. Vernunft und Sprache befinden sich Herder zufolge in einer Wechselbeziehung zueinander. Die Vernunft habe die Entwicklung der menschlichen Sprache erst ermöglicht und die Sprache wiederum zur Weiterentwicklung der Vernunft beigetragen. Herder betrachtet die menschliche Sprache als Ergebnis der Nachahmung von Tönen aus der Natur und ihrer Weiterentwicklung durch die Reflexion. Sprache sei daher nicht durch Zufall entstanden, sondern sie liege in der Natur des Menschen.

Spracherwerbstheorien

Als **Ontogenese** bezeichnet man die Entwicklung eines Phänomens, hier: der Sprache, im Individuum. Ontogenetische Ansätze beobachten also den individuellen Erwerb der Sprache und deren Entwicklung beim einzelnen Kind. Demnach sind die einzelnen Phasen der individuellen Sprachentwicklung mit dem vierten oder fünften Lebensjahr abgeschlossen. Ab diesem Zeitpunkt beherrscht das Kind, dessen Sprachvermögen sich von einfachen Lauten bis hin zu komplexen Sätzen entwickelt, schließlich die wesentlichen Elemente des Sprachsystems, in dem es sozialisiert wird. Man unterscheidet folgende Spracherwerbstheorien:

- **Behavioristische Theorie:** Der von den amerikanischen Psychologen John B. Watson und B. F. Skinner (*Verbal Behavior*, 1957) vertretene Ansatz postuliert, dass das Sprechen des Kindes ein konditioniertes Verhalten darstellt, das dem Reiz-Reaktions-Schema folgt. Das bedeutet: Kinder lernen eine Sprache, weil sie die Sprache der Eltern bzw. Erwachsenen imitieren. Mit anderen Worten: Kinder eignen sich Sprache durch die Aufnahme der Sprachinformationen ihrer akustischen Umwelt an. Die kindliche Sprache wird durch die Reaktionen der Umwelt geprägt und ist folglich die Summe einzelner konditionierter Sprechgewohnheiten.
- **Kognitivistische Theorie:** Für den Schweizer Entwicklungspsychologen Jean Piaget (*Le language et la pensée chez l'enfant*, 1923, dt. *Sprechen und Denken beim Kinde*, 1972) gibt es eine Verknüpfung zwischen Sprache und Denken. Ihm zufolge bildet das sinnliche Erfahren der Umwelt die Basis für die sprachliche und kognitive bzw. intellektuelle Entwicklung. Je ausgeprägter das Sprachvermögen, umso besser die Fähigkeit zu abstraktem Denken.

- **Interaktionistische Theorie:** Der amerikanische Psychologe Jerome S. Bruner (*Child's Talk. Learning to use language*, 1975) vertritt die Theorie, dass Sprache durch Interaktion angeeignet wird. Das bedeutet, dass sich der individuelle Spracherwerbsprozess des Kindes durch seinen handelnden Umgang mit seinen primären Bezugspersonen, in der Regel seinen Eltern, entwickelt. Später überträgt das Kind das Gelernte schließlich auf andere soziale Situationen.
- **Nativistische Theorie:** Der amerikanische Linguist Noam Chomsky kritisiert in seinen *Aspects of the Theorie of Syntax* (1965) den Behaviorismus. Ihm zufolge kann mit dieser Theorie die Vielfältigkeit und Kreativität der Sprache nicht erklärt werden. Nach Chomsky sind die spezifischen syntaktischen Regeln der Muttersprache so komplex, dass Kinder sie nur durch eine angeborene, d. h. genetische Ausstattung erwerben. Die Umwelt liefert dabei nur Gelegenheiten, die Sprache zu sprechen. Spracherwerb ist daher in erster Linie eine sprachspezifische Fähigkeit, die Kinder von Geburt an besitzen und die es ihnen ermöglicht, Regeln aus der gehörten Sprache abzuleiten.
- **Konstruktivistische Theorie:** Für die Vertreter dieses Erklärungsmodells erfolgt der Spracherwerb aus dem Zusammenspiel von genetischen Anlagen und der Interaktion mit der Umwelt. Demnach konstruieren Kinder beispielsweise grammatische Strukturen aufgrund ihrer allgemeinen Lernfähigkeit aus der Sprache, die sie in ihrem Umfeld hören.

Phasen des Spracherwerbs

Nach heutigem Kenntnistand vollzieht sich der Spracherwerbsprozess des Kindes in mehreren aufeinanderfolgenden Phasen. Dabei hängt der Entwicklungsstand des Sprachvermögens mit der Altersstufe des Kindes zusammen:

Alter	Entwicklungsstand des Sprachvermögens
vor der Geburt	• Ab dem 6. Schwangerschaftsmonat bilden sich die Gehörgänge. • Der Fötus kann nun Geräusche wie die Herztöne und die Stimme der Mutter wahrnehmen, die er auch nach der Geburt wiedererkennt.
1. Monat	• Ab der Geburt verfügt das Kind über ein entwickeltes Hörvermögen und kann schreien. • Ab der 2. Woche: Unterscheidung der Muttersprache von anders klingenden Sprachen. Das Kind nimmt Klangmuster und Grundlaute seiner Muttersprache differenziert wahr.
1.–5. Monat	• Zwischen dem 3. und dem 4. Monat vollzieht sich die sogenannte »Phase der stimmlichen Expansion«, zuvor verwendet das Kind mehr Vokale als Konsonanten. • Frühformen des sozialen Lächelns • Mimische Muster für Unbehagen, Schmerz, Trauer, Unlust
6.–12. Monat	• Phase des »Brabbelns« beginnt. • Zwischen 7. und 12. Monat: Das Kind erkennt Silbenfolgen und Rhythmus der Muttersprache. • Zwischen dem 7. und 10. Monat: Phase des repetitiven Silbenplapperns • Zwischen dem 11. und 12. Monat: variierendes »Brabbeln« und Einwortäußerungen (»Mama«, »Papa«, »nein«, »danke« etc.)
1–2 Jahre	• Das Kind spricht erste Wörter. Sein Wortschatz beträgt bis zum 2. Lebensjahr zwischen 40 und 50 Wörter. Dabei erwirbt es zunächst Wörter, die Objekte bezeichnen, und dann Wörter, die Emotionen ausdrücken. • Zwischen dem 18. und 24. Monat kann das Kind Zweiwortäußerungen tätigen.

2–3 Jahre	• Zwischen 2 und 2,5 Jahren wird das Lautsystem der Muttersprache voll ausgebildet. • Zwischen 2 und 4 Jahren erweitert sich der Wortschatz von 50 auf ca. 100 Wörter. • Handlungen und innere Zustände können sprachlich dargestellt werden. • Drei- und Mehrwortäußerungen sind möglich.
3–12 Jahre	• Ab 4 Jahren: Verlangsamung des Wortschatzerwerbs • Ab 6 Jahren: Zusammenhängendes Erzählen wird beherrscht. • Zwischen 4 und 12 Jahren: Die Fähigkeiten einer komplexen Syntax werden ausgebaut. • Mit 12 Jahren: Abschluss des Erstspracherwerbs

1.4 Sprache – Denken – Wirklichkeit

Positionen zum Verhältnis von Sprache und Denken

Die Beziehung von Sprache, Denken und Wirklichkeit stellt ein Problemfeld dar, das seit der Antike zum Nachdenken herausfordert. Im Mittepunkt stehen dabei die Fragen, ob Sprache und Denken eine Einheit bilden oder getrennt voneinander zu betrachten sind und ob es ein Denken ohne Sprache gibt. Bis heute haben sich dazu zwei grundsätzliche Positionen herausgebildet:

• Bis Ende des 19. Jahrhunderts herrscht die Ansicht vor, dass Sprache und Denken eine **völlige Identität** bilden. Diese Ansicht geht auf den griechischen Philosophen Platon (427–347) zurück. Denken ist für Platon eine lautlose Form des Sprechens. Noch der Philosoph Ludwig Wittgenstein (1889–1951) greift die von Platon angenommene gegenseitige Abhängigkeit von Sprache und Denken auf und drückt sie so aus: »Die Grenzen meiner Sprache sind die Grenzen meiner Welt«. Das bedeutet so viel wie: Der Mensch kann nicht außerhalb seiner Sprache denken.

• Im 20. Jahrhundert entwickelt sich unter dem Einfluss von sprachpsychologischen Forschungen eine andere Position: Danach bilden Denken und Sprache zwar eine sogenannte Funktionssymbiose, d. h., sie sind aufeinander bezogen und voneinander abhängig, aber sie bilden **keine Einheit**, da es intuitives Sprechen ohne bewussten Denkakt ebenso geben kann wie Bereiche des abstrakten Denkens (z. B. in der Mathematik), die sprachlich nicht mehr formuliert werden können.

Beide Positionen legen den Schluss nahe, dass sich das Verhältnis von Sprache und Denken kaum objektiv erfassen lässt. Eine weitere Schwierigkeit liegt darin, dass sich Sprache und Denken begrifflich nur schwer voneinander trennen lassen.

Sprache als Weltansicht (Wilhelm von Humboldt)

Der Universalgelehrte und Bildungsreformer Wilhelm von Humboldt (1767–1835) stellt in seiner Abhandlung *Über die Verschiedenheit des menschlichen Sprachbaues und ihren Einfluss auf die geistige Entwicklung des Menschengeschlechts* (1836) die These auf, dass Sprache »die äußerliche Erscheinung des Geistes der Völker« sei. »Ihre Sprache ist ihr Geist und ihr Geist ist ihre Sprache. Man kann sich beide nie identisch genug denken.« Humboldt vertritt die Ansicht, dass sich die Verschiedenheit der **Weltansichten** verschiedener Völker aus der Verschiedenheit ihrer Sprachen ableiten lasse. Jeder Sprache, so Humboldt, liege »eine eigentümliche Weltansicht« zugrunde. Das Erlernen einer Fremdsprache sieht er daher als Erwerb eines neuen Standpunkts jenseits der bisherigen Weltansicht an.

Was das Verhältnis von Sprache und Denken anbetrifft, so vertritt Humboldt die Ansicht, dass Denken ohne Sprache nicht möglich ist. Sprache ist für ihn »das bildende Organ des Gedankens«. Dabei unterscheidet er zwischen **Ergon** (griech. *érgon* ›Werk‹), d. h. dem Zeichensystem, dessen der Mensch sich bedient, um zu kommunizieren (der Sprache an sich), und **Energeia** (griech. *enérgeia* ›Tätigkeit‹), d. h. der geistig produktiven Tätigkeit des Menschen (dem Geist an sich). Humboldt versteht Sprache als die »sich wiederholende Arbeit des Geistes, den artikulierten Laut zum Ausdruck des Gedankens fähig zu machen.« Die Schlüsselfunktion von Sprache bringt er mit den Worten zum Ausdruck: »Der Mensch ist nur Mensch durch Sprache.«

Die Sapir-Whorf-Hypothese

Auf den amerikanischen Anthropologen Benjamin Lee Whorf (1897–1941) und seinen Lehrer Edward Sapir (1884–1939) geht die sogenannte Sapir-Whorf-Hypothese (auch »linguistisches Relativitätsprinzip« genannt) zurück. Sie vergleichen die Sprache der nordamerikanischen Hopi-Indianer mit den europäischen Sprachen, da sich die Sprache der Indianer getrennt von diesen entwickeln konnte. Aus den Ergebnissen ihres Vergleichs leitet sich die nach ihnen benannte Hypothese ab. Diese hat zum Inhalt, dass die Art und Weise, wie die Menschen denken, durch das linguistische System, d. h. durch die Grammatik und den Wortschatz ihrer Muttersprache beeinflusst oder bestimmt wird. Die Sapir-Whorf-Hypothese setzt sich aus zwei wichtigen Thesen zusammen:

• **Prinzip der sprachlichen Relativität:** Was wir erkennen und denken können, ist relativ, d. h., die Wahrnehmung der Wirklichkeit ist vom Sprachsystem (Wortschatz und Grammatik) der jeweiligen Sprache abhängig. Demnach erfassen unterschiedliche Sprachgemeinschaften die außersprachliche Wirklichkeit auch unterschiedlich.

- **Prinzip des sprachlichen Determinismus:** Menschen denken nur das, was sie in ihrer Sprache ausdrücken können. Das bedeutet: Die Grammatik einer Sprache ist nicht nur dazu da, um Gedanken zum Ausdruck zu bringen. Sie determiniert das Denken und die Wahrnehmung der Wirklichkeit. Demnach vollzieht sich das Formulieren von Gedanken nicht unabhängig von der Sprache, sondern diese Tätigkeit unterliegt dem Einfluss des linguistischen Systems der jeweiligen Sprache. Verfügt eine Sprache beispielsweise nicht über den Konjunktiv oder über das Passiv, wird das Vorstellungsvermögen in diesem Bereich eingeschränkt.

Diese Gedanken finden wir bereits bei Humboldt (vgl. S. 18 f.) vorgebildet. Geht man von der These des linguistischen Determinismus aus, so folgt daraus, dass fremdsprachliche Texte prinzipiell nicht übersetzbar sind. Bis heute ist die Sapir-Whorf-Hypothese unter Fachleuten umstritten.

Die Sprachphilosophie Jean Piagets

Der Entwicklungspsychologe Jean Piaget (1896–1980) hat eine weitere wichtige Strömung der Sprachphilosophie geprägt. Ausgehend vom Spracherwerb bei Kleinkindern (vgl. S. 16 f.) stellt Piaget die These auf, dass das Denken des Kindes der Sprache vorausgehe. Er kommt folgerichtig zu dem Schluss, dass **Denken unabhängig von Sprache** sei. Piaget ist der Meinung, dass sich logische Strukturen des Denkens bei Kindern erkennen lassen, lange bevor sie zu sprechen beginnen.

Bestätigt wird diese These von dem britischen Soziologen

Basil Bernstein (1924–2000). Dieser hat nachgewiesen, dass Kinder aus der Unterschicht mit einem eingeschränkten Muster sprachlicher Ausdrucksmöglichkeiten, also einem **restringierten Code**, aufwachsen. Kinder aus der Mittelschicht dagegen wachsen nach Bernstein mit vielfältigen sprachlichen Ausdrucksmöglichkeiten, also einem **elaborierten Code**, auf.

Der linguistische Universalismus

Dem amerikanischen Sprachwissenschaftler Noam Chomsky (geb. 1928) zufolge verfügt der Mensch über einen angeborenen universellen Mechanismus für den Spracherwerb und die Sprachverwendung (vgl. S. 15). Die Verschiedenheit der Sprachen sei demnach nur ein Oberflächenphänomen. Allen Sprachen gemeinsam sei eine tiefenstrukturelle Universalgrammatik. Damit meint Chomsky ein angeborenes Inventar allgemeiner Prinzipien der Sprachstruktur. Der Begriff »Universalgrammatik« stellt eine Weiterentwicklung des von Chomsky geprägten Konzepts des *Language Acquisition Device* (LAD) dar. Damit ist ein angeborener Spracherwerbsmechanismus gemeint. Chomskys Annahme wurde in den 1990er Jahren von dem amerikanischen Psychologen Steven Pinker (geb. 1954) bestätigt. In seinem Buch *The Language Instinct* (1994, dt. *Der Sprachinstinkt. Wie der Geist die Sprache bildet*, 1996) vertritt Pinker die These, dass unsere Gedanken in eine wortlose Gedankensprache (er nennt sie »Mentalesisch«) eingekleidet seien. Er postuliert, dass diese Gedankensprache bei allen Menschen identisch sei.

1.5 Sprache als System von Zeichen

Das Zeichenmodell von Ferdinand de Saussure

Wie hängen Worte und ihre Inhalte zusammen? Eine Antwort auf diese Frage formuliert der Schweizer Sprachwissenschaftler Ferdinand de Saussure (1857–1913) zu Beginn des 20. Jahrhunderts. In seiner Theorie des sprachlichen Zeichens (*Cours de linguistique générale*, 1916; dt.: *Grundfragen der allgemeinen Sprachwissenschaft*, 1931) definiert er das sprachliche Zeichen als eine Verbindung aus dem Lautbild (Ausdruck) und der Vorstellung von dem Gegenstand (Inhalt):

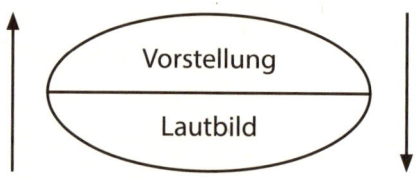

Abb. 1: Lautbild und Vorstellung

Mit dem Lautbild »Baum« (vgl. S. 23) wird der Gegenstand ins Bewusstsein gehoben; umgekehrt holt die Wahrnehmung des Gegenstands das Lautbild hervor. Demnach sind Vorstellung und Lautbild eng miteinander verbunden und entsprechen einander. Allerdings resultiert die Zuordnung einer Vorstellung zum Lautbild und umgekehrt nicht aus logischen Erwägungen. De Saussure schreibt dem sprachlichen Zeichen zwei wesentliche Eigenschaften zu:

- **Arbitrarität (Beliebigkeit):** Die Verbindung zwischen Inhalt und Ausdruck ist völlig willkürlich, denn es gibt keinen natürlichen Zusammenhang zwischen dem Lautbild des Zeichens und dessen Inhalt.

- **Konventionalität:** Die Zuordnung von Vorstellung und Lautbild wird innerhalb einer bestimmten Sprachgemeinschaft festgelegt. Daher können Bezeichnungen nicht beliebig durch andere ersetzt werden.

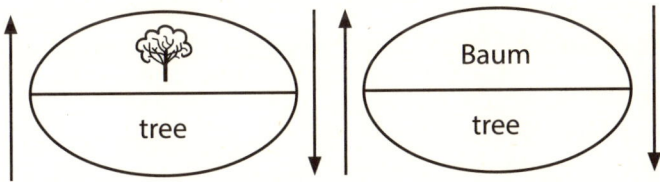

Abb. 2: Vergleich Lautbild und Vorstellung: »Baum« – »tree«

Nach de Saussure ist das **Bezeichnende** das Lautbild, d. h. die äußere Form eines sprachlichen Zeichens, während das **Bezeichnete** die Vorstellung dieses sprachlichen Zeichens ist, also der Zeicheninhalt. So erklärt er, dass es in verschiedenen Sprachen verschiedene Bezeichnungen für ein und dasselbe Bezeichnete gibt (»arbre« – »Baum« – »tree«).

Das semiotische Dreieck von Ogden und Richards

Das semiotische Dreieck ist ein dreiseitiges Zeichenmodell. Es wurde von Charles Kay Ogden (1889–1957) und Ivor Armstrong Richards (1893–1979) entwickelt. Grundthese dieses Modells ist, dass zwischen dem sprachlichen Ausdruck und dem durch ihn bezeichneten Sachverhalt in der Realität keine unmittelbare Relation besteht. Sprachliche Ausdrücke verweisen nur über ihr Konzept auf eine außersprachliche Wirklichkeit.

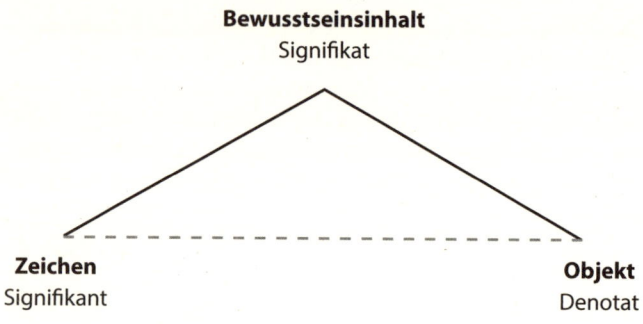

Abb. 3: Das semiotische Dreieck

Das sprachliche **Zeichen** (*symbol*) ruft einen entsprechenden **Bewusstseinsinhalt** (*reference*) hervor, der sich auf das **Objekt** (*referent*) bezieht. Die grau gestrichelte Linie weist darauf hin, dass zwischen dem Begriff und dem Objekt selbst keine notwendige Verbindung existiert. Diese wird erst durch den Sprecher (Zeichenbenutzer) hergestellt.

2 Sprache in Funktion: Kommunikationsmodelle

Die Sprache dient der zwischenmenschlichen Kommunikation. Kommunikationsmodelle zielen darauf ab, den Ablauf von Kommunikation zwischen Menschen theoretisch zu erfassen (was sich in grafischen Darstellungen veranschaulichen lässt). Jedes Modell beschreibt unterschiedliche Aspekte, die allesamt Grundeigenschaften der menschlichen Kommunikation bilden. Die Modelle zeigen also Sprache in Funktion.

2.1 Das Sender-Empfänger-Modell der Kommunikation (Shannon und Weaver)

Das Sender-Empfänger-Modell ist ein bekanntes und als Klassiker vielzitiertes Kommunikationsmodell. Entwickelt wurde es in den 1940er Jahren von Claude E. Shannon (1916–2001) und Warren Weaver (1894–1978; daher Shannon-Weaver-Modell). Das Modell beschreibt Kommunikation als **Austausch von Informationen** zwischen **Sender** und **Empfänger** mit Hilfe von Zeichen. Für eine erfolgreiche Kommunikation ist ein zumindest teilweise identisches Zeichen- und Bedeutungswissen (z. B. eine bestimmte Sprache) notwendig. Zudem ist es wichtig, dass der Code sowohl dem Sender als auch dem Empfänger bekannt ist.

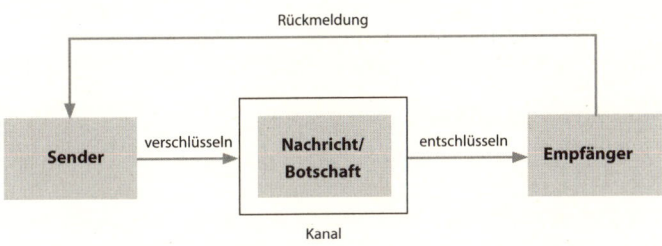

Abb. 4: Das Sender-Empfänger-Modell der Kommunikation

Wenn wir miteinander kommunizieren, werden wir zu Sendern und Empfängern von Botschaften bzw. Nachrichten: Möchte der Sender einem Empfänger etwas mitteilen, so **codiert** bzw. verschlüsselt er die Nachricht. Transportiert wird die Botschaft zum Empfänger durch Sprache, Schrift oder Körpersprache. Das ausgesendete Signal muss dann vom Empfänger **decodiert**, d. h. entschlüsselt werden. Erst wenn ihm dies gelingt, kann er angemessen darauf reagieren. Durch sein Feedback wird er selbst zum Sender und der ursprüngliche Sender zum Empfänger.

2.2 Das Organon-Modell (Karl Bühler)

1934 entwickelt der Sprachwissenschaftler Karl Bühler (1879–1963) das sogenannte Organon-Modell. Er orientiert sich dabei an der antiken Sprachphilosophie Platons. Sein Modell basiert auf der These, dass Sprache ein **Organon** (griech., ›Werkzeug‹ oder ›Mittel‹) bildet, mit dem man anderen etwas über die Dinge mitteilt. Das **Sprachzeichen** übt dabei drei wichtige Funktionen aus, die Bühler wie folgt veranschaulicht hat:

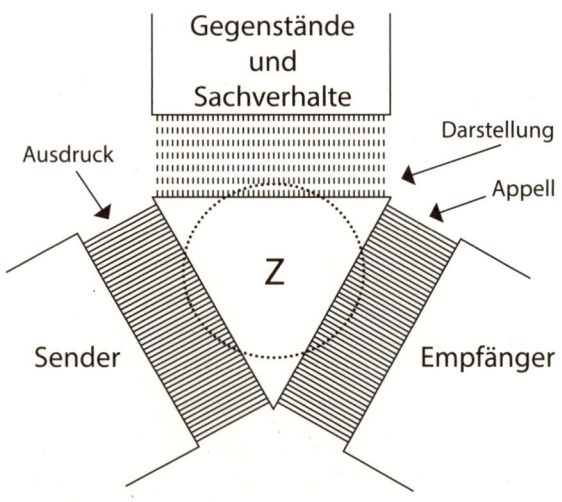

Abb. 5: Das Organon-Modell

Nach Bühler sind drei Elemente beim Sprechen beteiligt:

- **Sender**, der ein Schallphänomen produziert
- **Empfänger**, der den Schall als Reiz wahrnimmt
- **Gegenstände** oder **Sachverhalte**, die den Anlass für die Kommunikation bilden

»**Z**« steht für Zeichen und der Kreis für das reine Schallphänomen. Das sprachliche Zeichen stellt den Sinnbezug zwischen Sender, Empfänger und Gegenstand her. Jede sprachliche Mitteilung weist demnach folgende drei Funktionen auf:

- **Darstellungsfunktion:** Das sprachliche Zeichen hat die Aufgabe, die bezeichnete Wirklichkeit darzustellen, d. h. Informationen über einen Gegenstand weiterzugeben.
- **Ausdrucksfunktion:** Das sprachliche Zeichen vermittelt das Innenleben des Senders.
- **Appellfunktion:** Das Zeichen fungiert als Signal, welches das Verhalten des Empfängers steuern soll.

In Kommunikationssituationen sind zwar grundsätzlich alle drei Funktionen vorhanden, allerdings entscheidet die Intention des Sprechers, welche Funktion in einer sprachlichen Äußerung jeweils in den Mittelpunkt rückt.

2.3 Die fünf Axiome zur menschlichen Kommunikation (Paul Watzlawick)

Der Kommunikationswissenschaftler Paul Watzlawick (1921–2007) fasst in seiner Theorie die Grundeigenschaften menschlicher Kommunikation in fünf Axiomen (Grundannahmen) zusammen:

Axiom	Erklärung
Axiom 1: Man kann nicht nicht kommunizieren.	Jedes Verhalten eines Menschen in Gegenwart eines anderen Menschen ist kommunikativ. Das heißt: Selbst wenn man schweigt, teilt man anderen etwas mit z. B. durch Mimik oder Körperhaltung.
Axiom 2: Jede Kommunikation hat einen Inhalts- und Beziehungsaspekt.	Jede verbale und non-verbale Äußerung enthält neben der direkten Sachaussage immer auch implizit eine Aussage über die Einstellung des Sprechers zum Adressaten. Der Beziehungsaspekt ist dominant und bestimmt den Inhalt.
Axiom 3: Kommunikation ist immer zugleich Ursache und Wirkung.	Der menschlichen Kommunikation liegt eine zirkuläre Kausalität zugrunde, d. h. jedes Verhalten ist sowohl Ursache als auch Wirkung. Ein Beispiel: Der Mann schweigt, weil die Frau nörgelt, und die Frau nörgelt, weil der Mann schweigt. Das bedeutet: Jeder sieht den Grund für sein Verhalten beim anderen.
Axiom 4: Kommunikation erfolgt sowohl analog als auch digital.	Analoge Kommunikation umfasst die Körpersprache, d. h. Mimik, Gestik, Stimmlage eines Gesprächspartners; digitale Kommunikation bezeichnet den explizit verbalen Inhalt, d. h. das gesprochene Wort.

Axiom 5:
Kommunikation ist entweder symmetrisch oder komplementär.

In symmetrischen Kommunikationsabläufen treffen sich gleichrangige Gesprächspartner; in komplementären Kommunikationsabläufen treffen sich Menschen in ungleichen Positionen oder Rollen, die auf Über- oder Unterordnungsverhältnissen der Kommunikationspartner basieren (z. B. Schüler – Lehrer; Patient – Arzt).

2.4 Das Kommunikationsquadrat (Friedemann Schulz von Thun)

Der Psychologe Friedemann Schulz von Thun (geb. 1944) hat in Kombination der Modelle von Karl Bühler und Paul Watzlawick das sogenannte Kommunikationsquadrat (auch Vier-Seiten-Modell genannt) entwickelt. Kernaussage dieses Modells ist, dass jede Nachricht von einem Sender zu einem Empfänger eine Einheit bildet, die sich aus vier Botschaften bzw. Aspekten zusammensetzt:

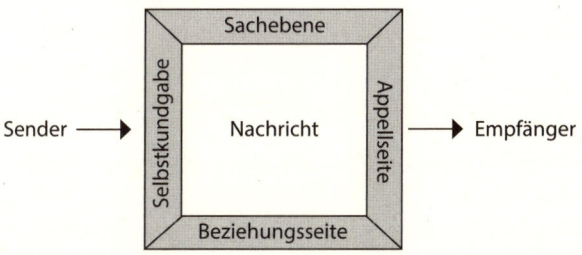

Abb. 6: Das Kommunikationsquadrat nach Friedemann Schulz von Thun

Die vier Aspekte des Kommunikationsquadrats erfüllen unterschiedliche Funktionen in der Kommunikationssituation:

- **Sachinhalt** (oder Sachaspekt): das, worüber der Sender informiert, d. h. die Sache an sich
- **Selbstkundgabe:** das, was der Sender über sich selbst sagt
- **Beziehungsaussage:** das, was der Sender vom Empfänger hält und in welcher Beziehung er zu ihm steht
- **Appell:** das, wozu der Sender den Empfänger veranlassen möchte

Auch der Empfänger ist mit »vier Ohren« ausgestattet und nimmt diese vier Aspekte wahr. Nach Schulz von Thun ist der Empfänger auf dem Beziehungsohr am empfindlichsten, während das Selbstoffenbarungsohr am wenigsten ausgeprägt ist. Stellen Sender und Empfänger unterschiedliche Seiten in den Vordergrund, entstehen Kommunikationsstörungen. Kommunikation gelingt erst dann, wenn das Gespräch in allen vier Dimensionen stimmig ist.

3 Sprache im Wandel

Es liegt auf der Hand, dass wir heute anders sprechen als beispielsweise die Menschen im Mittelalter. Grund dafür ist, dass die Sprache sich permanent, auch heutzutage, wandelt und verändert.

Grundsätzlich kann man zwei Weisen der Sprachbetrachtung unterscheiden:

- **diachron:** Dieses Verfahren befasst sich mit der geschichtlichen Entwicklung und Veränderung der Sprache durch verschiedene Epochen.

- **synchron:** Dieses Verfahren bezieht sich auf den Ist-Zustand eines funktionierenden Sprachsystems zu einem bestimmten Zeitpunkt.

Die Untersuchung des Sprachwandels ist also diachrone Sprachbetrachtung.

3.1 Geschichte der deutschen Sprache

Entstehung der deutschen Sprache

Wo kommt die deutsche Sprache her? Die Sprachwissenschaftler sind sich darin einig: Deutsch ist eine indoeuropäische Sprache. Damit wird eine Gruppe von Sprachen bezeichnet, die ursprünglich zwischen Indien und Europa gesprochen wurden. Dazu zählen beispielsweise italische, slawische, indische, keltische und germanische Sprachen. Man fasst diese Sprachen unter der Bezeichnung »Sprachfamilie« zusammen, da sie Gemeinsamkeiten aufweisen.

Deutsch	Englisch	Schwedisch	Russisch	Polnisch	Tschechisch
Mutter	mother	moder	mat'	matka	matka
Bruder	brother	broder	brat	brat	bratr
Schwester	sister	syster	sestra	siostra	sestra
Tag	day	dag	den'	dzien'	den
Wasser	water	vatten	voda	woda	voda

Aber auch hinsichtlich der Grammatik lassen sich Gemeinsamkeiten bei Verbformen der 3. Person feststellen:

Altindisch	Althoch-deutsch	Latein	Grie-chisch	Englisch
ás-ti	is- t	es-t	es-ti	is
s-ánti	s-int	s-unt	ei-si	are

Etwa um 2000 v. Chr. vollzieht sich die Trennung des Germanischen vom Indoeuropäischen. Als Ursache vermutet man das Zusammentreffen indogermanischer Stämme mit der Bevölkerung des Ostseeraums. Dieses Zusammentreffen löst eine wichtige sprachliche Veränderung aus, die als germanische bzw. **erste Lautverschiebung** bezeichnet wird. Jacob Grimm (1785–1863) hat 1822 das Gesetz der ersten Lautverschiebung beschrieben (Grimmsches Gesetz). Demnach wechseln beim Übergang vom indogermanischen zum germanischen Konsonantensystem die indogermanischen stimmhaften Verschlusslaute **b, d, g** zu germanischen stimmlosen Verschlusslauten **p, t, k.** Beispiele:

	b → p	d → t	g → k
Indoeuropäische Sprache (Lateinisch)	la**b**ium	**d**ecem	a**g**er
Germanische Sprachfamilie (Deutsch, Englisch)	li**pp**e	**t**en	A**ck**er

Die aus dem Indoeuropäischen entstandenen germanischen Sprachen lassen sich in drei Gruppen unterteilen:

• nordgermanische Sprachen (u. a. Dänisch, Norwegisch, Schwedisch)

- westgermanische Sprachen (u. a. Deutsch, Englisch, Niederländisch)
- ostgermanische Sprachen (u. a. das Gotische)

Das Ostgermanische ist heute ausgestorben.

Historische Entwicklung der deutschen Sprache

Die deutsche Sprache, wie wir sie heute sprechen, hat sich im Laufe der Jahrhunderte allmählich entwickelt. Diese Entwicklung lässt sich in gegeneinander abgegrenzten Sprachstufen darstellen. Allerdings sind die zeitlichen Grenzen uneinheitlich und in der Wissenschaft umstritten. Um die Entwicklung der deutschen Sprache plausibel zu machen, orientieren sich die Wissenschaftler entweder an **innersprachlichen Kriterien** (z. B. lautlichen Veränderungen, Änderungen des Wortbestandes, des Satzbaus) oder an **außersprachlichen Kriterien** (z. B. literarischen, kulturellen Epochen oder wichtigen historischen Ereignissen). Die folgende grobe Gliederung orientiert sich an der Periodisierung von Jacob Grimm.

Sprachstufe	Zeitraum	Kriterium
Indogermanisch (Idg.)	ca. 5000 – 1500 v. Chr.	
Gemeingermanisch	ca. 1500 v. Chr. – 500 n. Chr.	erste Lautverschiebung setzt ein
Althochdeutsch (Ahd.)	ca. 750 – 1050	zweite Lautverschiebung setzt ein
Mittelhochdeutsch (Mhd.)	ca. 1050 – 1350	Vokalentwicklung: Abschwächung der Nebensilben

Frühneuhoch-deutsch (Frnhd.)	ca. 1350 – 1650	Vokalentwicklung: Abschluss der Diphthongierung; soziokulturelle Kriterien
Neuhochdeutsch (Nhd.)	ca. 1650 – 1900	soziokulturelle Kriterien
gegenwärtiges Deutsch	seit ca. 1900	soziokulturelle Kriterien

Althochdeutsch (um 750–1050)

Althochdeutsch (Ahd.) gilt als älteste Sprachstufe des Deutschen. Seine Entwicklung geht auf die Vereinigung ehemals einzeln lebender germanischer Stämme zu sogenannten Stammesverbänden nach dem **Zerfall des Römischen Reiches** (4. Jh. n. Chr.) und nach der **Völkerwanderung** (4.–6. Jh.) zurück. In der Periode des Althochdeutschen entsteht das Adjektiv *diutisc* (»deutsch«), d. h. ›zum Volk gehörig‹, ›in der Sprache des Volkes‹. Das Wort bezeichnet den Unterschied zur Sprache der Gelehrten, dem Lateinischen (und zunächst nicht den zu anderen Volkssprachen). Da im frühen Mittelalter Latein die Sprache der Kirche ist, spielt das Althochdeutsche zunächst nur eine unbedeutende Rolle. Zudem ist Althochdeutsch keine einheitliche Sprache. Es gliedert sich in verschiedene Dialekte (z. B. Alemannisch, Altfränkisch, Altbairisch, Sächsisch).

Bedeutendster innersprachlicher Anstoß für die Entstehung des Althochdeutschen ist eine lautliche Veränderung vom Germanischen zum Althochdeutschen im 6. Jahrhundert. Diese lautliche Veränderung wird als **hochdeutsche** oder **zweite Lautverschiebung** bezeichnet. Sie betrifft die germanischen Laute **p, t, k.** Diese verwandeln sich in die hochdeutschen Laute **f, s, h** (nach einem Vokal) bzw. **pf, tz, ch** (im Anlaut bzw. bei Verdoppelung).

Die **stimmlosen Verschlusslaute p, t, k** nach einem **Vokal**				
Germanische Sprachen	p t k	o**p**an	e**t**an	ma**k**on
Althochdeutsch	ff/f ss (c)h	o**ffen**	e**ssen**	ma**chen**

Die **stimmlosen Verschlusslaute p, t, k** im **Anlaut** und in der **Verdoppelung**				
Germanische Sprachen	p t k	**p**erd	se**tt**ian	we**kk**ian
Althochdeutsch	pf, tz, ch	**pf**erd	se**tz**en	we**ch**an (wecken)

Diese Verschiebung nimmt ihren Ausgangspunkt im Südwesten Deutschlands und hat sich bis etwa Köln nach Norden verbreitet (sogenannte »Benrather Linie« oder »maken-machen-Grenze«). In den nord- bzw. niederdeutschen Dialekten setzt sie sich jedoch nicht durch. Die Verschiebung von *kk* zu *ch* bleibt sogar nur auf den alemannischen (schweizerdeutschen) Raum beschränkt. »Hochdeutsch« bezeichnet deswegen ursprünglich eine regionale, nämlich süddeutsche Sprachform.

Im Zuge der Christianisierung germanischer Stämme im Frankenreich unter Karl dem Großen (768–814) kommt es zudem zu einer Erweiterung des Wortschatzes. Ab dem 8. Jahrhundert entstehen die ersten schriftlichen Zeugnisse in althochdeutscher Sprache. Als bedeutendes Beispiel gilt das Evangelienbuch des elsässischen Mönchs Otfrid von Weißenburg (ca. 800–870).

Mittelhochdeutsch (um 1050–1350)

Das Mittelhochdeutsche (Mhd.) ist die zwischen 1050 und 1350 gesprochene Sprache. Diese Periode der sprachlichen Entwicklung wird in drei Phasen unterteilt:

- Frühmittelhochdeutsch (1050–1170)
- klassisches Mittelhochdeutsch (1170–1250)
- Spätmittelhochdeutsch (1250–1350)

Ebenso wenig wie das Althochdeutsche bildet das Mittelhochdeutsche eine einheitliche Sprache: Im Norden des deutschen Sprachraumes entwickelt sich aus dem Altsächsischen das Mittelniederdeutsche, das in der Blütezeit der Hanse (14./15. Jh.) zu einer überregionalen Amts- und Handelssprache wird. Wichtiges literarisches Zeugnis des Mittelniederdeutschen ist das 1498 in Versform verfasste Tierepos *Reynke de vos*. In der Phase des Mittelhochdeutschen machen sich bedeutende sprachliche Veränderungen bemerkbar. Diese betreffen etwa die Endsilben der Wörter (z. B. »danne« → »dann«). Des Weiteren verschwinden unbetonte Nebensilben (z. B. »kiricha« → »kirche«). Nicht zuletzt entstehen neue Tempusformen wie Perfekt und Plusquamperfekt.

Wichtigster Förderer des Mittelhochdeutschen als Schreibsprache wird die ritterliche und höfische Kultur. In den Gattungen Epos und Lyrik (Minnesang) entstehen herausragende literarische Schöpfungen. Beispiele sind das *Nibelungenlied* (um 1200), *Parzival* (Wolfram von Eschenbach; um 1200/10), *Tristan* (Gottfried von Straßburg; um 1210) sowie die Gedichte Walthers von der Vogelweide (um 1170 – um 1230).

Frühneuhochdeutsch (um 1350–1650)

Als Frühneuhochdeutsch wird die Sprache zwischen 1350 und ca. 1650 bezeichnet. Das Frühneuhochdeutsche zeichnet sich durch eine regionale Vielfalt aus. Für die Entwicklung der frühneuhochdeutschen Schriftsprache sind sowohl innersprachliche als auch außersprachliche Faktoren ausschlaggebend. Innersprachlich treten lautliche Veränderungen beim Übergang vom Mittelhochdeutschen zum Frühneuhochdeutschen auf. Betroffen sind vor allem lange Vokale, die zu Diphthongen werden (**nhd. Diphthongierung**):

Mhd.	Nhd.	Beispiel mhd.	Beispiel nhd.
î	ei	mîn	mein
iu (gesprochen: ü)	eu	niuwez	neues
û	au	hûs	Haus

Merksatz: »mîn niuwez hûs« (mhd.) → »mein neues Haus« (nhd.)

Ein wichtiger außersprachlicher Faktor ist die Erfindung des Buchdrucks mit beweglichen Lettern durch Johannes Gutenberg (um 1397–1468) um 1455. Die moderne Buchproduktion intensiviert nicht nur die schriftliche Kommunikation, sondern macht auch einer größeren, überregionalen Leserschaft das Schriftgut zugänglich. Großen Einfluss auf die Entstehung einer einheitlichen deutschen Schriftsprache hat vor allem die Reformationsbewegung im 16. Jahrhundert. Martin Luthers (1483–1546) **Bibelübersetzung** trägt maßgeblich zur Vereinheitlichung der deutschen Sprache bei. Sein Ziel ist es, möglichst vielen Menschen im deutschen Sprachraum den Zugang zum Inhalt der Bibel zu verschaffen. Die deutsche Sprache gewinnt in dieser Zeit als Schriftsprache erheblich an Bedeutung.

Neuhochdeutsch (um 1650 – 1900)

Erste Bemühungen um die (orthographische und lexikalische) Normierung der deutschen Sprache gehen auf die Sprachgesellschaften des 17. Jahrhunderts zurück. Die Mitglieder dieser Gesellschaften, allesamt bedeutende Dichter, bemühen sich um eine nationale deutschsprachige Literatur und eine einheitliche deutsche Sprache, etwa indem sie die Zahl der Fremdwörter zu reduzieren versuchen. Doch erst ab der 2. Hälfte des 18. Jahrhunderts setzt sich die deutsche Sprache als allgemeine Bildungs-, Geschäfts- und Verwaltungssprache durch. Zwei wichtige Faktoren begünstigen diesen Prozess. Zum einen erscheinen zahlreiche Bücher und Schriften in deutscher Sprache. Zum anderen definieren vor allem Studenten im Kampf gegen Napoleon in den Befreiungskriegen (1813–1815) ihr Nationalgefühl und ihre Identität über die deutsche Sprache. Nach der Gründung des Deutschen Reiches 1871 schließen die Vereinheitlichungsbestrebungen auch die deutsche Sprache ein. Der preußische Gymnasiallehrer Konrad Duden (1829–1911) erwirbt sich dabei bleibende Verdienste: Im Jahr 1880 erscheint sein *Vollständiges Orthographisches Wörterbuch der deutschen Sprache*. 1902 werden Dudens Regeln für die deutsche Rechtschreibung für das gesamte Reich festgelegt und sollten bis 1996 gültig bleiben. Die neue Rechtschreibung ist nach einer Übergangszeit seit 2006 in Kraft.

Die deutsche Gegenwartssprache

Gegenwärtig sprechen rund 100 Millionen Menschen Deutsch als Muttersprache. In Deutschland, Österreich und Liechtenstein ist Deutsch die nationale Amtssprache. In Luxemburg und in der Schweiz wird Deutsch als Amtssprache neben anderen Amtssprachen gesprochen. In Südtirol und in Ostbelgien ist Deutsch regionale Amtssprache. Darüber hinaus leben deutsche Minderheiten in zahlreichen Ländern, zum Beispiel in ost- und südosteuropäischen Ländern, aber auch in den sogenannten Emigrantenkolonien in Übersee, wo die deutsche Sprache gepflegt wird (z. B. in Brasilien, in Namibia und in den USA). Deutsch wird weltweit als Fremdsprache (DaF) gelernt und gesprochen. Deutsch als Zweitsprache (DaZ) sprechen jene Menschen, die in einer anderen Erstsprache aufgewachsen sind, zugleich aber Deutsch in einem deutschsprachigen Umfeld erworben haben.

3.2 Sprachvarietäten

Nicht jeder Deutsche spricht und versteht jedes Deutsch. Das liegt daran, dass Deutsch aus einer Vielzahl an regionalen, sozialen und kulturellen »Teilsprachen« besteht. Man spricht von Varietäten. Unter diesem Begriff versteht man verschiedene Ausprägungsformen einer bestimmten Sprache. *Sprachvarietäten* stimmen im Wesentlichen mit der Standardsprache überein, sie zeigen aber auch Unterschiede im Hinblick auf den Wortschatz, die Formenbildung oder die Aussprache.

Sprachvarietäten sind Sprachen in der Sprache. Sie beeinflussen auch die Standardsprache und können somit den Prozess des Sprachwandels (vgl. S. 42) begünstigen. Sprachvarietäten haben folgende Erscheinungsformen:

- **Dialekte und Regionalsprachen** (auch Mundarten genannt) sind Sprachformen, die in einem örtlich oder landschaftlich begrenzten Raum gesprochen werden. Von der Standardsprache unterscheiden sich Dialekte durch den Wortschatz, den Satzbau (Syntax) und die Wortformen.
  Beispiel: bayerischer Dialekt: »dahoam is dahoam« (»daheim ist daheim«).
  Weitere bekannte Dialekte sind u. a. das Kölsch, das Pfälzische, das Schwäbische, das Thüringische, das Plattdeutsche.
- **Umgangssprache** (Abk.: ugs.) ist die Sprachform, die im Alltag gesprochen wird und auf keine bestimmte Region begrenzt ist. Die Umgangssprache unterscheidet sich im Wortschatz, in grammatischen Formen, im Lautsystem und in der Syntax von der Schriftsprache. Umgangssprache und Dialekt lassen sich nicht immer eindeutig voneinander trennen.
  Beispiel: »Lappen« für Führerschein.
  In der standardisierten schriftlichen Kommunikation, etwa in der Klausur, verletzt die Umgangssprache die Sprachnorm und wird als Fehler bewertet!
- **Standardsprache** (Hochsprache) ist die Bezeichnung für die allgemein verbindliche Sprache, wie sie überregional in formellen Kontexten (öffentlichen Medien, Nachrichtensendungen, Zeitungen und Zeitschriften) verwendet wird.
- **Fachsprache** (Expertensprache oder Berufssprache) ist die Sprachform, die von Experten eines bestimmten Fachgebietes oder einer Berufsgruppe gesprochen wird. Sie dient der präzisen und differenzierten Verständigung innerhalb des Fachgebietes oder Berufsfeldes.
  Beispiel: Juristensprache, Medizinersprache.
- **Idiolekte** sind die individuellen sprachlichen Besonderheiten, d. h. die sprachliche Verhaltensweise eines einzelnen Menschen. Dazu zählen: Wortschatz, Ausdruckswei-

se, Sprachverhalten und Aussprache. Da diese sprachlichen Eigenschaften unveränderlich sind, spricht man auch vom »sprachlichen Fingerabdruck«.

- **Soziolekte** bilden die Sprache oder Sprechweise, die für eine gesellschaftliche Schicht oder eine soziale Gruppe charakteristisch ist. Die Sprecher des Soziolektes zeigen ihre Gruppenzugehörigkeit gerade durch den gruppenspezifischen Sprachgebrauch.
  Beispiel: Migrantensprachen (etwa mit Verzicht auf Artikel und Präpositionen). Vgl. auch Jugendsprache, Kiezdeutsch.

- **Jugendsprache** wird hauptsächlich von Jugendlichen gesprochen. Die Sprechweisen sind zwar uneinheitlich, sie zeichnen sich jedoch durch eine spielerische Sprachvariation und Sprachverfremdung aus. Jugendsprache ist Ausdruck eines besonders kreativen Sprachgebrauchs, wenngleich jugendsprachliche Wörter sehr schnell aus dem Sprachgebrauch wieder verschwinden. Nur wenige Wörter werden in die Umgangssprache aufgenommen. Die Jugendsprache erfüllt verschiedene Funktionen. Die wichtigsten sind:
  – Identifikationsmittel für ein bestimmtes Alter
  – Bildung eines Wir-Gefühls
  – Mittel zum intensiven Gefühlsausdruck
  – Abgrenzung gegenüber Erwachsenen und Jüngeren
  – Experimentierraum für sprachliche Kreativität

- **Kiezdeutsch** gilt als eine besondere Variante der Jugendsprache, die auf dem Kiez (in einem abgegrenzten Berliner Stadtteil) gesprochen wird. Kiezdeutsch wird auch abwertend als »Kanaksprak« oder »Türkendeutsch« bezeichnet. Kiezdeutsch ist allerdings kein Dialekt im engeren Sinn, sondern vielmehr ein Multiethnolekt, d. h. eine Sprache, die sich in urbanen Wohngebieten im Kontakt mit ethnischer, sprachlicher und kultureller Vielfalt herausbildet.

Das Spektrum der Sprachvarietäten des Deutschen hat Helmut Henne in seinem Konzept der »inneren Mehrsprachigkeit des Deutschen« zusammengefasst:

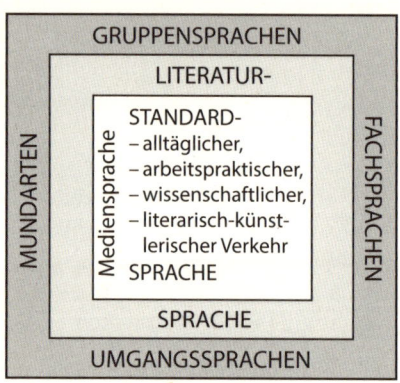

Abb. 7: Sprachen in der Sprache, Modell nach Helmut Henne (1986)

Dieses Konzept macht zum einen deutlich, dass Sprachvarietäten nicht nebeneinander, sondern miteinander existieren. Zum anderen wird ersichtlich, dass der Sprecher einer Sprache über mehrere Varietäten verfügt, zwischen denen er bei Bedarf wechseln kann.

3.3 Sprachwandel

Sprachwandel ist ein natürlicher Prozess, der sich in der Geschichte von Sprachen permanent vollzieht. Dieser Wandel kann sich auf verschiedenen Ebenen der Sprache (Syntax, Lexik, Semantik, Morphologie, Phonologie) bemerkbar machen. Die Sprache verändert sich mit der Welt, die sie beschreibt. Bestimmte Ausprägungsformen der Sprache, die zunächst als Varietät in Erscheinung treten, können sich im Laufe der Zeit für die gesamte Sprachgemeinschaft durchsetzen. Die Frage nach den Ursachen einer solchen Veränderung wird in den Theorien des Sprachwandels erörtert.

Die Invisible-hand-Theorie des Sprachwandels

Ist der Sprachwandel ein Naturphänomen oder wird er planmäßig von Menschen herbeigeführt? Unter den zahlreichen Ansätzen, die sich mit dieser Frage befassen, liefert die sogenannte Invisible-hand-Theorie die bisher aufschlussreichsten Einsichten. Nach dem Sprachwissenschaftler Rudi Keller (geb. 1942) ist Sprachwandel ein »Phänomen der dritten Art«. Um ein solches handelt es sich, wenn etwas zwar **Ergebnis, aber nicht Absicht menschlicher Handlung** ist. Keller zufolge stellt der Sprachwandel das Ergebnis des Wirkens einer unsichtbaren Hand dar: zwar von Menschen durch den individuellen und verbreiteten, abweichenden Gebrauch eines sprachlichen Phänomens gemacht, aber nicht beabsichtigt. Wichtige Einflussfaktoren sind u. a. Medien, Globalisierung, Migration und sprachliche Richtlinien (z. B. Rechtschreibreform). Sprachwissenschaftler gehen davon aus, dass eine der Ursachen für den Sprachwandel in der **Sprachökonomie** liegt: Menschen bevorzugen bei der Kommunikation den direkten und kürzesten Ausdruck.

Insgesamt zeichnet sich der Wandel der deutschen Gegenwartssprache durch die Tendenz zur **Vereinfachung** aus. Zunehmend werden schwierige grammatische Regeln umgangen. Beispiele:

- **Genitiv:** »Ich komme wegen meines Buches« → »Ich komme wegen meinem Buch« (Dativ statt Genitiv)
- **Konjunktiv I:** »Es sagt, er komme am Nachmittag« → »Er

sagt, er kommt am Nachmittag« bzw. »Er sagt, er würde am Nachmittag kommen« (Indikativ bzw. Konjunktivbildung mit »würde«)

Sprachwandel – Sprachverfall?

Unter dem Begriff »Sprachverfall« versteht man die angeblich negativen Auswirkungen des Sprachwandels. Genannt werden u. a.: sprachliche Verkümmerung (reduzierter Wortschatz im mündlichen und schriftlichen Sprachgebrauch), kognitive Verluste (Gefährdung wissenschaftlicher Sorgfalt), Unpersönlichkeit der Botschaften. Dieser Kritik ist jedoch Folgendes entgegenzuhalten: Schon immer haben die Menschen die Sprache ihren kommunikativen Bedürfnissen und ihrer medialen Umgebung angepasst. Insofern bedeutet der Sprachwandel weder einen Sprachverfall noch führt er automatisch zum Verlust der Sprachkompetenz. Nirgendwo besser als im Sprachwandel zeigt sich die Fähigkeit des Menschen, kreativ und innovativ mit Sprache umzugehen. Nur so lässt sich die sich verändernde Wirklichkeit angemessen erfassen und kommunizieren.

Sprachwandel – Bedeutungswandel

Der Sprachwandel bezieht sich häufig auf die Wortbedeutung. Man spricht dann von Bedeutungswandel. Folgende Arten von Bedeutungswandel werden unterschieden:

- **Bedeutungsverschlechterung** liegt vor, wenn ein Wort in moralischer, sozialer oder stilistischer Hinsicht eine negative Wertung annimmt.
  Beispiel: mhd. *kneht* = ›Knabe‹ oder ›Ritter‹ → nhd. »Knecht« = ›Bauernknecht‹
- **Bedeutungsverbesserung** liegt vor, wenn ein Wort in mo-

ralischer, sozialer oder stilistischer Hinsicht eine positive Wertung annimmt.
Beispiel: mhd. *marschalc* = ›Pferdeknecht‹ → nhd. »Marschall« = hohes militärisches Amt

- **Bedeutungserweiterung** liegt vor, wenn die Semantik eines Wortes erweitert wird.
Beispiel mhd. *frouwe* = Edelfrau → nhd. »Frau« = ›weibliche Person‹

- **Bedeutungsverengung** liegt vor, wenn der Bedeutungsumfang eines Wortes reduziert wird.
Beispiel: mhd. *hochgezît* = jedes hohe kirchliche oder weltliche Fest → nhd. »Hochzeit« = Eheschließung

- **Bedeutungsverschiebung** liegt vor, wenn die Bedeutung eines Wortes von einem Verwendungsbereich auf einen anderen übergeht.
Beispiel: mhd. *lîp* = ›Leib‹, ›Leben‹, ›Person‹ → nhd. »Leib« = ›Körper‹

Oft überschneiden sich die verschiedenen Arten von Bedeutungswandel.

Sprache im Kontakt: Erbwörter – Lehnwörter – Fremdwörter

Den Grundstock unseres Wortschatzes bilden die sogenannten **Erbwörter**. Es sind Wörter, die sich aus dem Indogermanischen und dem Germanischen herausgebildet und erhalten haben. Beispiele für Erbwörter: »Hemd«, »jung«, »falten«. Doch seit den ältesten Zeiten steht die deutsche Sprache in Kontakt mit anderen Sprachen. Sie nimmt im Laufe der Jahrhunderte fremde Wörter auf. Heute verfügt Deutsch über einen kaum zu überschauenden Fremdwortbestand. Einige sind als **Lehnwörter** eingedeutscht worden, so dass sie sich nach Klang und Schreibweise kaum mehr von Erbwörtern unterscheiden lassen, andere haben als **Fremdwörter** den Klang und die Schreibweise der Herkunftssprache beibehalten. Der Fremdwortbestand des Deutschen geht im Großen und Ganzen auf folgende Sprachen zurück:

- **Latein:** Frucht, Kreuz, Fenster, Ziegel, Prinzip, Examen, Abitur, Religion, Definition, Akt, existieren, aktiv etc.
- **Griechisch:** Biologie, Philosophie, Sympathie, Sperma, Technik, Telefon, Rhythmus etc.
- **Arabisch:** Algebra, Arsenal, Benzin, Haschisch, Tarif, Ziffer, Rabatt, Spinat, Zucker etc.
- **Französisch:** Kostüm, Weste, Omelette, Salon, Hotel, Balkon, Torte, Ragout, Portmonee etc.
- **Italienisch:** Salat, Tarantel, Bank, Lagune etc.
- **Englisch:** siehe Anglizismen, S. 47 f.

Diese Beispiele machen deutlich, dass Deutsch eine hybride Sprache ist. Die Übernahme von Worten aus den genannten und weiteren Sprachen (u. a. Spanisch, Russisch, Niederländisch, Hebräisch, Portugiesisch etc.) trägt dazu bei, dass die deutsche Sprache heute über einen sehr differenzierten und reichhaltigen Wortschatz verfügt.

Mündlicher und schriftlicher Sprachgebrauch

Mündlichkeit und Schriftlichkeit bilden Varietäten einer Sprache. Zwischen der gesprochenen und der geschriebenen Sprache liegen beträchtliche Unterschiede. Das Wissen um die Unterschiede zwischen Mündlichkeit und Schriftlichkeit ist für die situationsadäquate Kommunikation unerlässlich.

Merkmale der gesprochenen Sprache	Merkmale der Schriftsprache
• an Raum und Zeit gebunden • basiert auf akustischen Signalen • entsteht spontan • tendenziell elliptisch • Adressat ist anwesend • flüchtig • sprunghaft • Pausen und Wiederholungen • häufige Parataxen • viele Abtönungen • häufig Gebrauch von Perfekt statt Präteritum • Konjunktivbildung mit »würde« • häufiger Gebrauch von Dialekt und Umgangssprache • häufiger Einsatz von nonverbalen und paraverbalen Mitteln (Gestik, Mimik, Intonation)	• unabhängig von Zeit und Raum • verwendet nur visuelle Zeichen • basiert auf Normen und Regeln • elaboriert und komplex • Adressat ist abwesend • dauerhaft • grammatisch »wohlgeformte« Sätze • häufige Hypotaxen • Nominalstil • Verwendung von differenzierten Konjunktionen • logische Gedankenverknüpfung • Fachwörter • angepasste Verwendung der Tempora • Hochdeutsch • klare Gliederung von Äußerungen • Einhaltung sprachlicher Normen

Anglizismen

In den letzten Jahrzehnten ist der Einfluss der englischen Sprache als Weltsprache rasant angewachsen. Zahlreiche Wörter aus dem Englischen fließen in den deutschen Wortschatz ein (»downloaden«, »E-Mail«, »SMS« etc.). Man spricht von Angli-

zismen. Dieser Begriff meint generell die Übernahme engli-
scher Wörter in die deutsche Sprache. Man unterscheidet:

- **Wort-für-Wort-Übersetzungen,** z. B. *brainwashing* →
  »Gehirnwäsche«
- **Wortentlehnungen,** z. B. *to realise/realize* → »realisieren«
- **Scheinanglizismen:** Sie enthalten zwar englische Sprach-
  elemente, kommen in dieser Form jedoch nicht in der englischen Sprache vor, z. B. »Handy« (engl.: *cell phone, mobile
  phone*). Solche Pseudo-Anglizismen benutzen und verstehen
  nur Deutsche.

Der Gebrauch von Anglizismen ist nicht neu. Die Tatsache, dass
die englische Sprache gegenwärtig den größten Einfluss auf das
Deutsche ausübt, ist v. a. auf folgende Faktoren zurückzuführen:

- Vorbildcharakter der angloamerikanischen Alltagskultur (z. B.
  Hollywood)
- wirtschaftliche Vormachtstellung der USA (z. B. »Boom«,
  »Business«, »Team«, »outsourcen«)
- führende Wissenschaftsstandorte in den USA (z. B. Univer-
  sitäten wie Harvard und Princeton)
- Vorsprung bei informationstechnologischen Innovationen
  (»Internet«, »Smartphones«, »E-Mail«, »Date«, »scannen«,
  »downloaden«, »Chat« etc.)

Mehrsprachigkeit

Der Begriff Mehrsprachigkeit ist nicht eindeutig definiert. Man
versteht darunter unterschiedliche Sachverhalte:

- Existenz und Gebrauch mehrerer Sprachen in einem Land
  (z. B. Schweiz, Belgien)

- Fähigkeit eines Menschen, in zwei oder mehreren Sprachen zu kommunizieren (Bilingualität/Plurilingualität)
- Gebrauch von mehreren Sprachvarietäten bei Sprechern einer Nationalsprache (z. B. Beruf)

Auffällig bei der mehrsprachigen Kommunikation ist das sogenannte **Code-Switching**: Der Sprecher wechselt mitten in der Kommunikation von einer Sprache oder Sprachvarietät in eine andere. Dieser Wechsel kann vom Gesprächspartner oder vom Kontext abhängen.

3.4 Sprachkrise und Sprachkritik

Seit Beginn der Moderne um 1900 begegnen zahlreiche Dichter und Denker Sprache zunehmend mit Skepsis. Ihr Misstrauen gegenüber Sprache begründen sie mit dem Verlust der ›selbstverständlichen‹ Leistungen der Sprache als Erkenntniswerkzeug und Medium der Kommunikation. Der Sprachkrisendiskurs der Moderne geht auf den Philosophen Friedrich Nietzsche (1844–1900) zurück. In seinem Essay *Über Wahrheit und Lüge im außermoralischen Sinne* (1873) stellt er kritisch fest, dass die Sprache nicht in der Lage sei, die Wirklichkeit der Dinge angemessen zu erfassen und wiederzugeben. Er führt dies auf die Tatsache zurück, dass die Sprache zu ungenau geworden sei und durch die Konventionen ihre Aussagetiefe eingebüßt habe. Den von Nietzsche beschriebenen Problemzusammenhang greift der Dichter Hugo von Hofmannsthal (1874–1929) in seinem berühmten *Brief* (1902) wieder auf. Er formuliert darin eine fundamentale Sprachkritik: Der fiktive Dichter Lord Chandos, der sich mit diesem *Brief* an den Philosophen Francis Bacon wendet, klagt darüber, dass die Willkürlichkeit sprachlicher Zeichen den Zugang zur Wirklichkeit versperre. Schließlich wirke sich die Sprachkrise negativ auf das Urteilsvermögen aus. Die Krise des sprachlichen Ausdrucks ist auch eine Krise der Wahrnehmung. Beides bildet ein zentrales Thema in der Literatur des 20. Jahrhunderts. Neben Hofmannsthals *Brief* hat dieses Thema in Form der sogenannten **Ästhetik der Sprachskepsis** in den Werken zahlreicher namhafter Autoren Niederschlag gefunden: Rainer Maria Rilke (1875–1926), Robert Musil (1880–1942), Ödön von Horváth (1901–1938), Gottfried Benn (1886–1956), Max Frisch (1911–1991) und Peter Handke (geb. 1942) sind dafür nur einige Beispiele.

3.5 Sprache in den neuen Medien

Unstrittig ist, dass neue Medien und insbesondere das Internet auch unsere Sprache verändern. Dabei trifft die Beobachtung zu, dass die Kommunikation im Internet zwar in der Regel schriftlich erfolgt, in vielen Hinsichten jedoch die Regeln der Schriftsprache aufhebt. Man spricht daher von »schriftlicher Mündlichkeit« oder »konzeptioneller Mündlichkeit«. Wichtige Merkmale der Internetsprache sind:

- Rechtschreibreduktion: überwiegend Kleinschreibung
- häufige Abkürzungen
- Simulation der Körpersprache durch Emoticons
- »getipptes Gespräch« (Umgangssprache, Wortauslassung, teilweise Missachtung von Grammatik)

Über die Auswirkungen der sozialen Medien auf die Sprache ist man in der Wissenschaft geteilter Meinung. Als Vorzüge heben die Befürworter hervor, dass die Sprache der neuen Medien schnell, zweckorientiert und leicht verständlich sei.

Die Kritiker dagegen argumentieren, dass die Sprache in den

neuen Medien fehlerhaft (Wortwahl, Satzbau), oberflächlich und unpersönlich sei. Dies führe dazu, dass nicht nur der Wortschatz, sondern auch die direkte Kommunikation immer mehr verkümmere. Ein weiterer wichtiger Kritikpunkt ist, dass das Digitale zunehmend das Soziale verdränge. Dies zeige sich beispielsweise daran, dass das Versenden von Sprach- und Textnachrichten das traditionelle Telefonat ersetze. Nonverbale Elemente der Kommunikation (vgl. das Kommunikationsquadrat von Schulz von Thun, S. 29) können so nur noch schwer transportiert werden.

3.6 Genderaspekte der Sprache

Die feministische Linguistik hat sich in den 1970er Jahren als selbständiges Forschungsgebiet etabliert, das sowohl den Einfluss des sozialen Geschlechts (Gender) auf das Sprachverhalten als auch den sexistischen Sprachgebrauch untersucht. Unter dem Begriff »sexistischer Sprachgebrauch« versteht man eine Form der sprachlichen Diskriminierung, die gegen ein Geschlecht gerichtet ist. So wird beispielsweise das »generische Maskulinum«, d. h. männliche Bezeichnungen, bei denen Frauen gleichermaßen mitgemeint sind (z. B. Feuerwehrmänner), kritisiert. Es ist nachgewiesen, dass sich Frauen bei solchen Formulierungen wenig bis gar nicht angesprochen fühlen. Um geschlechtergerecht zu formulieren, muss man die Sprache so verwenden, dass stets deutlich ist, ob Frauen *oder* Männer oder Frauen *und* Männer gemeint sind (z. B. Lehrerinnen und Lehrer).

Modul II

Literarische Gattungen – Sachtexte – Lesestrategien

Literarische Texte werden üblicherweise in drei Großgattungen eingeteilt.

• Lyrik • Epik • Drama

1 Lyrik

Die Lyrik ist neben der Epik und der Dramatik eine der drei Hauptgattungen der Literatur. Sie ist diejenige literarische Gattung, die alle Gedichte umfasst. Man unterscheidet verschiedene Gedichtformen.

1.1 Kurzübersicht: Gattungsformen der Lyrik

Gedichte fester Bauart	Einteilung nach Themen / Motiven	Bauelemente
Sonett	Erlebnislyrik	Vers
Lied	Naturlyrik	Strophe
Ode	Alltagslyrik	Metrum
Epigramm	Großstadtlyrik	Reim
Ballade	Liebeslyrik	Kadenzen
Erzählgedicht	Politische Lyrik	Klang
Hymne	Dinggedicht	Rhythmus
Elegie	Gedankenlyrik	Satzbau
	Konkrete Poesie	Kommunikations- situation
		Aufbau
		Wortwahl

1.2 Gedichte fester Bauart

Sonett

Das Sonett ist ein Reimgedicht in fester Bauform mit 14 Versen in fünfhebigen Jamben. Formal besteht es aus **zwei Quartetten** (vierzeiligen Strophen) und **zwei Terzetten** (dreizeiligen Strophen). Das Reimschema weist typischerweise einen umarmenden Reim in den Quartetten und einen Schweifreim in den Terzetten auf: cdc dcd, cde cde oder ccd eed. Die inhaltliche Strukturierung sieht typischerweise so aus:

1. Quartett = *These*
2. Quartett = *Antithese*
3. Terzette = *Synthese*

Lied

Das Lied ist ein meist aus mehreren gleich gebauten Strophen bestehendes Gedicht, das sich besonders zum Singen eignet. Lieder haben meist einen Refrain. In der Romantik bilden Lieder eine besonders gepflegte Kunstform.

Ode

Diese Gedichtform ist durch eine feste, aber reimlose Strophenform gekennzeichnet. Oden behandeln philosophische Themen und zeichnen sich durch einen gehobenen und oftmals pathetischen Sprachstil aus.

Beispiele: Friedrich Gottlob Klopstock, *Der Zürchersee* (1750); Friedrich Schiller, *An die Freude* (1786).

Epigramm

In der Antike meist eine kurze, präzise, erklärende Inschrift auf Gebäuden, Monumenten und Kunstwerken. In der Literatur sind Epigramme kurze, prägnante Sinnsprüche und kommen vor allem in der Spruchdichtung vor.

Ballade

Die Ballade ist formal ein Gedicht. Sie besteht aus Versen und Strophen. Sie erzählt jedoch von einem außergewöhnlichen Ereignis, das tragisch endet. Daher ist sie eine Mischform zwischen den drei literarischen Gattungen. In ihr kommen Elemente der Lyrik (Aufteilung in Verse und Strophen), Epik (Erzähler) und Drama (Dialoge, dramatische Konflikte) vor.

Beispiele: Johann Wolfgang Goethe, *Erlkönig* (1782); Friedrich Schiller, *Die Bürgschaft* (1799); Theodor Fontane, *John Maynard* (1886).

Erzählgedicht

Erzählendes Gedicht, dem die Dramatik der Ballade fehlt.

Hymne

Die Hymne ist ein oft in freien Versen verfasstes, reimloses Gedicht. Inhaltlich wird meistens eine Gottheit, aber auch eine Ortschaft, eine real existierende Person oder die Natur feierlich besungen.

Beispiel: Johann Wolfgang Goethe, *Prometheus* (1789).

Elegie

Eine Elegie ist ein Gedicht mit klagendem bzw. wehmütigem Charakter. Formal ist diese Gedichtform daran zu erkennen, dass sie in Distichen (vgl. S. 57) verfasst ist.

Beispiele: Friedrich Hölderlin, *Der Gang aufs Land* (1802); Friedrich Schiller, *Der Spaziergang* (1795).

1.3 Einteilung der Lyrik nach Themen und Motiven

Neben der formalen Einteilung (Gedichte fester Bauart) lassen sich Gedichte ebenfalls nach ihrem Inhalt (Themen und Motive) klassifizieren. Man kann unterscheiden:

- **Erlebnislyrik:** Gedichte, in denen die persönlichen Erlebnisse des Dichters verarbeitet werden.
- **Naturlyrik:** Gedichte, die sich mit Naturerscheinungen und Naturerlebnissen befassen.
- **Alltagslyrik:** Gedichte, in denen Probleme des Alltags aufgegriffen werden.
- **Großstadtlyrik:** Gedichte, in denen die – häufig negativen – Erfahrungen, Wahrnehmungen und Lebensgefühle der Menschen in der modernen Großstadt behandelt werden.
- **Liebeslyrik:** Gedichte, in denen das facettenreiche Thema Liebe behandelt wird.
- **Politische Lyrik:** Gedichte, in denen politische Fragen und Probleme behandelt werden.
- **Dinggedicht:** Gedichtform, die ein reales Objekt möglichst genau erfasst, ohne dass ein lyrisches Ich beteiligt ist.
- **Gedankenlyrik** (Ideenlyrik): Gedichte, in denen philosophische Ideen oder Themen im Mittelpunkt stehen.
- **Konkrete Poesie:** Gedichtform, bei der eine Aussage oder ein Objekt durch gestaltenden Umgang mit dem Wortmaterial (Buchstaben, Silben oder Wörter) sichtbar bzw. hörbar gemacht werden.

1.4 Bauelemente lyrischer Texte

Jedes Gedicht weist per definitionem die folgenden beiden Eigenschaften auf:

- Es ist eine mündliche oder schriftliche Rede in Versen, die durch zusätzliche Pausen bzw. Zeilenbrüche von der normalen rhythmischen und graphischen Erscheinungsform der Alltagssprache abgehoben ist.
- Es ist kein Rollenspiel und somit nicht auf eine szenische Aufführung hin angelegt.

Neben diesen beiden notwendigen Kriterien tritt eine ganze Reihe von Merkmalen hinzu, von denen zwar einige auf viele Gedichte zutreffen, keineswegs aber bei jedem Gedicht zu finden sind.

Vers und Versformen

Als Vers bezeichnet man eine metrisch gegliederte und von einem bestimmten Rhythmus getragene Zeile in einer gebundenen Rede. Der Vers bildet ein grundlegendes Bauelement eines Gedichts. Beispiele für Versformen:

- **jambische Versformen**

Bezeichnung	Kurzbeschreibung	Beispiel
Alexandriner	• jambischer Sechsheber mit Mittelzäsur • beliebte Versform in der Barocklyrik	»Du síehst, wohín du síehst, nur Eítelkeít auf Érden.« (Andreas Gryphius, *Es ist alles eitel*)
Blankvers	• jambischer Fünfheber ohne Endreim • gebräuchlichste Versform im klassischen deutschen Drama seit Lessings Drama *Nathan der Weise*	»Und díeser Eíndruck bleíbt in meíner Séele« (Johann Wolfgang Goethe, *Iphigenie auf Tauris*)

- **unregelmäßige Versform**

Bezeichnung	Kurzbeschreibung	Beispiel
Knittelvers	• kurze Reimpaare oder Kreuzreime mit vier Hebungen und freier Senkungsfüllung, d. h. keiner, einer oder zwei Senkungen	»Hábe nun, ách! Phílosophíe« (Johann Wolfgang Goethe, *Faust I*)

- **daktylische Versformen**

Bezeichnung	Kurzbeschreibung	Beispiel
Distichon	• Zweizeiler, der aus einem Hexameter und Pentameter besteht.	siehe folgenden Hexameter und Pentameter
Hexameter	• daktylischer Sechsheber • antiker Vers, der häufig zusammen mit dem Pentameter in Form eines Distichons gebraucht wird.	»Ím Hexámeter steígt des Spríngquells flússige Säule.« (Friedrich Schiller, *Das Distichon*)
Pentameter	• daktylischer Sechsheber mit Zäsur • zwei Senkungen nach dritter und sechster Hebung entfallen	»Ím Pentámeter draúf | fállt sie melódisch heráb.« (Friedrich Schiller, *Das Distichon*)

Strophe und Strophenformen

Eine Strophe besteht aus mehreren gleich oder ungleich langen Versen, die eine metrische Einheit bilden. In der modernen Lyrik hat die Strophe an Bedeutung verloren. Die wichtigsten Strophenformen sind nach ihrer Länge angeordnet:

- **Distichon:** zweizeilige Strophe, bestehend aus einem Hexameter und einem Pentameter (vgl. das Beispiel S. 57).
- **Zweizeiler:** Zweizeilige Strophen mit jambischem Vierheber sind seit der Romantik in Volksliedern und Balladen beliebt.
  Beispiel:

> Die Mitternacht zog näher schon;
> In stummer Ruh lag Babylon.
>
> Nur oben, in des Königs Schloss,
> Da flackert's, da lärmt des Königs Tross,
>
> Dort oben, in dem Königssaal,
> Belsatzar hielt sein Königsmahl.
>
> (Heinrich Heine, *Belsatzar*)

- **Terzett:** dreizeilige Strophe, die v. a. im Sonett verwendet wird.
  Beispiel:

> Doch schweig ich noch von dem, was ärger als der Tod,
> Was grimmer denn die Pest und Glut und Hungersnot,
> Dass auch der Seelen Schatz so vielen abgezwungen.
>
> (Andreas Gryphius, *Tränen des Vaterlandes, anno 1636*)

- **Terzine:** aus einem jambischen Fünfheber bestehende Strophe mit dem Reimschema aba (Fortsetzung: bcb cdc).
  Beispiel:

> Im ernsten Beinhaus war's, wo ich beschaute,
> Wo Schädel Schädeln angeordnet passten;
> Die alte Zeit gedacht' ich, die ergraute.
> [...]
>
> (Johann Wolfgang Goethe, *Im ernsten Beinhaus war's*)

- **Quartett:** vierzeilige Strophe, die v. a. im Sonett verwendet wird.
  Beispiel:

> Sieh das Sonett! Kannst du ein Gleichnis nicht
> In seiner Strophen Viergestalt gewahren,
> Das Bild von zwei verbundnen Menschenpaaren?
> Voran die Eltern, Leute von Gewicht.
>
> (Paul Heyse, *Epilog* aus: *Waldmonologe aus Kreuth*)

- **Volksliedstrophe:** meist vierzeilige, einfache und gleichmäßige Strophe.
  Beispiel:

> Mein Vater war ein Wandersmann
> und mir steckt's auch im Blut.
> Drum wandr' ich froh, so lang ich kann,
> und schwenke meinen Hut.
>
> (Friedrich Sigismund, *Der fröhliche Wanderer*)

- **Sestine:** aus sechs Zeilen bestehende Strophe ohne festes Schema oder Metrum.
  Beispiel:

> Wenn durch die Lüfte wirbelnd treibt der Schnee,
> Und lauten Fußtritts durch die Flur der Frost
> Einhergeht auf der Spiegelbahn von Eis;
> Und dann ist es schön, geschirmt von Wintersturm,
> Und unvertrieben von der holden Glut
> Des eignen Herde, zu sitzen still daheim.
>
> (Friedrich Rückert, *Sestine*)

Metrum

Unter dem Begriff Metrum versteht man den Wechsel von **Hebungen** (betonten Silben) und **Senkungen** (unbetonten Silben) auf der Ebene der Verszeile. In der deutschen Lyrik kommen folgende vier Metren häufig vor:

Metrum	Erläuterung	Schema	Beispiel
Jambus	• zweisilbiger Versfuß • Abfolge Senkung / Hebung	xx́	»So kám nun díeser Ríng, von Sóhn zu Sóhn« (Gotthold Ephraim Lessing, *Nathan der Weise*)
Trochäus	• zweisilbiger Versfuß • Abfolge Hebung/ Senkung	x́x	»Fést gemaúert ín der Érden« (Friedrich Schiller, *Das Lied von der Glocke*)

Anapäst	• dreisilbiger Versfuß • eine betonte Silbe folgt auf zwei unbetonte	xxx́	»Und es wállet und síedet und braúset und zíscht, / Wie wenn Wásser und Feúer sich méngt« (Friedrich Schiller, *Der Taucher*)
Daktylus	• dreisilbiger Versfuß • zwei unbetonte Silben folgen auf eine betonte.	x́xx	»Nímmer, das glaúbt mir, erscheínen die Gótter« (Friedrich Schiller, *Dithyrambe*)

Bestimmung des Metrums

- Setzen Sie für jede Silbe ein »x« ein.
- Sprechen Sie die Verse möglichst ausdruckslos, um die Hebungen herauszuhören. Dieses ›leiernde‹ Lesen wird als Skandieren bezeichnet.
- Markieren Sie jede Hebung mit einem Akzent auf dem »x«.
- Überprüfen Sie Ihr Ergebnis an folgenden Grundregeln: Betonungen liegen auf den Stammsilben, Vorsilben tragen keine Betonung.

Beim Jambus und beim Trochäus handelt es sich um alternierende Metren, d. h. Hebungen und Senkungen wechseln sich ab. Der Begriff **Alternation** meint also den regelmäßigen Wechsel von betonten und unbetonten Silben beim Jambus oder Trochäus.

Das Metrum wird nach der Anzahl der **Hebungen** im Vers definiert. Deshalb spricht man von einem jambischen oder trochäischen **Drei-** oder **Vierheber**. Häufig verwendet man auch die Bezeichnungen »**drei-** oder **vierhebiger** Jambus/Trochäus«.

Der **Auftakt** liegt vor, wenn ein Vers mit einer oder zwei unbetonten Silben beginnt. Demnach haben alle jambischen Verse einen Auftakt. Beispiel:

> Es schlug mein Herz geschwind zu Pferde!
> (Johann Wolfgang Goethe, *Willkommen und Abschied*)

Eine **Zäsur** ist ein Einschnitt in einem längeren Vers. Beim Alexandriner, einer in der Barocklyrik häufig verwendeten Versform, wird der Vers stets zweigeteilt; es entsteht durch die Interpunktion (ein Komma) eine syntaktisch bedingte Pause im Versinneren. Inhaltlich bilden der erste und der zweite Teil des Verses jeweils eine Antithese (Gegenüberstellung von entgegengesetzten Aussagen). Beispiel:

> Was dieser heute baut, // reißt jener morgen ein;
> Wo itzund Städte stehen, // wird eine Wiese sein [...].
> (Andreas Gryphius, *Es ist alles eitel*)

Reim

Folgende Aspekte sind bei der Betrachtung des Reims wichtig:

a) **Reimformen nach Stellung im Vers:** Je nach ihrer Stellung im Vers unterscheidet man folgende Reimformen:

- **Anfangsreim:** Die jeweils ersten Wörter zweier aufeinander folgender Verse sind Reimwörter. Beispiel:

> Krieg! ist das Losungswort.
> Sieg! und so klingt es fort.
>   (Johann Wolfgang Goethe, *Faust II*)

- **Binnenreim:** Zwei oder mehrere Wörter innerhalb einer Zeile reimen sich. Beispiel:

> Als ob es tausend Stäbe gäbe
>   (Rainer Maria Rilke, *Der Panther*)

- **Endreim:** Die letzten Silben am Ende zweier oder mehrerer aufeinanderfolgender Verse reimen sich. Beispiel:

> Es gibt zwei Sorten Ratten:
> Die hungrigen und satten.
> Die satten bleiben vergnügt zu Haus,
> Die hungrigen aber wandern aus.
>   (Heinrich Heine, *Die Wanderratten*)

b) **Reimfolgen beim Endreim:** Den Endreim findet man in verschiedenen Ausprägungen. Jede Ausprägung lässt sich einem individuellen Reimschema zuordnen. Das Reimschema wird mit Kleinbuchstaben (a–z) wiedergegeben. Die wichtigsten Ausprägungen des Endreimes sind:

Reimart	Beispiel	Reimschema
Kreuzreim	Zwei Segel erhellend	a
	Die tiefblaue Bucht!	b
	Zwei Segel sich schwellend	a
	Zu ruhiger Flucht!	b
	(Conrad Ferdinand Meyer, *Zwei Segel*)	

umarmen-der Reim	Der Acker leuchtet weiß und kalt. Der Himmel ist einsam und ungeheuer. Dohlen kreisen über dem Weiher. Und Jäger steigen nieder vom Wald. (Georg Trakl, *Im Winter*)	a b b a
Paarreim	Sie wandern viele tausend Meilen, Ganz ohne Rasten und Weilen, Gradaus in ihrem grimmigen Lauf, Nicht Wind noch Wetter hält sie auf. (Heinrich Heine, *Die Wanderratten*)	a a b b
Schweifreim (Paarreim + umarmender Reim)	Der Mond ist aufgegangen, die goldnen Sternlein prangen am Himmel hell und klar; der Wald steht schwarz und schweiget, und aus den Wiesen steiget der weiße Nebel wunderbar. (Matthias Claudius, *Abendlied*)	a a b c c b
Haufenreim oder **Reim-häufung**	Augen, meine lieben Fensterlein, Gebt mir schon so lange holden Schein, Lasset freund Bild um Bild herein: Einmal werdet ihr verdunkelt sein! (Gottfried Keller, *Abendlied*)	a a a a

Verswaise

Eine **Waise** ist ein reimloser Vers in einer ansonsten gereimten Umgebung. Die Waise lenkt aufgrund ihrer Sonderstellung die Aufmerksamkeit auf sich. Beispiel:

Veilchen träumen schon,	a
wollen balde kommen.	b
– Horch, von fern ein leiser Harfenton!	a

Frühling, ja du bist's	x (Verswaise)
Dich hab ich vernommen!	b
(Eduard Mörike, *Er ist's*)	

Kadenz

Als Kadenz bezeichnet man die letzte Silbe eines Verses bzw. einer Gedichtzeile. Diese kann entweder betont oder unbetont sein. Die betonte nennt man **männliche Kadenz**, die unbetonte **weibliche Kadenz**:

Begriff	Erklärung	Beispiel
männliche Kadenz (stumpfer Vers-schluss)	Vers endet mit einer Hebung (betonte Silbe)	»Am grauen Strand, am grauen Meer / Und seitab liegt die Stadt.« (Theodor Storm, *Die Stadt*)
weibliche Kadenz (klingender Vers-schluss)	Vers endet mit einer Senkung (unbetonte Silbe)	»Es schlug mein Herz geschwind zu Pferde!« (Johann Wolfgang Goethe, *Willkommen und Abschied*)

Jambische Verse enden in der Regel mit einer männlichen, trochäische Verse mit einer weiblichen Kadenz. Kadenzen können Einfluss auf den Rhythmus des Gedichts haben: Männliche Kadenzen bewirken eine deutlichere Zäsur am Versende als weibliche.

Der Klang: Klangfiguren und Klangfarbe

Die subjektive Empfindung beim Lesen eines Gedichtes (angenehmer oder unangenehmer Eindruck) kann mit dem **Klang** des Gedichtes zusammenhängen. Erzeugt und getragen wird der Klang eines Gedichts sowohl durch Klangfiguren als auch durch die Klangfarbe. Beides hilft, das Gedicht zu deuten.

a) **Klangfiguren:**
- **Alliteration:** Aufeinanderfolgende Wörter haben den gleichen Anlaut. Beispiel:

> Komm, Kühle, komm, küsse den Kummer,
> Süß säuselnd von sinnender Stirn
>
> (Clemens Brentano, *Rheinmärchen*)

- **Anapher:** Ein Wort oder eine Wortgruppe wird zu Beginn aufeinanderfolgender Verse wiederholt. Beispiel:

> Die alte Frau hat mich behext,
> Ich denke immer an die alte,
> Die alte Frau, die Gott erhalte!
> Die alte Frau hat mich so lieb
>
> (Heinrich Heine, *Nachtgedanken*)

- **Assonanz:** Übereinstimmung der Vokale, nicht aber der Konsonanten. Auf diese Weise werden Gleichklang und Eindringlichkeit erzeugt. Beispiel (mit kreuzreimartiger Assonanz):

In des ernsten Tales Büschen
Ist die Nachtigall entschlafen,
Mondenschein muss auch verblühen,
Wehet schon der Frühe Atem.
(Clemens Brentano, *Rosablankens Traum*)

- **Onomatopoesie** (Lautmalerei): Nachahmung von Natur-
  lauten durch Worte. Dadurch wird die Echtheit natürlicher
  Laute unterstrichen. Beispiel (Vers 4!):

Singt ein Lied so süß gelinde,
Wie die Quellen auf den Kieseln,
Wie die Bienen um die Linde
Summen, murmeln, flüstern, rieseln.
(Clemens Brentano, *Wiegenlied*)

b) **Klangfarbe:** Unter dem Begriff Klangfarbe versteht man die
lautliche Oberfläche eines Gedichts. Die Klangfarbe kann eine
bestimmte Stimmung transportieren. Der Klangcharakter ergibt sich aus der Häufung von bestimmten Vokalen und Konsonanten.

Klangfarbe	erzeugt durch	Wirkungstendenz
dunkle Vokale	a, o, ö, u, au	wirken schwer und bedrückend
helle Vokale	i, e, ü	wirken leicht und heiter
weiche Konsonanten	b, d, g, m, n, l	freundliche Stimmung
harte Konsonanten	p, t, k	unangenehme Stimmung

Rhythmus

Der Rhythmus eines Gedichts lässt sich nicht objektiv ermitteln. Er ergibt sich, im Unterschied zum Metrum (skandierend vorgetragen), aus dem natürlichen Lesefluss nach Wortakzenten und Sinneinheiten. Mit folgenden Begriffen können unterschiedliche Rhythmen beschrieben werden:

- regelmäßiger oder unregelmäßiger Rhythmus
- fließender oder stockender Rhythmus
- drängender oder gestauchter Rhythmus
- strömender Rhythmus
- tänzerischer Rhythmus

Freie Rhythmen

Unter diesem Begriff versteht man reimlose, metrisch ungebundene Verse ohne feste Strophengliederung. Sie weisen aber erkennbar einen bestimmten (sich wiederholenden) Rhythmus auf. Beispiel:

> Bedecke deinen Himmel, Zeus,
> Mit Wolkendunst,
> Und übe, dem Knaben gleich,
> Der Disteln köpft,
> An Eichen dich und Bergeshöhn!
> (Johann Wolfgang Goethe, *Prometheus*)

Satzbau

Das Verhältnis von Vers und Satz im Gedicht kann folgende Formen annehmen:

- **Zeilenstil:** Das Versende fällt mit dem Satzende zusammen. Das Versende fällt mit einer Zäsur zusammen.
  Beispiel:

> Man wusste nicht, woher sie kam,
> Sie war nicht in dem Tal geboren,
> Und schnell war ihre Spur verloren,
> Sobald das Mädchen Abschied nahm.
>   (Friedrich Schiller, *Das Mädchen aus der Fremde*)

- **Enjambement**: Der Satz erstreckt sich über die Versgrenze hinaus auf den nächsten Vers. Am Versende entsteht keine Pause. Beispiel:

> Die Wangen werden bleich, der muntern Augen Zier
> Vergeht gleich als der Schein der schon verbrannten Kerzen.
>   (Andreas Gryphius, *Tränen in schwerer Krankheit*)

- Ein **Strophenenjambement** liegt vor, wenn ein Satz sich über eine Strophengrenze hinaus erstreckt.
- **Hakenstil** nennt man eine Häufung von Enjambements, so dass die Verse einer Strophe durch den übergreifenden Satz verhakt erscheinen. Beispiel:

Ich kenne nichts ärmers
Unter der Sonn' als euch, Götter!
Ihr nähret kümmerlich
Von Opfersteuern
Und Gebetshauch
Eure Majestät,
Und darbtet, wären
Nicht Kinder und Bettler
Hoffnungsvolle Toren.

   (Johann Wolfgang Goethe, *Prometheus*)

Kommunikationssituation

Bei der Betrachtung der Kommunikationssituation geht es um folgende grundlegende Fragen: Wer spricht? Zu wem wird gesprochen? Worüber wird gesprochen?

- **Der Sprecher im Gedicht:** Beim Lesen von Gedichten stellen wir uns die Frage: Wer spricht hier eigentlich? Die Stimme, die wir wahrnehmen, ist nicht die des Dichters selbst. (Bei Ausnahmen steht dies ausdrücklich im Gedicht.) Der Sprecher im Gedicht ist eine vom Dichter ausgedachte Stimme. Sie bedarf einer genauen Charakterisierung, weil sie in unterschiedlicher Form in Erscheinung treten kann.

Sprecher im Gedicht	Erkennungsmerkmale und Wirkung
Lyrisches Ich	• Personalpronomen »ich«, »mich«, »wir, »mir«, »dir« • Possessivpronomen »mein«, »unser« • Kommt in einem Gedicht kein Ich vor, kann man das lyrische Ich trotzdem erschließen, vorausgesetzt der Adressat wird wie folgt angeredet: »du«, »dich«, »dir«, »dein«, »ihr«, »euer«. • Die Ich-Form ermöglicht eine größere Unmittelbarkeit der Darstellung sowie einen tieferen Einblick in die Subjektivität des Erlebens.
verdeckter Sprecher	Macht ein Sprecher keine Aussagen über sich und spricht er auch niemand anderen an, äußert er sich dagegen nur über Vorgänge, Begebenheiten, die Natur, Gegenstände etc., dann spricht man von einem verdeckten Sprecher.
Rollen-Ich	In einem Rollengedicht gibt es ein Ich, das durch weitere Hinweise (etwa in der Überschrift) mit einer bestimmten Figur identifiziert wird (z. B. Clemens Brentano, *Der Spinnerin Lied*). Innerhalb eines Rollengedichts kann es auch zu einem Dialog zwischen zwei Figuren kommen; man spricht dann von einem **Dialoggedicht**.

- **Sprechhaltung und Sprechabsicht:** Der Sprecher ver-
  hält sich zu dem, was im Gedicht ausgesagt wird oder ge-
  schieht, auf eine bestimmte Art und Weise. Das nennt man
  Sprechhaltung. Damit wird eine bestimmte Absicht verfolgt.
  Sprechhaltung bzw. Sprechabsicht können sich im Laufe der
  Gedankenentwicklung verändern.

Grundhaltung	Merkmale und Intention	Beispiel
neutral	• sachlich • reflektierend • trocken • didaktisch	Ist es ein lebendig Wesen, Das sich in sich selbst getrennt? Sind es zwei, die sich erlesen, Dass man sie als eines kennt? (Johann Wolfgang Goethe, *Ginkgo Biloba*)
distanziert	• kritisch • spöttisch • ironisch • sarkastisch	Wer bist du Fürst, dass ohne Scheu Zerrollen mich dein Wagenrad, Zerschlagen darf dein Ross? (Gottfried August Bürger, *Der Bauer an seinen durchlauchtigen Tyrannen*)
empathisch	• pathetisch • lyrisch • emphatisch • melancholisch	Gott wolle uns vereinen Hier spinn' ich so allein, Der Mond scheint klar und rein, Ich sing' und möchte weinen. (Clemens Brentano, *Der Spinnerin Nachtlied*)

heiter	• komisch • witzig • enthusiastisch • spielerisch • absurd	Wie herrlich leuchtet Mir die Natur! Wie glänzt die Sonne! Wie lacht die Flur! (Johann Wolfgang Goethe, *Mailied*)

- **Adressat:** In der Regel wendet sich der Sprecher im Gedicht an einen Adressaten. Infrage kommen eine konkrete Person, eine bestimmte Gruppe oder alle Menschen.
- **Thema und Motiv:** Grundlegend für jeden literarischen Text, so auch für Gedichte, ist die Frage: Worum geht es? Diese Frage zielt darauf ab, das Thema eines Gedichtes zu identifizieren. Als Orientierung können folgende Fragen dienen:

  - Werden Menschen oder Gegenstände (objektiv) beschrieben?
  - Wird eine Situation oder Handlung dargestellt bzw. geschildert?
  - Werden (subjektive) Gedanken oder Empfindungen ausgedrückt?
  - Werden abstrakte (philosophische) Themen behandelt?

Innere Merkmale

Lyrik gilt als die subjektivste literarische Gattung, weil der Sprecher sehr häufig **Stimmungen und Meinungen** in sehr persönlich gehaltenem Grundton zum Ausdruck bringt. Allerdings gibt es auch zahlreiche Gedicht, die bewusst sachlich und distanziert gehalten sind.

Der gedankliche Aufbau eines Gedichts

Einem Gedicht liegt (in der Regel) eine gedankliche Struktur zugrunde. Diese lässt sich erfassen, wenn man das Gedicht in Sinnabschnitte einteilt und sinnvoll miteinander verbindet (Inhalt und Aufbau). Die häufigsten Formen des gedanklichen Aufbaus sind:

- **linearer** Aufbau: chronologische Abfolge oder gedankliche Steigerung.
- **argumentativer** Aufbau: Der inhaltliche Aufbau läuft auf ein Gesamturteil am Ende hinaus.
- **antithetischer** Aufbau: Teile des Gedichts bilden Gegensätze (z. B. innerhalb eines Verses, wie im Alexandriner in der Lyrik des Barocks)

In Ausnahmefällen fehlt eine solche Struktur, etwa bei dadaistischen Gedichten oder in der konkreten Poesie.

Wortwahl

Beim Gedicht werden Wörter sorgfältig gewählt und sparsam eingesetzt. Daher muss auf die Wortwahl besonders geachtet werden. Welche **Bildwelten** werden aufgerufen? Sind **Schlüsselwörter** einer bestimmten Wortfamilie (Gruppe von Wörtern mit gleichem Wortstamm) oder einem Wortfeld (Gruppe bedeutungsgleicher/-ähnlicher Wörter) zuzuordnen? Transportieren die verwendeten Wörter eine gemeinsame Stimmung oder Atmosphäre? Werden **Gegensätze** gebildet? Gibt es Verschiebungen im Verlauf des Gedichts? Wie ist die **Stilebene**: eher gehoben (Fremdwörter) oder umgangssprachlich (Dialekt)? Werden bestimmte Wortarten, etwa Adjektive, besonders häufig verwendet? Immer ist dabei auch zu klären, welche **Absicht** damit verfolgt wird.

1.5 Traditionelle und moderne Lyrik

Moderne Gedichte beugen sich nicht dem Formzwang und den poetischen Normen traditioneller Lyrik. Lediglich die Einteilung in Verse hat sich gehalten.

Merkmale traditioneller Lyrik	Merkmale moderner Lyrik
• Reim • Strophen • Metrum • bildhafte Sprache • gehobene Sprache	• Verzicht auf Reim • Rhythmus statt Metrum • lyrisches Sprechen ist hermetisch • Alltagssprache • freier Umgang mit den Regeln der Grammatik • Verzicht auf Ordnungselemente wie z. B. Interpunktion • freier und schöpferischer Umgang mit dem Wortschatz (Neologismen) • Schaffung von Mehrdeutigkeit (›kühne‹ Metaphern)

2 Epik

Die Epik ist neben der Lyrik und der Dramatik eine der drei Hauptgattungen der Literatur. Sie umfasst alle Genres der erzählenden Literatur in Vers- oder Prosaform.

2.1 Kurzübersicht: Gattungsformen der Epik

Die Großgattung Epik besteht aus zahlreichen Genres. Diese lassen sich in zwei bzw. drei Gruppen einteilen. Die Zweiteilung unterscheidet zwischen Großepik und Kurzepik. Die

Dreiteilung fügt die mittleren Formen als eigene Gruppe hinzu.

Großformen	Mittlere Formen	Kleinformen / Kurzepik
• Versepos • Roman	• Novelle • Erzählung	• Kalendergeschichte • Kurzgeschichte • Anekdote • Märchen • Schwank **Didaktische Formen:** • Fabel • Legende • Sage • Parabel

Bauelemente
• Erzähler • Handlung • Erzähltechnik • Figuren • Zeit • Ort • Darstellungsform

2.2 Großformen

Versepos

Das Versepos bildet die früheste umfangreiche epische Form und gilt als Vorläufer des Romans. Der Höhepunkt der Versepen liegt vor allem in der Antike und im Mittelalter. Als Gattung zeichnen sich Epen durch eine gehobene und ausschweifende Sprache aus. Ein weiteres Merkmal ist, dass sie Themen aus Mythen, Götter- und Heldensagen behandeln. Auch wichtige historische Personen oder Ereignisse werden in Versepen thematisch aufgegriffen. Die bekanntesten Versepen sind das babylonische *Gilgamesch-Epos* aus dem 12. Jahrhundert v. Chr., *Illias* und *Odyssee* von Homer (8. Jh. v. Chr.) sowie das im 13. Jahrhundert entstandene *Nibelungenlied*, das als deutsches Nationalepos gilt. Heinrich Heines *Deutschland. Ein Wintermärchen* (1844) gilt als eines der letzten deutschsprachigen Epen.

Roman

Der Roman ist heute die meistverbreitete Großform der Prosa. Hervorgegangen ist er aus dem Epos. Im 19. Jahrhundert löst der Roman das Versepos endgültig ab. Der Roman zeichnet sich u. a. durch einen komplexeren, schwer überschaubaren Handlungsverlauf, eine Vielzahl von Figuren sowie eine längere Zeitspanne aus. Dadurch ist der Text meist wesentlich umfangreicher als andere Prosaformen. Im Roman wird häufig das Schicksal einer Person oder einer Personengruppe in weiter ausgreifenden Zusammenhängen erzählt. Die wichtigsten Romantypen sind:

- **Bildungsroman/Entwicklungsroman:** Im Mittelpunkt dieses Romantypus steht der Bildungs- bzw. Entwicklungsgang des Protagonisten. Charakteristisch ist die Beschreibung des Veränderungsprozesses der Persönlichkeit des Protagonisten mit dem Ziel der harmonischen Eingliederung in die gesellschaftliche Ordnung. Die Übergänge zwischen Bildungs- und Entwicklungsroman sind fließend, im Bildungsroman steht eher das geistige Wachstum des Protagonisten unter dem Einfluss von Erziehung und Lehren im Vordergrund.
  Beispiele: Christoph Martin Wieland, *Die Geschichte des Agathon* (1766/67); Karl Philipp Moritz, *Anton Reiser* (1790); Johann Wolfgang Goethe, *Wilhelm Meisters Lehrjahre* (1795/96); Gottfried Keller, *Der grüne Heinrich* (1885); Thomas Mann, *Der Zauberberg* (1924); Günter Grass, *Die Blechtrommel* (1959).

- **Psychologischer Roman:** Romantypus, der sich im 18. Jahrhundert herausbildet. Es steht weniger die Handlung als vielmehr das Empfinden und die Psyche der Figuren im Vordergrund. Beliebte sprachliche Mittel zur Darstellung dieses Befindens sind der Stream of Consciousness und der innere Monolog.
  Beispiele: Johann Wolfgang Goethe, *Die Leiden des jungen Werthers* (1774); Robert Musil, *Der Mann ohne Eigenschaften* (1930/40).

- **Familienroman:** Im Familienroman wird die Familie (oft über mehrere Generationen) dargestellt. Häufig spiegelt der Familienroman gesellschaftliche Entwicklungen wider.
  Beispiel: Thomas Mann, *Die Buddenbrooks* (1900).

- **Gesellschaftsroman:** eine besonders im 19. Jahrhundert stark verbreitete Romanform, in der die Gegebenheiten und Konflikte der jeweiligen Zeit thematisiert werden. Die geschilderten Ereignisse entspringen zwar meist der Imagination des Autors, zeichnen aber ein realistisches Bild seiner Zeit und der gesellschaftlichen Umstände.

Beispiel: Theodor Fontane, *Effi Briest* (1895).

- **Zeitroman:** Der Zeitroman entsteht im 19. Jahrhundert und ist mit dem Gesellschaftsroman verwandt. Darin wird ein möglichst umfassendes und anschauliches Bild von der jeweiligen Gegenwart entworfen.

  Beispiele: Gustav Freytag, *Soll und Haben* (1855); Robert Musil, *Der Mann ohne Eigenschaften* (1930/40).

- **Historischer Roman:** ein umfangreiches Erzählwerk, in dem historische Personen auftreten oder Geschehnisse der Historie als Hintergrund thematisiert werden. Die dargestellte Handlung entspricht nicht immer den realen Begebenheiten.

  Beispiele: Erich Maria Remarque, *Im Westen nichts Neues* (1929); Umberto Eco, *Der Name der Rose* (1980).

- **Moderner Roman:** Anfang des 20. Jahrhunderts entstanden, geht der moderne Roman auf den Zweifel der Autoren zurück, dass die moderne Welt aufgrund ihrer Komplexität überhaupt zusammenhängend erzählt werden kann. Folgerichtig zeichnet sich der moderne Roman durch neue Erzählformen aus. Charakteristisch ist der Abschied vom allwissenden bzw. auktorialen Erzähler. Erzähltechnisch setzt der moderne Roman u. a. die Montagetechnik und den Bewusstseinsstrom ein.

  Beispiele: James Joyce, *Ulysses* (1922); Franz Kafka, *Der Prozess* (1925); Alfred Döblin, *Berlin Alexanderplatz* (1929).

- **Postmoderner Roman:** Der postmoderne Roman hat sich ab der 2. Hälfte des 20. Jahrhunderts entwickelt. Er drückt die Absage an die im traditionellen Roman vorherrschende Vorstellung aus, dass die Literatur in der Lage sei, objektive und allgemeinverbindliche Wahrheiten in einer autonomen literarischen Wirklichkeit darzustellen. Wichtige Kennzei-

chen des postmodernen Romans sind: Intertextualität, Stil-
mischungen und Metafiktion.
Beispiele: Patrick Süskind, *Das Parfum* (1985); Peter Stamm,
Agnes (1998).

- **Blogroman:** Der Blogroman ist eine Erscheinungsform der
Netzliteratur. Er ähnelt in seiner Erscheinungsweise dem
Fortsetzungsroman. Eine wichtige Besonderheit ist die offene und schöpferische Kommunikation zwischen Autor
und Lesern während des Entstehungsprozesses des Werkes.
Beispiele: Karen Liller, *Sechzig Grad*; Sebastian Kraus, *Wran-
gelstraße*.

2.3 Mittlere Formen

Novelle

Die Novelle ist eine Prosaerzählung mittleren Umfangs, die im
Italien des 13. Jahrhunderts entstanden ist. Sie weist in inhaltli-
cher und formaler Hinsicht folgende Besonderheiten auf:

inhaltliche Merkmale	formale Merkmale
• Fokus auf einem Konflikt, krisenhaftem Ereignis oder »unerhörter Begebenheit« • Schicksal einer Figur oder Merkmale einer Epoche • dramatischer Charakter	• straffer, geradliniger Hand-lungsverlauf (im Unterschied zum Roman) • geschlossene Form, enthält Höhe- und Wendepunkt • Verwendung von Leitmotiven und Dingsymbolen • objektiver, sachlicher Stil

Beispiele: Theodor Storm, *Der Schimmelreiter* (1888); Thomas
Mann, *Der Tod in Venedig* (1912); Günter Grass, *Im Krebsgang*
(2002).

Erzählung

Mit dem Begriff »Erzählung« sind narrative Texte von kurzem oder mittlerem Umfang gemeint. Allerdings ist der Begriff nicht scharf definiert, so dass Übereinstimmungen mit anderen epischen Gattungen auftreten können. Im Gegensatz zu anderen epischen Formen werden der Erzählung folgende Merkmale zugeschrieben: Anders als die Novelle ist die Erzählung nicht so stark auf einen Aspekt ausgerichtet; anders als der Roman hat die Erzählung eine überschaubare und einfache Handlung; anders als die Kurzgeschichte ist die Erzählung wiederum ausführlicher gestaltet; von Märchen, Sagen und Legenden unterscheidet sich die Erzählung dadurch, dass Fantastisches oder Irreales nicht dargestellt wird.

Beispiele: E. T. A. Hoffmann, *Der Sandmann* (1816); Franz Kafka, *Die Verwandlung* (1915).

2.4 Kurzepik

Kalendergeschichte

Kalendergeschichten sind eine besonders im 19. Jahrhundert sehr populäre kurze Prosagattung, in der heitere oder merkwürdige Begebenheiten aus dem volkstümlich-alltäglichen Leben geschildert werden. Kalendergeschichten sollen vergnüglich sein und belehren. Sie geben dem Leser in meist einfachem und verständlichem Stil Verhaltensanweisungen.

Beispiele: Johann Peter Hebel, *Schatzkästlein des rheinischen Hausfreundes* (1811); Bertolt Brecht, *Kalendergeschichten* (1949).

Kurzgeschichte

Die Kurzgeschichte ist eine epische Textgattung, die in Deutschland vor allem nach dem Zweiten Weltkrieg populär wird (vgl. S. 201) Diese Entwicklung geht auf die Beliebtheit der amerikanischen Short Storys zurück, die als Vorbild dienen. Kurzgeschichten weisen folgende charakteristische Merkmale auf:

inhaltliche Merkmale	formale Merkmale
• Themen aus dem Alltag der Figuren (Alltagssituationen) • Ein besonderes Ereignis steht im Mittelpunkt. • wenige Figuren • Figuren sind oft Typen ohne individuelle Charakterzüge und Namen • durchschnittliche Menschen als Protagonisten, keine Helden • Orte und Schauplätze werden oft nicht benannt • erzählte Zeit (oft nur eine Episode) umfasst einen relativ kurzen Zeitraum • Technik der Andeutungen	• komprimierte Form (geringer Umfang) • strenge Komposition • chronologisch linearer Handlungsverlauf • unmittelbarer Einstieg ins Geschehen • offener Schluss • Erzählsituation: neutral oder personal • meist parataktischer (einfacher) Satzbau • oft Alltags- und Umgangssprache

Anekdote

Die Anekdote ist ein kurzer, unterhaltsamer, aber auch lehrreicher Text, in dem ein Ausschnitt aus dem Leben einer bekannten Person geschildert oder von einem außergewöhnlichen Geschehnis berichtet wird. Die Spannung baut sich bis zum Schluss auf, die Lösung ist meist humorvoller Art. Die Anekdote bedient sich realer Begebenheiten, um etwas Typisches oder Allgemeines zu veranschaulichen.

Fabel

Die Fabel ist eine lehrhafte Erzählung. Sie kann sowohl in Versen als auch in Prosa verfasst sein. Als Hauptakteure treten Tiere auf, die typisch menschliche Charakterzüge tragen, wie Menschen denken, handeln und empfinden (**Personifikation**). Die Figurenwelt ist sehr typisiert, allen Figuren sind starke Charaktermerkmale zugeordnet. Die Handlung folgt einem bestimmten Schema (Aufzeigen der Situation, spannungserzeugender Dialog, Ergebnis) und ist auf die abschließende Lehre ausgerichtet.

Märchen, Legende, Sage

Das **Märchen** lässt sich in zwei Formen einteilen: Das Volksmärchen ist eine mündlich überlieferte kurze Erzählung. Der Aufbau des Volksmärchens folgt meist einem typischen Erzählschema: Auf eine einleitende Formel folgt die Geschichte des Helden, der seine Heimat verlässt und (oft drei) Prüfungen besteht, bevor er schließlich zum Ziel kommt. Die Figurenwelt ist ebenfalls stark typisiert und besteht oft aus Gegensätzen (arm – reich, jung – alt, gut – böse). Das Gute gewinnt und das Böse wird bestraft. Das Kunstmärchen dagegen zeichnet sich dadurch aus, dass es einen bestimmten, namentlich bekannten Verfasser hat. Kunstmärchen haben einen höheren künstlerischen Anspruch und sind in ihrer Struktur und Personendarstellung häufig komplexer.

Die **Legende** ist eine Erzählung, in der es meist um die religiöse Darstellung von Heiligen geht. Die historische Wahrheit ist zweifelhaft. Legenden beabsichtigen eine vorbildliche und lehrreiche Wirkung.

Die **Sage** ist eine volkstümliche Überlieferung eines mit fantastischen Elementen verbundenen dramatischen Ereignisses, das an einen bestimmten Ort und eine bestimmte Zeit gebunden ist.

Zur Unterscheidung zwischen Märchen, Legende und Sage sind folgende Kriterien hilfreich:

Vergleichs- aspekt	Legende	Märchen	Sage
Wirklich- keitsbezug	• häufig mit einem histo- rischen Kern (Person) • meist mit übernatür- lichen Phä- nomenen (Wundern) verbunden	• nicht real • Phantasiewelt eines Autors (Kunstmär- chen) oder aus mündli- cher Tradition (Volksmär- chen)	• oft an einen bestimmten Ort und eine Zeit gebunden • mit phan- tastischen Elementen
Ort und Zeit	• Orts- und Zeitangaben	• keine zeitliche Fixierung (»Es war einmal …«), fiktive Welten (z. B. »hinter den sieben Bergen«)	• räumlich und zeitlich verortet (z. B. Rattenfänger von Hameln)
Figurenkon- zeption	• (historische) Personen namentlich genannt (z. B. der heilige Martin von Tours)	• typisierte namenlose Figuren oder sprechende Namen (z. B. Rumpel- stilzchen, Däumling)	• Personen häu- fig namentlich genannt, gele- gentlich auch nur Bezeich- nungen (z. B. der Ratten- fänger)

Parabel

Eine Parabel ist eine lehrhafte Erzählung und hat einen erzieherischen Anspruch. Allerdings schließt sie – im Gegensatz zur Fabel – mit keiner ausdrücklich ausformulierten Moral. Vielmehr ist die lehrhafte Bedeutung in die Erzählung eingeschlossen und kann, ausgehend von steuernden Texthinweisen, durch Analogiebildungen auf den ›eigentlich‹ gemeinten Bereich übertragen werden.

Beispiele: Gotthold Ephraim Lessing, »Ringparabel« in *Nathan der Weise* (1779); Franz Kafka, *Die Verwandlung* (1915), *Der Prozess* (1925).

Schwank

Der Schwank ist eine scherzhafte, oft drastische und derbe Erzählung, in der alltägliche Verhaltensweisen und Normen in einer kurzen Szene infrage gestellt werden. Oft wird die Ohnmacht des Mächtigen und die Fehlbarkeit des vermeintlich Schlauen verspottet, weil der scheinbar Unterlegene triumphiert und weil er Wortwitz und Situationskomik beherrscht. Die Figurenwelt ist häufig typisiert, überzeichnet und in klaren Gegensätzen strukturiert.

2.5 Bauelemente und Strukturmerkmale epischer Texte

Der Autor und der Erzähler

Bei epischen Texten muss man grundsätzlich zwischen dem **Autor**, also dem realen Verfasser des Werks, und dem **Erzähler** unterscheiden. Erzähler – so bezeichnet man die fiktive Gestalt, die sich in einem Erzähltext (z. B. Roman oder in einer Kurzgeschichte) zu Wort meldet und den Leser durch die Handlung führt. Der Erzähler ist nicht mit dem Autor identisch! Er ist eine Erfindung des Verfassers (deshalb fiktive Gestalt), die mit bestimmten Fähigkeiten ausgestattet wird, um die Geschichte auf eine bestimmte Art und Weise präsentieren zu können.

Die Erzähltechnik

Bei der Erzähltechnik geht es um die Frage: Wie wird erzählt? Die Beantwortung dieser Frage umfasst folgende Kategorien:

• Erzählform
• Erzählperspektive
• Standort des Erzählers
• Erzählhaltung
• Darbietungsform
• Zeitgestaltung

Diese Aspekte sind für die Analyse eines epischen Textes wichtig.

Erzählform

Der Autor wählt mit dem Erzähler auch eine bestimmte Erzählform. Man unterscheidet zwei Erzählformen:

Ich-Erzähler	Er/Sie/Es-Erzähler
Der Erzähler erzählt von sich selbst. Das »Ich« ist Teil der Handlung.	Der Erzähler erzählt oder berichtet von anderen Figuren in der dritten Person.

Erzählperspektive

In der Art, wie sich der Erzähler dem Geschehen gegenüber verhält, d. h., wie er die Handlung präsentiert, unterscheidet man drei Perspektiven: auktoriales Erzählverhalten (**auktoria-**

ler Erzähler), personales Erzählverhalten (**personaler Erzähler**) und neutrales Erzählverhalten (**neutraler Erzähler**):

auktorialer Erzähler	personaler Erzähler	neutraler Erzähler
• steht außerhalb der Figurenwelt • hat einen »olympischen« Standort: prinzipiell allwissend • kann in die Köpfe und Herzen der Figuren schauen • verfügt über Außen- und Innensicht der Figuren • leitet den Leser • fügt Vorausdeutungen und Rückblenden ein • kommentiert das Geschehen • charakterisiert die Figuren	• schlüpft in die Rolle einer beteiligten Figur • erzählt aus deren Sicht • hat eine geringe Distanz zum erzählten Geschehen • hat einen eingeschränkten Blick auf das Geschehen • hat keinen Überblick über Zeit und Raum	• steht außerhalb der Figurenwelt • kommentiert und reflektiert die Handlung nicht • liefert keine Figurencharakterisierung • hält sich weitgehend zurück • erläutert die Handlung nicht • ist um Objektivität bemüht • hat eine Außensicht auf die Figuren

Während der personale Erzähler Teil der Handlung ist, befinden sich der auktoriale und der neutrale Erzähler grundsätzlich außerhalb der Handlung.

Die drei Erzählperspektiven können grundsätzlich beliebig mit den Erzählformen des Ich- bzw. Er-/Sie-/Es-Erzählers verknüpft sein. Allerdings ist der Ich-Erzähler meistens kein auktorialer, sondern ein personaler Erzähler.

Die Position, die der Erzähler gegenüber den von ihm erzählten Geschehnissen einnimmt, kann eine Außen- oder Innenperspektive sein:

Außensicht	Innensicht
Der Erzähler beschränkt sich auf die Beschreibung der Außenseite der Figuren oder Ereignisse. Er sieht (ggf. als Beteiligter) die Figuren nur von außen.	Der Erzähler kennt die Gedanken und Gefühle der Figuren, über die er berichtet (auktorialer Erzähler) oder aus deren Perspektive er erzählt (personaler Erzähler)

Standort des Erzählers

Der Standort des Erzählers bestimmt seinen zeitlichen und räumlichen Abstand zum erzählten Geschehen.

- Der personale Erzähler hat einen begrenzten Blick. Er ist an den räumlichen Horizont der Figur gebunden, aus deren Perspektive er erzählt. Er steht also mitten im Geschehen.
- Der auktoriale Erzähler hat eine olympische Position. Er steht außerhalb des erzählten Geschehens und überblickt es sowohl zeitlich als auch räumlich. Er ist allwissend.

Der Erzählerstandort hat Einfluss darauf, ob wir **Nähe** oder eher **Distanz** zu einer Figur und zum Geschehen empfinden.

Erzählhaltung

Die Erzählhaltung ist die **wertende Einstellung** des Erzählers zum erzählten Geschehen. Diese wirkt sich auf die Art der Darstellung und auf die sprachliche Gestaltung (Wortwahl) aus. Häufig äußert sich der Erzähler (selbst)kritisch, ironisch, sachlich, humorvoll, melancholisch, mitfühlend etc.

Darbietungsform: Erzählerrede und Figurenrede

Der Erzähler verfügt über unterschiedliche Darstellungsweisen, um dem Leser das Geschehen zu präsentieren. Er kann selbst das Wort behalten, oder aber er lässt die Figuren zu Wort kommen oder ihre Gedanken wiedergeben. Demnach unterscheidet man zwischen Erzählerrede und Figurenrede.

Grundformen der Erzählerrede:
* **Fiktionaler Bericht:** Der fiktionale Bericht hat eine ordnende, rahmende Funktion, entwickelt die Handlung, indem er Zusammenhänge herstellt.
  Beispiel:

> So brachte Wilhelm seine Nächte im Genusse vertraulicher Liebe, seine Tage in Erwartung neuer seliger Stunden zu. Schon zu jener Zeit, als ihn Verlangen und Hoffnung zu Marianen hinzog, fühlte er sich wie neu belebt, er fühlte, dass er ein anderer Mensch zu werden beginne; nun war er mit ihr vereinigt, die Befriedigung seiner Wünsche ward eine reizende Gewohnheit [...].
>
> (Johann Wolfgang Goethe, *Wilhelm Meisters Lehrjahre*)

* **Erzählerbericht:** Beim Erzählerbericht handelt es sich um eine straffe, geraffte Darstellung der Handlung in chronologischer Abfolge.
  Beispiel:

> Daß diese Abreise vorläufiger Art, nur eine Abreise für diesmal sein solle, daß Frau Chauchat wiederzukehren beabsichtigte, unbestimmt, wann, aber daß sie einmal wiederkom-

men wolle oder auch müsse, des besaß Hans Castorp Versicherungen, direkte und mündliche …

(Thomas Mann, *Zauberberg*)

- **Reflexion:** Bei der Reflexion wird die Handlung durch Kommentare, Betrachtungen, Urteile, Wertungen, Meinungen, Erinnerungen und Bemerkungen des Erzählers unterbrochen.
- **Beschreibung:** Die Beschreibung ist eine anschauliche Darstellung bzw. Schilderung von Bedeutungsträgern z. B. von Figuren, Schauplätzen, Gegenständen etc.
  Beispiel:

An dem Schnittpunkte von Kurfürstendamm und Kurfürstenstraße, schräg gegenüber dem »Zoologischen«, befand sich in der Mitte der siebziger Jahre noch eine große, feldeinwärts sich erstreckende Gärtnerei, deren kleines, dreifenstriges, in einem Vorgärtchen um etwa hundert Schritte zurückgelegenes Wohnhaus, trotz aller Kleinheit und Zurückgezogenheit, von der vorübergehenden Straße her sehr wohl erkannt werden konnte.

(Theodor Fontane, *Irrungen, Wirrungen*)

- **Szenische Darstellung:** Die szenische Darstellung ist eine Mischform aus Erzähler- und Figurenrede. Sie verbindet Figurenrede und Entfaltung der Situation (vgl. Szene im Drama). Die szenische Darstellung verlangt vom Leser, dass er sich selbst ein Bild von den handelnden Figuren und ihrer Beziehung zueinander macht. Erzählte Zeit und Erzählzeit sind nahezu deckungsgleich.

Beispiel:

Effi hatte sich in einen Schaukelstuhl gelehnt und sagte, während sie das Kaffeebrett von der Seite her ihrem Manne zuschob: »Geert, du könntest heute den liebenswürdigen Wirt machen; ich für meinen Teil find' es so schön in diesem Schaukelstuhl, dass ich nicht aufstehen mag [...]. Und dabei zupfte sie die weiße Damastdecke zurecht und legte ihre Hand darauf, die Innstetten nahm und küsste.
»Wie bist du nur eigentlich ohne mich fertig geworden?«
»Das sagst du so hin und machst ein betrübtes Gesicht, und ist doch eigentlich alles nicht wahr.«
»Aber Effi ...«
»Was ich dir beweisen will [...].«

(Theodor Fontane, *Effi Briest*)

Grundformen der Figurenrede:
- **Direkte Rede:** Die direkte Rede gibt die Äußerungen einer Figur wörtlich wieder. Sie steht in der Regel in Anführungszeichen, außer im Drama. Sie wirkt unmittelbar, weil der Leser die Figur selbst wahrnimmt.
  Beispiel:

Er sagte: »Ich sehe das Schloss.«

- **Indirekte Rede:** Bei der indirekten Rede wird die Wiedergabe der Aussage einer Figur durch die Verwendung des Konjunktivs verkürzt, wodurch Distanz zur Figur geschaffen wird.
  Beispiel:

Er sagte, dass er das Schloss sehe.

- **Erlebte Rede:** Die erlebte Rede ist eine Wiedergabe von Gedanken und Gefühlen in der 3. Person Indikativ Präteritum. Formal berichtet zwar der Erzähler, aber die Perspektive verlagert sich zur Romanfigur. Der Erzähler tritt in den Hintergrund.

  Beispiel:

  > Frau Stuth aus der Glockengießerstraße hatte wieder einmal Gelegenheit in den ersten Kreisen zu verkehren, indem sie Mamsell Jungmann und die Schneiderin am Hochzeitstag bei Tonys Toilette unterstützte. Sie hatte, strafe sie Gott, niemals eine schönere Braut gesehen, lag, so dick sie war, auf den Knieen und befestigte mit bewundernd erhobenen Augen die kleinen Myrtenzweiglein auf der weißen moiré antique …
  >
  > (Thomas Mann, *Buddenbrooks*)

- **Innerer Monolog:** Als inneren Monolog bezeichnet man den stummen Monolog einer Figur in der 1. Person Präsens – im Unterschied zur erlebten Rede. Das Selbstgespräch findet nur in den Gedanken der Figur statt und wird nicht laut ausgesprochen.
  Beispiel:

  > Wie lange wird denn das noch dauern? Ich muss auf die Uhr schauen … schickt sich wahrscheinlich nicht in einem so ernsten Konzert. Aber wer sieht's denn? Wenn's einer sieht, so passt er gerade so wenig auf, wie ich, und vor dem brauch' ich mich nicht zu genieren …
  >
  > (Arthur Schnitzler, *Lieutenant Gustl*)

- **Bewusstseinsstrom** (auch: Stream of consciousness): Es handelt sich um die unmittelbare Wiedergabe von Gedanken, Gefühlen, Assoziationen, Erinnerungen einer Figur. Der Erzähler tritt ganz zurück und gibt den Blick frei in die Bewusstseinsinhalte der Figur. Oft wird auf eine klare Syntax verzichtet. Es kommt zu einer Zeitdehnung.
  Beispiel:

> Draußen bewegte sich alles, aber – dahinter – war nichts! Es – lebte – nicht! Es hatte fröhliche Gesichter, es lachte, wartete auf der Schutzinsel gegenüber Aschinger zu zweit oder zu dritt, rauchte Zigaretten, blätterte in Zeitungen. So stand das da wie die Laternen – und – wurde immer starrer. Sie gehörten zusammen mit den Häusern, alles weiß, alles Holz.
>
> (Alfred Döblin, *Berlin Alexanderplatz*)

Zeitgestaltung: erzählte Zeit und Erzählzeit

Die Dauer und die Geschwindigkeit der Handlung spielen bei der Erzähltextanalyse eine wichtige Rolle. Man unterscheidet dabei zwei wichtige Fachbegriffe:

Erzählte Zeit	Erzählzeit
Bezeichnet den zeitlichen Umfang des Geschehens (Handlungsdauer). Dieser wird durch Anfang und Ende der Handlung markiert. Die erzählte Zeit kann nur wenige Sekunden bis mehrere Tage, Monate und sogar Jahre oder Jahrzehnte in Anspruch nehmen.	Bezeichnet die Zeit, die man zum Lesen, Erzählen oder Vortragen der erzählten Geschichte benötigt (Lesedauer).

Das Verhältnis zwischen Dauer der Handlung (**erzählter Zeit**) und Dauer des Lesens (**Erzählzeit**) kann drei verschiedene Formen haben:

- **zeitraffendes Erzählen** (Erzählzeit < erzählte Zeit): Die Erzählung ist wesentlich kürzer, als die Handlung tatsächlich gedauert hat. Das Geschehen wird sehr knapp zusammengefasst.
- **zeitdehnendes Erzählen** (Erzählzeit > erzählte Zeit): sehr detaillierte und ausführliche Schilderung der Handlungsabläufe.
- **zeitdeckendes Erzählen** (Erzählzeit = erzählte Zeit): Die tatsächliche Handlungsdauer ist in etwa gleich mit der Zeit, die zum Lesen benötigt wird, und es gibt keine Handlungssprünge. Dieses Verfahren wird häufig in der Technik des Sekundenstils im Naturalismus (vgl. S. 178) angewendet. Innerhalb eines Erzähltextes kann das Erzähltempo und damit das Verhältnis von Erzählzeit und erzählter Zeit variieren.

Das **Erzähltempo** lässt sich beschleunigen (z. B. durch den Einbau von Zeitsprüngen) oder verzögern (z. B. durch zeitdehnende Erzählweise).

Die chronologische Erzählstruktur kann durch **Rückblenden** und **Vorausdeutungen** unterbrochen werden. Beide erzähltechnische Kunstgriffe steuern das Verständnis des Textes auf unterschiedliche Weise:

Rückblenden	Vorausdeutungen
• Nachtrag eines frühen Geschehens • Erläuterung der Handlung • Hilfe für das Verständnis des Textes (Hintergrundinformationen)	• Ausblick auf den weiteren Handlungsverlauf • Spannung erhöhen • Leserlenkung

Stoff – Thema – Motiv

Stoff, Thema und Motive eines epischen Werks bezeichnen ganz verschiedene Aspekte:

- **Stoff:** Rohmaterial, das der Autor in der Natur, im eigenen Leben oder in der Geschichte findet und zu einem Werk verarbeitet, indem er ihm eine Form gibt (z. B. durch die Entscheidung, einen Roman oder ein Gedicht daraus zu formen).
- **Thema:** Leitidee, die der Autor in einem Stoff entdeckt und zum Gegenstand seines Werkes macht (z B. Eifersucht, Reise).
- **Motiv:** bedeutungsvolles, strukturelles Element eines Textes, das aber nicht konkret gefüllt ist (das geschieht durch den Stoff). Ein Stoff kann mehrere Motive enthalten. Gleiche Motive tauchen in der Literatur immer wieder auf. Man kann vier wichtige Motivgruppen unterscheiden:

Motivgruppe	Beispiele
Raummotive	Stadt, Unterwelt, Wald, Meer, Natur, Hof
Zeitmotive	Frühling, Nacht, Alter, Herbst, Vergänglichkeit
Situationsmotive	Vater-Sohn-Konflikt, Einsamkeit, Doppelgänger, Wiedererkennen nach langer Trennung, Ehebruch, Krieg, Tod
Typenmotive	Einzelgänger, Narr, Wanderer, verlassenes Mädchen, Geizhals

3 Dramatik

Das Drama ist neben der Lyrik und der Epik eine der drei Hauptgattungen der Literatur. Die Großgattung Drama (griech., ›Handlung‹) geht auf die Fruchtbarkeitsfeste zu Ehren des Dionysos im 5. Jahrhundert v. Chr. im antiken Griechenland zurück. Das Drama zeichnet sich dadurch aus, dass die Handlung unvermittelt szenisch dargestellt wird. Es hat sich im Laufe der Jahrhunderte zu zahlreichen Untergattungen entwickelt.

3.1 Kurzübersicht: Gattungsformen der Dramatik

Zur groben Orientierung kann man zwischen den klassischen Grundformen und den späteren Untergattungen unterscheiden.

Die drei **klassischen Grundformen** des Dramas sind:
• Tragödie • Komödie • Tragikomödie

Grundform	Kurzbeschreibung	Beispiele
Tragödie (Trauerspiel)	Stellt einen Konflikt dar, der mit dem tragischen Untergang des Helden endet, zuweilen auch mit moralischem oder politischem Scheitern. Charakteristisch ist, dass der Protagonist in einen unlösbaren Konflikt bzw. eine ausweglose Situation gerät.	Sophokles, *Antigone*, 442 v. Chr.; Friedrich Schiller, *Maria Stuart*, 1800; Johann Wolfgang Goethe, *Faust I*, 1808

Komödie (Lustspiel)	In der klassischen Komödie befinden sich die Figuren in einem lösbaren Konflikt, der mit einem Happy End ausgeht und das Publikum in eine heitere Stimmung entlässt. Die Konflikte entstammen dem Alltag einfacher Leute.	Aristophanes, *Die Weibervolksversammlung*, um 392 v. Chr.; Gotthold Ephraim Lessing, *Minna von Barnhelm*, 1767; Heinrich von Kleist, *Der zerbrochene Krug*, 1811
Tragikomödie	Stellt einen Konflikt dar, in dem sich tragische und komische Elemente abwechseln, meist bleibt die Katastrophe aus.	Friedrich Dürrenmatt, *Die Physiker*, 1961

Spätere **Untergattungen** sind:

• Soziales Drama
• Episches Theater
• Absurdes Theater
• Stationendrama
• Dokumentartheater

3.2 Tragödie und Komödie

Der Unterschied zwischen Tragödie und Komödie lässt sich an folgenden Aspekten veranschaulichen:

Tragödie	Vergleichsaspekte	Komödie
Ereignisse aus Mythos (Götter und Heroen) und Geschichte (historische Ereignisse)	*Stoff*	erfundene Handlung aus dem Alltag (gesellschaftliche Themen)
nur hohe Standespersonen, also Adelige, Herrscherfamilien, dürfen auftreten (sogenannte Ständeklausel); das ermöglicht die notwendige Fallhöhe: je höher die gesellschaftliche Position, desto tiefer der tragische Absturz; vgl. S. 106	*Personen / Charaktere*	Charaktere und Typen aus dem Volk (Bürgertum); meist komische Figuren mit kleinen Fehlern
Glück schlägt ins Unglück um; tragisches Ende des Helden	*Handlungsverlauf*	glücklicher, versöhnlicher Ausgang; manche Personen werden der Lächerlichkeit preisgegeben
feierliche Redeweise	*Sprache*	Alltagssprache

3.3 Untergattungen und Mischformen des Dramas

Man kann nach inhaltlichen Kriterien folgende Klassifikationen vornehmen. Die Grenzen können fließend sein.

Charakterkomödie

Charakterkomödie ist die Bezeichnung für ein Lustspiel, das seine Komik aus der einseitigen Gestaltung eines Charakters gewinnt. Im Unterschied zur Typenkomödie sind die Figuren einer Charakterkomödie erkennbar individuell angelegt.

Beispiel: William Shakespeare, *Der Kaufmann von Venedig*, 1605.

Situationskomödie

Als Situationskomödie bezeichnet man ein Lustspiel, das seine Komik aus komplexen Situationsverwicklungen im dramatischen Handlungsgeflecht gewinnt. Hervorgerufen wird die Komik durch Verwechslungen oder Intrigen (daher auch Intrigenkomödie), welche die Zuschauer – im Gegensatz zu den beteiligten Figuren selbst – durchschauen.

Beispiele: Heinrich von Kleist, *Der zerbrochene Krug*, 1811; Gerhart Hauptmann, *Der Biberpelz*, 1893.

Typenkomödie

Die Typenkomödie ist ein Lustspiel, bei dem die Komik in den Figuren selbst liegt. Diese werden als überzeichnete Repräsentanten eines bestimmten Menschentyps der Lächerlichkeit preisgegeben. Im Unterschied zur Charakterkomödie weisen die Figuren überindividuelle Eigenschaften auf, die häufig bekannten Klischeevorstellungen entsprechen.

Beispiel: Hugo von Hofmannsthal, *Der Schwierige*, 1921.

Bürgerliches Trauerspiel

Als Begründer des bürgerlichen Trauerspiels gilt Gotthold Ephraim Lessing (1729–1781). Mit diesem Dramentypus hebt Lessing die Ständeklausel auf, indem er gemischte Charaktere einführt. Im bürgerlichen Trauerspiel der ersten Phase steht der Konflikt zwischen Adel und Bürgertum im Mittelpunkt. Veranschaulicht wird dabei die Überlegenheit der bürgerlichen Werte und Moral gegenüber der als korrupt und pervertiert empfundenen Welt des Adels. Im 19. Jahrhundert überwiegt jedoch die Kritik an der Enge der bürgerlichen Welt.

Beispiele: Gotthold Ephraim Lessing, *Emilia Galotti*, 1772; Friedrich Schiller, *Kabale und Liebe*, 1784; Friedrich Hebbel, *Maria Magdalena*, 1844.

Ideendrama

Behandelt wird eine zentrale Idee. Handlung, Charaktere, Stoff und Sprache sind nicht an der Wirklichkeit orientiert, sondern sie werden einem übergeordneten Leitgedanken mit Anspruch auf Allgemeingültigkeit untergeordnet. In Deutschland liegt die Blütezeit des Ideendramas in der Weimarer Klassik (vgl. S. 157).

Beispiele: Gotthold Ephraim Lessing, *Nathan der Weise*, 1779; Johann Wolfgang Goethe, *Iphigenie auf Tauris*, 1787.

Geschichtsdrama (Historisches Drama)

Das Geschichts- oder historische Drama zeichnet sich dadurch aus, dass historische Personen, Stoffe, Themen und Ereignisse tatsachengetreu oder künstlerisch bearbeitet auf der Bühne dargestellt werden. Thematisiert wird häufig die Spannung zwischen Einzel- und Gesamtwillen oder der Einzelne im Konflikt mit geschichtlichen Kausalitäten.

Beispiele: Johann Wolfgang Goethe, *Götz von Berlichingen*, 1773; Friedrich Schiller, *Maria Stuart*, 1800; Heinrich von Kleist, *Prinz Friedrich von Homburg*, 1821; Georg Büchner, *Dantons Tod*, 1835.

Soziales Drama

Form des Dramas, die sich im 19. Jahrhundert als Anklagedramatik herausbildet. Sie befasst sich mit den Verhältnissen unterprivilegierter sozialer Schichten. Diese Dramenform steht in engem Zusammenhang mit den sozialen Folgen der Industrialisierung. Das soziale Drama bildet eine der wichtigsten Dramenformen des Naturalismus (vgl. S. 179).

Beispiele: Georg Büchner, *Woyzeck*, entstanden 1836/37; Gerhart Hauptmann, *Vor Sonnenaufgang*, 1889; *Die Weber*, 1892.

Stationendrama

Das Stationendrama besteht aus einer Folge von relativ autonomen, d. h. hinsichtlich Ort, Zeit und Handlung nicht aufeinander bezogenen bzw. aufeinanderfolgenden Szenen (»Stationen«). Die Verbindung zwischen den einzelnen Stationen wird durch eine zentrale, oft typisierte Figur hergestellt. Im Mittelpunkt des Stationendramas steht nicht die Entfaltung einer chronologisch zusammenhängenden Handlung, sondern vielmehr die Darstellung von Zuständen.

Beispiele: Georg Kaiser, *Von morgens bis mitternachts*, 1912; Ernst Toller, *Die Wandlung*, 1919.

Volksstück

Das Volkstück ist eine dramatische Gattung, die eine sich im Kleinbürgertum abspielende Handlung in volkstümlich leichtverständlicher Form darstellt. Neben Pantomimen und Tanz zeichnet sich das Volkstück durch die Verwendung des Dialekts und aktuelle Anspielungen aus. Trotz des Sprachwitzes bleibt der ernste, gesellschaftskritische und z. T. tragische Grundton erhalten.

Beispiele: Johann Nestroy, *Das liederliche Kleeblatt*, 1833; Ödön von Horváth, *Geschichten aus dem Wienerwald*, 1931; Franz Xaver Kroetz, *Oberösterreich*, 1972.

Episches Theater

Begründer des epischen Theaters in den 1920er Jahren ist Bertolt Brecht (1898–1956). Diese Form des Dramas ist dadurch gekennzeichnet, dass der Akzent nicht auf dem Ausgang, sondern auf dem Ablauf der Handlung liegt. Die Handlung ist darauf ausgerichtet, dass der Zuschauer stärker in das Geschehen auf der Bühne einbezogen wird und dieses entsprechend reflektiert. (Vgl. S. 113.)

Beispiele: Bertolt Brecht, *Mutter Courage und ihre Kinder*, 1941; *Leben des Galilei*, 1948; *Der gute Mensch von Sezuan*, 1953.

Dokumentartheater

Das Dokumentartheater entsteht in den 1920er Jahren. Seine Besonderheit liegt in der Verwendung von dokumentarischen Materialien wie z.B. Akten, Protokollen, zeitgenössischen Presseberichten, authentischen Zeugenaussagen sowie eingeblendeten Filmszenen und Fotos.

Beispiele: Rolf Hochhuth, *Der Stellvertreter*, 1963; Heinar Kipphardt, *In der Sache J. Robert Oppenheimer*, 1964; Peter Weiss, *Die Ermittlung*, 1964.

Absurdes Theater

Das Absurde Theater entsteht unter dem Einfluss des Existenzialismus. Grundlegend ist die Orientierungslosigkeit des Menschen in einer als sinnlos und absurd erfahrenen Welt (z.B. Katastrophen des 20. Jahrhunderts). Gezeigt werden verstörend wirkende Situationen, die von Groteske geprägt sind. Das absurde Theater verzichtet auf eine logisch aufgebaute Handlung.

Beispiele: Samuel Beckett, *Warten auf Godot*, 1953; Wolfgang Hildesheimer, *Spiele, in denen es dunkel wird*, 1958.

3.4 Dramenkonzeptionen

Das klassische Drama (aristotelisches Drama)

Der griechische Philosoph Aristoteles (384–321 v. Chr.) ist Begründer der Theorie des Dramas. Er legt in seiner *Poetik* (Lehre von der Dichtkunst) vor allem die Funktion und Struktur dieser Gattung fest. Seit der Renaissance sieht die klassische Dramenform fünf Akte vor, die der Schriftsteller und Literaturwissenschaftler Gustav Freytag 1863 in seinem vielzitierten Pyramidenmodell veranschaulicht hat:

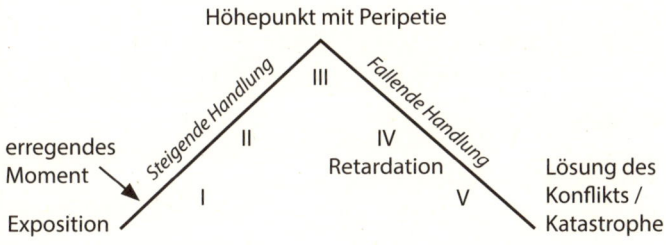

Abb. 8: Aufbau des klassischen Dramas nach Gustav Freytag

Das Pyramidenmodell Freytags macht deutlich, dass jeder einzelne Akt bzw. Aufzug eine Handlungsstation innerhalb des Dramas bildet und daher eine bestimmte Funktion in der Handlungsgestaltung erfüllt (s. S. 104). Es muss allerdings beachtet werden, dass es sich um ein generalisierendes und nachträglich konstruiertes Modell handelt, von dem konkrete einzelne Dramen durchaus auch abweichen können.

Akt	Funktion	Erklärung
I. Akt	**Exposition**	Die Zuschauer werden in Zeit, Ort, Atmosphäre der Handlung eingeführt. Sie lernen die Hauptfiguren direkt oder indirekt kennen. Sie erfahren die Vorgeschichte. Die Ausgangskonstellation des dramatischen Konflikts ist vorbereitet.
II. Akt	**Steigerung (erregendes Moment)**	Der Konflikt bricht aus. Interessen stoßen aufeinander oder Intrigen werden gesponnen. Die Entwicklung des Geschehens beschleunigt sich.
III. Akt	**Peripetie (Höhepunkt)**	Der Konflikt erreicht seinen Höhepunkt. Hier steht der Held in der entscheidenden Auseinandersetzung, die sein weiteres Schicksal entscheidet. Es erfolgt die Wende zu Erhöhung oder Absturz, zu Sieg oder Niederlage.
IV. Akt	**Retardation**	Im Handlungsverlauf zeichnet sich das Ende ab. Die Auflösung des Konflikts verzögert sich aber, um in einer Phase der höchsten Spannung auf die bevorstehende Katastrophe hinzuarbeiten.
V. Akt	**Katastrophe / Lösung**	Lösung des dramatischen Konflikts am Ende des Dramas. Sie führt in der Tragödie zum Untergang des Helden und in der Komödie zum versöhnlichen Ausklang (Happy End).

Dreiakter

Bereits auf Aristoteles zurückgeführt werden kann die Einteilung eines Dramas in drei Akte:

- Erster Akt: Darstellung der **Umstände**
- Zweiter Akt: **Entfaltung** des Konflikts
- Dritter Akt: **Auflösung** des Konflikts

Beispiele: Henrik Ibsen, *Nora (Ein Puppenheim)*, 1879; *Ge-
spenster*, 1881; Hugo von Hofmannsthal, *Der Schwierige* (1921);
Friedrich Dürrenmatt, *Der Besuch der alten Dame* (1956).

Einakter

Seit Mitte des 18. Jahrhunderts entstehen Dramen, die nur aus
einem Akt bestehen. Sie zeichnen sich durch eine konzentrierte Handlung aus. Ein Szenenwechsel findet nicht statt.
    Beispiel: Heinrich von Kleist, *Der zerbrochene Krug*, 1811.

Die sogenannten »drei Einheiten«

Als wichtigste dramentheoretische Vorgabe des klassischen
Dramas sind die sogenannten drei Einheiten zu nennen, die
sich ebenfalls auf Aristoteles zurückführen lassen, auch wenn
er sie nicht explizit benennt. Seit der französischen Klassik (um
1700) wird diese Forderung verbindlich. Seit dem Sturm und
Drang (vgl. S. 149 ff.) löst sich die Verbindlichkeit auf.

Bezeichnung	Erklärung
Einheit des **Ortes**	• Die Handlung soll an einem Ort bzw. Schauplatz stattfinden und auf der Bühne ausführbar sein.
Einheit der **Zeit**	• Die Handlung des Dramas soll innerhalb von 24 Stunden abgeschlossen sein. • Übereinstimmung von Spielzeit und gespielter Zeit
Einheit der **Handlung**	• tektonischer Handlungsaufbau, d. h. alle Handlungsteile haben eine Funktion im Dienst des Ganzen • *eine* Haupthandlung • geschlossener Handlungsaufbau

Ständeklausel und Fallhöhe

In der Tragödienlehre der Renaissance und des Barock sollen der Held und weitere wichtige Figuren ausschließlich aus dem Adel, am besten aus herrschenden Häusern, stammen. Das nennt man **Ständeklausel**. Auch diese Regel kann auf Aristoteles zurückgeführt werden. Begründet wird dies damit, dass nur so die **Fallhöhe** erreicht werden könne. Damit ist gemeint, dass der Held möglichst hochstehend sein muss (z. B. König, Adeliger), damit sein Fall tief genug sein kann, um als tragisch empfunden zu werden. Mit der Einführung des bürgerlichen Trauerspiels überwindet Gotthold Ephraim Lessing im 18. Jahrhundert die Ständeklausel.

Geschlossene und offene Form des Dramas

Die Begriffe »geschlossene« und »offene« Form des Dramas gehen auf den Literaturwissenschaftler Volker Klotz zurück. Mit ihnen will er Dramentypen, die streng nach dem klassischen Muster (aristotelisches Drama) gebaut sind, von den davon abweichenden unterscheiden.

Geschlossene Form des Dramas (aristotelisches Drama)	Vergleichsaspekte	Offene Form des Dramas
• eine abgeschlossene Haupthandlung • linearer Handlungsverlauf • logische Verknüpfung der Handlungsschritte • ein dominierender zentraler Konflikt	*Handlung*	• Mehrsträngigkeit der Haupthandlung • relativ autonome Nebenhandlungen • Offenheit der Handlung: ohne klaren Anfang, ohne Lösung, bruchstückhaft, fragmentarisch (Fortsetzbarkeit möglich)
• geschlossene, straffe Komposition • schlüssige und zielstrebig geführte Handlung • lineare Abfolge des Geschehens • Akte und Szenen bauen aufeinander auf • Fünf-Akt-Schema	*Komposition*	• offene, lockere Komposition • stationen-, mosaikartig • Kreisbewegungen • Einteilung in unabhängige, selbständige Szenen • offener Schluss

• Einheit der Zeit • keine Zeitsprünge	*Zeit*	• unbestimmte Zeiterstreckung • Zeitsprünge • unklare Zeitverhältnisse zwischen Einzelszenen • intensiv erlebter dramatischer Augenblick wichtiger als Entwicklung
• Einheit des Ortes • kein dramatisch wirksamer Ortswechsel • kein Handlungsfaktor	*Ort*	• verschiedene Lebens- und Handlungsräume • Raum charakteristisch für Stand, Milieu, Atmosphäre
• Einhaltung der Ständeklausel • Personal ist sozial einheitlich • gemeinsames geistiges Bezugssystem • mündige, verantwortlich handelnde, reflektierte Persönlichkeiten	*Figuren*	• Vielfalt der gesellschaftlichen Schichten • unterschiedliche, auch gegensätzliche Weltanschauungen • auch unreife, getriebene, unreflektierte und reflexionsunfähige Menschen
• einheitliche Sprache bei allen Figuren • hoher Stil • Vers • Hypotaxen • Kommunikation auf gedankliche Auseinandersetzung angelegt • dialogisch	*Sprache*	• Vielfalt der Sprechweisen • je nach Stand, Charakter unterschiedlich und charakterisierend • Prosa • Alltagssprache • Parataxen • oft gescheiterte Kommunikation

	Wirkungs-absicht	
• Illusion, eine Handlung zu sehen und mitzuerleben • Erschütterung • Katharsis (Läuterung)		• Reflexion • Widerspruch • Kritik
• klassische Tragödie • Bürgerliches Trauerspiel • Ideendrama	Beispiel	• Stationendrama • Episches Theater • Absurdes Theater

Analytisches Drama und Zieldrama

Im Hinblick auf die Komposition der Bühnenhandlung unterscheidet man zwischen analytischem Drama und Zieldrama.

Das **analytische Drama** versucht einen Vorfall zu klären, der in der Vergangenheit, d. h. vor dem dargestellten Geschehen stattgefunden hat. Das vergangene Ereignis wird mit dem unmittelbaren Bühnengeschehen analytisch aufgedeckt.

Beispiele: Gotthold Ephraim Lessing, *Nathan der Weise*, 1779; Heinrich von Kleist, *Der zerbrochene Krug*, 1811; Friedrich Hebbel, *Maria Magdalena*, 1844.

Die Handlung des **Zieldramas** bewegt sich, wie der Name schon sagt, auf ein Ziel zu. In der Regel ist das Bühnengeschehen auf die Katastrophe am Ende des Stückes ausgerichtet.

Beispiele: Sophokles, *Antigone*, 442 v. Chr.; Gotthold Ephraim Lessing, *Emilia Galotti*, 1772; Friedrich Schiller, *Maria Stuart*, 1800.

Der formale Aufbau

Die Handlung eines Dramas ist komplex und vielschichtig. Ihre formale Gliederung ist notwendig, um den Stoff übersichtlich und nachvollziehbar zu präsentieren. Die üblichen Gliederungseinheiten der Handlung eines Dramas bezeichnet man als **Akte** (Aufzüge), **Szenen** (Auftritte) oder **Bilder**.

Begriff	Erklärung	Vorkommen
Akt (Aufzug)	• in sich abgeschlossener, größerer Handlungsabschnitt • jedem Akt ist eine Funktion zugeteilt • Einteilung in Szenen oder Auftritte • durch Zu- und Aufziehen des Vorgangs markiert	traditionelles Drama
Szene (Auftritt)	• Untereinheit des Aktes • Durch Auf- und Abtreten der Figuren markiert	traditionelles und modernes Drama
Bild	• statt Akteinteilung Episoden oder in loser Folge verbundene Bilder	modernes Drama

Haupttext und Regieanweisungen

Ein Drama besteht in der Regel aus einem Haupttext und den Regieanweisungen (Nebentext).

• **Haupttext** (Primärtext): Der Haupttext umfasst den Text, der von den Figuren in Form von **Dialogen** oder **Monolo-**

gen gesprochen wird. Als Sprech- oder Spieltext bildet er sowohl quantitativ als auch qualitativ den wichtigsten Teil des Dramas.

- **Regieanweisungen** (Nebentext): Die Regieanweisungen umfassen Hinweise (meist in Kursivschrift), die in den laufenden Sprech- oder Spieltext eingefügt sind. Sie beziehen sich auf die Bühnenausstattung, die Anordnung der Requisiten, das Auftreten und Abtreten der Figuren, Gestik, Mimik, Sprechtempo, Musik etc. Bei der Charakterisierung einer Figur können Regieanweisungen Auskunft über das äußere Erscheinungsbild und die innere Befindlichkeit der Figur liefern.

Prolog und Epilog

Manche Dramen weisen zwei weitere wichtige formale Elemente in Form von Prolog und/oder Epilog auf.

- **Prolog:** Als Prolog bezeichnet man eine Einleitung, die nicht zum eigentlichen Stück gehört. Diese kann von einer oder mehreren Personen szenisch gestaltet oder erzählend vorgetragen werden. Mögliche Funktionen des Prologs sind: einleitende Informationen über das Stück und dessen Figuren, Auskunft über die Vorgeschichte des folgenden dramatischen Geschehens, Absicht des Autors oder die Begrüßung des Publikums.
  Beispiel: Johann Wolfgang Goethe, *Faust I* (1808), hat sogar drei Prologe: »Zueignung«, »Vorspiel auf dem Theater« und »Prolog im Himmel«.
- **Epilog:** Als Epilog bezeichnet man das Nachwort eines Dramas. Damit wendet sich ein Sprecher unmittelbar nach Beendigung der Handlung an das Publikum. Der Epilog kann folgende Funktionen haben: Kommentar des Bühnenge-

schehens, Verteidigung des Autors oder Rechtfertigung der Handlung gegen mögliche Kritiker, eine Reflexion oder Sinndeutung.

Beispiel: Bertolt Brecht, *Der gute Mensch von Sezuan*, 1943.

Handlung und Handlungsarten

Mehr als jede andere literarische Gattung lebt das Drama von der Handlung. Unter diesem Begriff versteht man den Ablauf der Geschehnisse. Folgende Handlungsarten lassen sich unterscheiden:

Handlungsart	Erklärung
äußere Handlung	auf der Bühne oder anderen Handlungsplätzen gezeigtes Geschehen
innere Handlung	Vorgänge, die im Inneren der Figuren stattfinden (in der Regel durch Monologe für das Publikum sichtbar gemacht)
offene Handlung	auf der Bühne sichtbare Handlung
verdeckte Handlung	auf der Bühne nicht dargestellte und daher nicht sichtbare Handlung. Diese wird dem Zuschauer durch den Botenbericht oder die Teichoskopie (Mauerschau) vermittelt (vgl. S. 119).

Der dramatische Konflikt

Ein Konflikt ist das konstitutive Element in jeder Dramenhandlung. Er tritt in der Regel in zwei unterschiedlichen Ausprägungen in Erscheinung:

- Als **äußeren Konflikt** bezeichnet man die Auseinandersetzung oder den Streit bzw. Kampf zwischen zwei Figuren. Dieser findet meist zwischen dem Protagonisten und dem Antagonisten statt. Hierbei verfolgt der Antagonist in der Regel Ziele, die den Absichten des Protagonisten oder Helden entgegenlaufen.
- Der **innere Konflikt** findet, wie schon der Name sagt, im Inneren des Protagonisten statt, der zwischen zwei Entscheidungen hin- und hergerissen ist. Oft handelt es sich um einen Widerstreit von Motiven und gegensätzlichen Werthaltungen, z. B. Pflicht vs. Neigung, Liebe vs. Ehre, Freiheit vs. Gehorsam etc.

Dramatische und epische Form des Theaters

Im Hinblick auf die historische Entwicklung des Dramas unterscheidet man zwischen dem klassischen (aristotelischen) Drama und dem von Bertolt Brecht (1898–1956) entwickelten epischen Theater. Brecht selbst hat die beiden Theaterformen so gegenübergestellt:

Dramatische Form des Theaters	Epische Form des Theaters
Die Bühne »verkörpert« einen Vorgang	sie erzählt ihn
verwickelt den Zuschauer in eine Aktion und	macht ihn zum Betrachter, aber
verbraucht seine Aktivität	weckt seine Aktivität
ermöglicht ihm Gefühle	erzwingt von ihm Entscheidungen
vermittelt ihm Erlebnisse	vermittelt ihm Kenntnisse
Zuschauer wird in eine Handlung hineinversetzt	er wird ihr gegenübergesetzt

es wird mit Suggestion gearbeitet	es wird mit Argumenten gearbeitet
die Empfindungen werden konserviert	bis zu Erkenntnissen getrieben
der Mensch wird als bekannt vorausgesetzt	der Mensch ist Gegenstand der Untersuchung
der unveränderliche Mensch	der veränderliche und verändernde Mensch
Spannung auf den Ausgang	Spannung auf den Gang
eine Szene für die andere	jede Szene für sich
die Geschehnisse verlaufen linear	in Kurven
natura non facit saltus	facit saltus [Die Natur macht (keine) Sprünge.]
die Welt, wie sie ist	die Welt, wie sie wird
was der Mensch soll	was der Mensch muß
seine Triebe	seine Beweggründe
das Denken bestimmt das Sein	das gesellschaftliche Sein bestimmt das Denken

Bertolt Brecht: Anmerkungen zur Oper »Aufstieg und Fall der Stadt Mahagonny«. In: B. B.: Gesammelte Werke in 20 Bänden. Hrsg. in Zusammenarbeit mit Elisabeth Hauptmann. Bd. 17. Frankfurt a. M.: Suhrkamp, 1967. S. 1008 f. – © Bertolt-Brecht-Erben / Suhrkamp Verlag 1991.

Brechts Gegenüberstellung sollte nicht als sich gegenseitig ausschließendes Entweder–Oder missverstanden werden, sie dient vor allem dazu, unterschiedliche Akzentsetzungen zu veranschaulichen.

Der Verfremdungseffekt (V-Effekt) des epischen Theaters

Die Verfremdung ist eine spezifische Technik des epischen Theaters. Sie basiert darauf, dass Bekanntes bzw. Erwartetes aus fremdem Blickwinkel gezeigt wird. Damit soll der Zuschauer angeregt werden, das Gezeigte kritisch zu überprüfen und eine reflektierte Einstellung zur Handlung des Dramas einzunehmen. Der Verfremdungseffekt basiert auf folgenden vier Prinzipien:

Prinzip	Erklärung
Prinzip der **Historisierung**	Die Handlung des Dramas wird aus der räumlichen und/oder zeitlichen Gegenwart (die eigentlich gemeint ist) in andere Epochen und fremde Orte verlagert.
dialektisches Prinzip	Die Zuschauer werden immer wieder mit Widersprüchen konfrontiert. • Aufbau der Handlung: Szenen mit inhaltlichen Widersprüchen folgen aufeinander • Figuren: gespaltene Persönlichkeiten, deren Tun und Sprechen nicht übereinstimmen.
Prinzip der **Desillusionierung** und **Demonstration**	• Die Schauspieler verlassen zeitweilig ihre Rolle und wenden sich an das Publikum. So werden sie zugleich zu Kommentatoren ihrer Bühnenhandlung. Oft legen sie erst auf der Bühne ihre Kostüme an. Sie zeigen nur eine Figur, gehen aber nicht in ihr auf. • Das Bühnenbild zeigt keinen realen Schauplatz. Mit Hilfe von Tafeln, Projektionen und anderen bühnentechnischen Mitteln werden zusätzliche Informationen zur Handlung geliefert.

Prinzip verschiedener **Sprachebenen**	Eine eigene Kunstsprache mit verschiedenen Sprachebenen hebt sich sowohl von der gehobenen literarischen Sprache des traditionellen Theaters als auch von der Alltagssprache ab. Zum Teil unerwartet und sprunghaft wechseln die Figuren ihre Sprachebene. Oft unangemessen verwenden sie dabei Zitate oder Sprichwörter.

Zu den wesentlichen Funktionen der Verfremdungseffekte zählen:

- Zerstörung der Illusion: Einfühlung in die Figuren soll verhindert werden
- Zuschauer ist kein bloßer Konsument, der mitempfindet und erlebt, sondern das Nachdenken über das Dargestellte wird angeregt
- Erkennen von Widersprüchen
- Förderung eines gesellschaftspolitischen Bewusstseins

3.5 Literarische Techniken des Dramas

Zu den literarischen Techniken des Dramas zählen
- die Arten und Funktionen der **dramatischen Sprache:** Dialog, Monolog, Stichomythie, Botenbericht, Mauerschau / Teichoskopie, Stilebenen;
- die Arten und Funktionen der **Figurendarstellung:** Typen und Charaktere, Hauptfiguren vs. Nebenfiguren, Held vs. Antiheld, die Figurenkonstellation.

Dramatische Sprache: Der Dialog

Ein Gespräch zwischen zwei oder mehreren Figuren in Form einer Rede und Gegenrede. Der Dialog ist das gattungsprägende Bauelement des Dramas. Die Art und Weise, wie der Dialog abläuft, ist entscheidend für die Dramenhandlung und den Aufbau des dramatischen Geschehens. Der Gegenbegriff ist »Monolog«.

Man unterscheidet zwei wichtige Dialogarten:

Dramatischer Dialog	Konversationsdialog
• kommt häufig im klassischen Drama vor • Mittel der Konfliktaustragung • zielgerichtet auf eine Entscheidung hin • Forderungen werden formuliert und zurückgewiesen • Behauptungen und Gegenbehauptungen prallen aufeinander • stark appellativer Charakter • emphatisch (mit Nachdruck) und emotional	• kommt häufig im modernen Drama vor • Mittel des Gesprächs • verläuft in Kurven und Sprüngen • Meinungsaustausch/Kontaktaufnahme • gesellige Unterhaltung • keine Konzentration auf einen Gegenstand • gelegentlich monologisierendes Aneinandervorbeireden.

Der Monolog

Spricht die Figur zu sich selbst, dann liegt ein Monolog vor. Entweder ist der Sprecher in der Szene allein auf der Bühne, oder er spricht, von den anderen Figuren abgewandt, unmittelbar zum Publikum (Beiseitesprechen). Ein Monolog macht immer innere Vorgänge der Figur für das Publikum sichtbar. Dabei lassen sich folgende Monologarten unterscheiden:

Bezeichnung	Erklärung
epischer Monolog	ausführliche Beschreibung der auf der Bühne nicht dargestellten oder nicht darstellbaren Handlungen (z. B. Vorgeschichte, Zukunftsplanungen)

Konflikt- bzw. Entscheidungsmonolog	macht das innere Entscheidungsringen des Helden mit sich selbst sichtbar. Dieser wägt das Für und Wider einzelner Entscheidungen oder Handlungen ab, denkt sich Alternativen aus, die er schließlich jedoch wieder verwirft.
lyrischer Monolog	ausdrucksstarkes Selbstgespräch, in dem die Figur ihre Gefühlslage darstellt; Selbstoffenbarung der Figur
Reflexionsmonolog	zeigt die Figur beim Nachdenken über die momentane oder eine vergangene Situation, den zukünftigen Handlungsverlauf bzw. die anstehenden Entscheidungen

Die unterschiedlichen Monologarten können natürlich auch in Mischformen auftreten.

Funktionen des Dialogs und des Monologs im Drama

Dialog und Monolog erfüllen grundsätzlich unterschiedliche Funktionen in einem dramatischen Text.

Dialog	Monolog
• liefert Informationen über Beweggründe der Figuren • treibt die Handlung voran • stellt die Beziehungen dar • charakterisiert die Figuren • veranschaulicht Sprech- und Denkweise der Figuren	• gibt Einblicke in die Gedankenwelt und Gefühle der Figur • legt die wahren Meinungen der Figur über andere Figuren oder die Situation offen • erläutert das eigene Handeln und Verhalten • drückt persönliche Einstellungen aus • stellt eine Selbstoffenbarung der Figur dar

Stichomythie

Stichomythie ist eine besondere Ausprägungsform des dramatischen Dialogs. Dabei handelt es sich um einen Schlagabtausch
in kurzen Sätzen. Im Verlauf eines Wortwechsels, einer Auseinandersetzung bestehen Rede und Gegenrede jeweils nur aus
einer Zeile. Dadurch, dass der Wechsel der Repliken beschleu-
nigt wird, erhält der Dialog Spannung und Emotionalität.

Botenbericht und Mauerschau (Teichoskopie)

Als **Botenbericht** bezeichnet man Aussagen von Figuren, die
von zurückliegenden Ereignissen außerhalb der Bühne berich-
ten. Auf diese Weise erspart man sich die Darstellung von
Handlungsgeschehen, die zu einem vergangenen Zeitpunkt
oder an einem anderen Schauplatz stattgefunden haben.

Die **Mauerschau** (Teichoskopie) hat eine ähnliche Funktion
wie der Botenbericht, nur wird dabei von Ereignissen berichtet,
die zur selben Zeit stattfinden und von jemandem beobachtet
werden. So wird z. B. in Schillers Drama *Die Jungfrau von Orle-
ans* (1802) eine ganze Schlacht geschildert, ohne dass sie auf der
Bühne dargestellt werden muss.

Im Vergleich zum Botenbericht trägt die Mauerschau wesentlich zur Spannungserhöhung bei, da sich das Berichtete
gleichzeitig bzw. parallel zum Bühnengeschehen abspielt.

Stilebenen

Die Sprechweise der Figuren in einem Drama unterscheidet
sich von der alltäglichen Sprechweise. Das liegt daran, dass die
Sprache der Figuren stilisiert ist. Dadurch erfüllt sie unterschiedliche Funktionen. Man unterscheidet grob drei Stilebenen:

Hoher Stil: Der hohe Stil wird klassischerweise in der Tragödie verwendet und weist folgende Merkmale auf:

- Verwendung von Versen
- rhetorische Figuren
- pathetische Sprechweise
- betont den Kunstcharakter der Literatur
- wird von hochgestellten Personen verwendet

Beispiele: Friedrich Schiller, *Maria Stuart*, 1800; Johann Wolfgang Goethe, *Iphigenie auf Tauris*, 1787.

Mittlerer (realistischer) Stil: Der mittlere (realistische) Stil wird häufig im Drama des 19. und 20. Jahrhunderts verwendet. Er zeichnet sich durch folgende Merkmale aus:

- Verwendung von Alltagssprache
- betont die realistische Darstellung der Verhältnisse
- dient der realistischen Darstellung der Figuren

Beispiele: Friedrich Hebbel, *Maria Magdalena*, 1844; Max Frisch, *Biedermann und die Brandstifter*, 1953.

Niederer Stil: Der niedere Stil wird dagegen häufig in der Komödie und im 19./20. Jahrhundert im sozialkritischen Kontext verwendet. Er zeichnet sich durch folgende Merkmale aus:

- Verwendung von Umgangssprache, Dialekt und Soziolekt
- Gebrauch von Ellipsen, Inversionen
- einfache Syntax
- beschränkter Wortschatz

- dient der Darstellung des Lebens von sozialen Randgruppen und -existenzen
- signalisiert soziale Ungleichheit
- hat eine sozialkritische Intention

Beispiele: Georg Büchner, *Woyzeck*, 1836/37; Franz Xaver Kroetz, *Oberösterreich*, 1972.

Figurendarstellung: Typen und Charaktere

Die Figuren in einem dramatischen oder epischen Text lassen sich von ihrer Konzeption her in zwei Kategorien einsortieren.

Typen	Charaktere
• sind einseitig festgelegt • weisen wenige, dafür typische Eigenschaften auf • haben oft keinen individuellen Namen • verändern sich kaum • definieren sich oft über ihre Funktion im Drama • sprechen oft eine funktionelle Sprache • geben der Handlung wenig Impulse Beispiel: »Herr Biedermann« in Max Frischs Stück *Biedermann und die Brandstifter*, 1953	• haben eine eigene Biographie • weisen individuelle Eigenschaften auf • verändern sich ggf. im Laufe der Handlung • sind komplex und widersprüchlich • haben oft eine besondere Rolle (z. B. Protagonist/ Hauptfigur) • sprechen meist eine charakteristische Sprache • treiben die Handlung voran Beispiel: »Mutter Wolff« in Gerhart Hauptmanns »Diebskomödie« *Der Biberpelz*, 1893

Hauptfiguren vs. Nebenfiguren

Neben der Unterscheidung in Typen und Charaktere differenziert man die Figuren eines Dramas auch in Hauptfiguren und Nebenfiguren. Dabei berücksichtigt man die folgenden Kennzeichen:

Hauptfiguren	Nebenfiguren
• treten als Protagonist oder Antagonist auf • begründen Intrige und Konflikt • sind an der Handlungsentwicklung aktiv beteiligt • stehen im Zentrum des Konflikts • vertreten eigene Interessen und machen sie deutlich Beispiel: Die Figur Iphigenie in Goethes Drama *Iphigenie auf Tauris*, 1787	• werden den Hauptfiguren beigeordnet • handeln oft im Auftrag der Hauptfiguren und weniger selbständig • haben einen geringen Textanteil • treten oft als Diener oder Bote auf • sind in den zentralen Konflikt wenig verstrickt Beispiel: Die Figuren Pylades und Arkas in Goethes Drama *Iphigenie auf Tauris*, 1787

Held vs. Antiheld

Der Protagonist, d. h. die Hauptfigur eines epischen oder dramatischen Textes, kann als Held oder als Antiheld konzipiert werden. Während der Held seit der Antike bekannt ist, etabliert sich der Antiheld als Hauptfigur erst mit Georg Büchner (1813–1837) in der deutschen Literatur.

Held	Antiheld
• verfügt über heroische Eigenschaften • vollbringt außergewöhnliche, rühmenswerte Taten (Heldentaten) • zeichnet sich durch körperliche, geistige und moralische Überlegenheit aus • stellt eine Identifikationsfigur dar Beispiel: Die Titelfigur Maria Stuart in Schillers Drama *Maria Stuart*, 1800	• verkörpert Schwächen und Verletzungen • tritt als sozialer Außenseiter auf • scheitert an der Gesellschaft und ihren Normen • ist nicht in der Lage, sich aktiv zur Wehr zu setzen • ist physisch und geistig schwach und unterlegen • eignet sich nicht als Identifikationsfigur Beispiel: Die Titelfigur Woyzeck in dem Drama *Woyzeck*, 1836/37

Figurenkonstellation

Unter dem Begriff Figurenkonstellation versteht man die Gesamtheit der Figuren eines literarischen Werkes und ihre Beziehungen zueinander. Selten sind diese Beziehungen statisch. Die Figurenkonstellation erfasst also nicht nur die *dramatis personae*, sondern spiegelt zugleich die ihnen zugrundeliegende Beziehungsdynamik wider. Grundsätzlich unterscheidet man zwischen

- **Korrespondenzbeziehungen:** Die Figuren vertreten die gleichen Werte, haben die gleiche Positionen etc.
- **Kontrastbeziehungen:** Die Figuren vertreten gegensätzliche Positionen oder Werte. Ihre Beziehung ist konfliktträchtig, häufig in der Konstellation Protagonist/Antagonist, Haupt-/Nebenfigur anzutreffen.

Figurencharakterisierung

In einer Figurencharakterisierung geht es darum, eine bestimmte Figur in ihrem Gesamteindruck zu erfassen und zusammenhängend darzustellen. Dabei sind folgende Aspekte wichtig:

Äußeres Erscheinungsbild	Charaktereigenschaften
• Aussehen • Alter • Kleidung • Beruf/Position • Herkunft • Gestik • Mimik • Gewohnheiten • äußeres Verhalten	• Wert- und Weltorientierung • Interessen • Ziele • geistige Beweglichkeit • logisches Denken • Empfindungen • Intellekt • Beziehung und Verhalten gegenüber anderen Figuren • Entwicklung/Wandel

4 Sachtexte

Sachtexte bilden eine Gattung von Texten, die sich durch einen hohen Informations- und Gebrauchswert auszeichnen. Sie unterscheiden sich sowohl in der Darstellung und Vermittlung, vor allem aber auch in der Intention von literarischen Texten.

Folgende Bezeichnungen sind für Sachtexte ebenfalls gebräuchlich:

• Gebrauchstexte
• pragmatische Texte
• nichtpoetische Texte
• nichtfiktionale Texte
• nichtliterarische Texte

Sachtexte lassen sich nach ihrer Darstellungsweise und ihrer Intention (Wirkungsabsicht) erfassen und beschreiben. Für das Verständnis von Sachtexten sind beide Kriterien grundlegend.

4.1 Kurzübersicht: Sachtexte

Sachtext-typen	Intentionen	Form der Darstellung	Sprache, Stil
Bericht, Nachricht, Lexikonbeitrag, Dokumentation wissenschaftlicher Artikel, Protokoll, Beschreibung	• informieren • Problembe-wusstsein wecken	• deskriptiv	• sachlich-nüchtern • Fachsprache
Kommentar, Glosse Leserbrief, Rezension	• überzeugen	• argumentativ	• subjektiv-einseitig
Erörterung	• überzeugen	• argumentativ	• objektiv-ausgewogen
Aufruf Flugblatt politische Rede Werbetext	• appellieren, aufrufen • überzeugen • überreden	• Beschreibung • Wiedergabe von Fakten • Thesen • Urteile	• alle rhetorisch-sprachlichen Mittel
Reportage, populärwissenschaftlicher Text	• unterhaltend informieren	• argumentativ • ausschmückend	• narrativ

Essay Glosse Leserbrief	• nachdenk-lich machen • unterhalten	• argumen-tativ • ausschmü-ckend	• Ironie • Bilder • Mischung von Stilebe-nen • Neologismen • Anspielun-gen
Anordnung Gesetz Schulordnung Gebrauchsan-weisung	• normierend • anweisen • anleiten	• instruktiv	• Imperative

Sachtexte können in kontinuierlicher und in diskontinuierlicher Form (meist als Kombination von Text und Schaubild) auftreten.

4.2 Wichtige journalistische Textsorten (Auswahl)

Die häufigsten journalistischen Darstellungsformen sind:

Die Nachricht

Die Nachricht informiert knapp und sachlich über ein aktuelles Ereignis. Der Verfasser beschränkt sich auf Tatsachen und bemüht sich um Objektivität. Nachrichten sind meist im sogenannten Lead-Stil aufgebaut: Das Wichtigste steht am Textanfang, dann folgen die Detailinformationen.

Der Essay

Der oder das Essay (frz., ›Versuch‹) ist ein meinungsäußernder Text, der sich argumentativ, aber betont subjektiv mit einer Frage oder einem Sachverhalt aus dem wissenschaftlichen, politischen, philosophischen, kulturellen o. ä. Bereich auseinandersetzt. Der Essay will dem Leser Denkanstöße geben und ihn zur Meinungsbildung anregen. Merkmale des Essays sind:

- subjektive Sicht des Verfassers steht im Vordergrund
- keine thematische Beschränkung
- kein strenger Aufbau (Gedankensprünge möglich)
- individuelle Darstellungsweise
- sowohl literarische als auch wissenschaftliche Sprache möglich.

Der Kommentar

Der Kommentar ist eine rhetorische, meinungsbildende journalistische Textsorte. Darin wird meist ein aktuelles Geschehen vorgestellt, erklärt, problematisiert und beurteilt. Der Leser soll dabei informiert und zugleich zugunsten der Meinung des Verfassers beeinflusst werden. Der Kommentar enthält deshalb sowohl sachliche Informationen und Erläuterungen als auch Auslegungen. Merkmale des Kommentars sind:

- Wiedergabe aller relevanten Fakten
- Stellungnahmen
- Bewertung
- oft reißerische Überschrift und prägnanter Untertitel
- aggressiver Sprachstil

Die Glosse

Die Glosse ist eine kurze, pointierte und kommentierende Textsorte zu einem aktuellen Thema. Ziel dabei ist es, den Leser zu unterhalten und ihn gleichzeitig nachdenklich zu stimmen. Merkmale der Glosse sind:

- geringer Umfang
- wirkungsbedachte, bewusst einseitige und zugespitzte Argumentation
- ironischer, witziger und polemischer bis sarkastischer Stil
- hohes Fachwissen des Verfassers zum glossierten Gegenstand
- Schlusspointe

Die Reportage

Die Reportage ist eine namentlich gekennzeichnete journalistische Textsorte, die in besonders anschaulicher und lebendiger Weise über ein Ereignis oder einen Zustand und seine Hintergründe berichtet. Wesentliches Merkmal der Reportage ist, dass der Reporter vor Ort ist und aus unmittelbarer Anschauung berichtet. Die Veranschaulichung der Hintergründe und Sachverhalte erreicht der Reporter dadurch, dass er konkrete Situationen schildert, persönliche Umstände darstellt und Aussagen wörtlich wiedergibt. Am Beginn einer Reportage steht in der Regel die Schilderung einer Szene, durch die das persönliche Erlebnis des Reporters deutlich wird. Auch dient der Einstieg dazu, die Leser emotional einzubeziehen.

Die Rezension

Die Rezension erscheint im Feuilleton und stellt eine informierende und bewertende Besprechung aktueller Werke aus Kunst, Literatur, Theater, Musik und Film dar. Mit seinem begründeten Urteil will der Rezensent Einfluss auf die Entscheidung des Lesers, ein Buch zu kaufen oder einen Film zu sehen, nehmen.

Diskontinuierliche Texte

Als diskontinuierliche Texte bezeichnet man alle Texte, die grafische und textliche Elemente kombinieren, also Diagramme, Tabellen, Schaubilder sowie alle grafischen Darstellungen von Zahlen, Informationen und Sachverhalten. Diskontinuierliche Texte werden häufig in Kombination mit kontinuierlichen Texten angeboten. In diesem Fall veranschaulichen oder ergänzen sie die Inhalte des kontinuierlichen Textes.

Der Leserbrief

Der Leserbrief ist eine öffentliche Antwort auf einen zuvor in einer Zeitung oder einer Zeitschrift erschienenen Artikel. Mit dem Leserbrief beteiligt sich der Verfasser namentlich und damit subjektiv und wertend an einer öffentlichen Meinungsbildung. Merkmale des Leserbriefs sind:

• Bezug auf den Artikel, auf den der Verfasser reagiert
• Bewertung des Artikels (positiv oder negativ)
• einfache, klare Sprache
• Kürze und Prägnanz
• sachliche, auf Fakten basierte Argumentation
• klarer Aufbau

4.3 Werbung und Werbetexte

Werbung begegnet uns an nahezu allen Ecken und Enden. Das liegt daran, dass sie eine zentrale Rolle in der Konsumgesellschaft spielt. Werbung steuert und beeinflusst unser Kaufverhalten.

Sprache der Werbung

Werbesprache ist nicht objektiv-informativ, sondern stets persuasiv, d. h., sie hat eine Überredungsabsicht. Sie richtet sich auf die Gefühle des Adressaten, nicht auf den Verstand. Die Werbesprache zeichnet sich u. a. dadurch aus, dass sie einprägsam, leicht verständlich und kurz und bündig ist. Häufig werden Produkte im Superlativ beschrieben: »absolut«, »extra«, »super«, »klasse« etc. Oft werden die beworbenen Produkte auch mit Bedeutung aufgeladen, etwa indem sie in eine kurze Geschichte eingebunden werden (z. B. ein Parfüm in eine Verführungsgeschichte).

Aufbauprinzip von Werbebotschaften: das AIDA-Modell

Bei der Verwirklichung dieser kommunikativen Ziele durchläuft die Werbung häufig vier funktionale Phasen, die sich mit dem Akronym AIDA beschreiben lassen:

Phase	Erklärung
Attention	Die Aufmerksamkeit des Kunden wird angeregt.
Interest	Das Interesse des Kunden wird erregt.
Desire	Der Besitzwunsch wird ausgelöst.
Action	Der Kunde kauft (möglicherweise) das Produkt.

5 Lesestrategien

Für den Aufbau von Lesekompetenz ist der Erwerb und die Anwendung von Lesestrategien unverzichtbar. Lesestrategien sind zweckgerichtete Verfahren, die den Verstehensprozess im Umgang mit Texten unterstützen. Sie versetzen den Leser in die Lage, Texte selbständig in systematischer Weise zu erschließen und umfassend zu verstehen. Je nach Lesestil sind sie unterschiedlich intensiv.

Lesestile

Es gibt unterschiedliche Formen des Lesens, die sich aus verschiedenen Lesezielen ergeben. Man unterscheidet:

- **orientierendes Lesen:** Man überfliegt den Text, wird von Überschriften, grafischen Hervorhebungen und Bildern geleitet, um dann zu entscheiden, was man sich genauer anschauen möchte.
- **kursorisches (extensives) Lesen:** Man liest den Text flüchtig, um möglichst schnell ein globales Verständnis des Gesamtzusammenhangs zu gewinnen.
- **selektives (suchendes) Lesen:** Gewünschte Informationen, z. B. Daten, Fakten oder Wörter, werden gezielt herausgesucht, um bestimmte Aufgaben bearbeiten zu können. Der Gesamtzusammenhang des gelesenen Textes wird dabei vernachlässigt.
- **detailliertes (intensives) Lesen:** Man liest den Text intensiv, um ihn als Ganzes im Detail zu verstehen und zu bearbeiten.
- **zyklisches Lesen:** Dieser Lesestil verbindet die bisher genannten Strategien: Man liest den Text zuerst orientierend, dann extensiv und danach intensiv, manchmal wiederholt extensiv und intensiv.

Die Fünf-Schritt-Lesemethode

Die Fünf-Schritt-Lesemethode ist ein bewährtes Texterschließungsverfahren. Es integriert die eben genannten Strategien als Teilstrategien.

	Leseschritt	Aspekte
1. Schritt	**Text überfliegen**	• Titel • Thema (Worum geht es?) • Hervorhebung im Text • Textart
2. Schritt	**Fragen an den Text stellen**	• Wer …? • Wann …? • Wo …? • Warum …? • Wie …? • Welche Folgen …?
3. Schritt	**Text genau lesen, ggf. Fragen von 2 beantworten**	• Textmarkierung • Randnotizen • Klärung unbekannter Begriffe
4. Schritt	**Inhalt veranschaulichen, vertiefen, ordnen**	• Mindmap • Skizze • Diagramm
5. Schritt	**Inhalt zusammenfassen, beurteilen**	• mündlicher Vortrag • Austausch im Gespräch • schriftliche Zusammenfassung

Modul III

Grundzüge der deutschsprachigen Literaturgeschichte

Literatur ist immer von einem bestimmten zeitgeschichtlichen Kontext abhängig. Damit sind die sozialen, historischen, geistigen, politischen und ökomischen Entstehungsbedingungen gemeint. Eines der Ziele der Literaturgeschichte ist es, eine Orientierung zu bieten, um Autoren und Werke im jeweiligen zeitgeschichtlichen Zusammenhang verstehen zu können. Vor diesem Hintergrund wird Literaturgeschichte in der Regel in **Epochen** oder **Strömungen** eingeteilt. Allerdings herrscht nicht immer Einigkeit darüber, wie die Epochen überhaupt zu bezeichnen sind oder welcher Autor und welches Werk in welche Zeit einsortiert werden soll. Die verbreitete Vorstellung von Literaturgeschichte als einem chronologischen Nacheinander von einzelnen Epochen und Strömungen mit klaren Grenzen ist problematisch. Es gibt zeitliche Überlappungen; die Jahresgrenzen sind immer ungefähre Angaben.

1 Kurzübersicht: Epochen und Strömungen der deutschen Literatur

Zeitspanne	Literarische Epochen / Strömungen
ca. 1600–1720	Barock
ca. 1720–1800	Aufklärung
ca. 1765–1789	Sturm und Drang
ca. 1786–1805/32	(Weimarer) Klassik
ca. 1790–1835	Romantik
ca. 1815–1850	Biedermeier / Junges Deutschland / Vormärz

ca. 1848–1890	Realismus
ca. 1880–1900	Naturalismus
ca. 1890–1910	Literatur der Jahrhundertwende
ca. 1910–1925	Expressionismus
ca. 1918–1933	Neue Sachlichkeit
1933–1945	Nationalsozialismus / Innere Emigration / Exilliteratur
1945–1989	Nachkriegsliteratur / Literatur der Bundesrepublik Deutschland, Österreichs und der Schweiz / Literatur der DDR
seit 1990	Gegenwartsliteratur

Die Epochen von der althochdeutschen Literatur bis zum Reformationszeitalter (750–1600) sind nicht aufgenommen, da sie im Abitur nicht relevant sind. Man sollte sich aber bewusst machen, dass dies der zeitlich viel längere Abschnitt ist – aus dem andererseits eine viel geringere Zahl literarischer Werke überliefert ist als aus dem Abschnitt von 1600 bis heute.

2 Barock (ca. 1600–1720)

Wichtige Begriffe

- Dreißigjähriger Krieg
- göttliche Heilsordnung
- antithetisches Weltbild
- normative Poetik
- Wirkungsabsichten
- Stilebenen
- rhetorische Mittel
- Sprachgesellschaften
- Schelmenroman
- Sonett
- Emblem

2.1 Zeitgeschichtlicher Kontext

Das bestimmende und zugleich traumatische Ereignis im Zeitalter des Barock ist der **Dreißigjährige Krieg** (1618–1648). Die mit dem Prager Fenstersturz (1618) begonnenen konfessionellen Auseinandersetzungen zwischen Protestanten und Katholiken weiten sich schnell zu einem Konflikt um die Herrschaft in Europa aus. Der Konflikt wird auf deutschem Boden ausgetragen. Die Folgen sind verheerend: Mehr als ein Drittel der Gesamtbevölkerung fällt dem Krieg zum Opfer. Der Dreißigjährige Krieg hinterlässt ein weitgehend verwüstetes Land mit verödeten Landschaften und zerstörten Städten. Der politische, wirtschaftliche und soziale Zerfall des Reiches ist offenkundig. Verschärft wird das Leiden der Menschen durch die Pest und andere Krankheiten. Armut, Not, Hunger und Tod sind allgegenwärtig und prägen die Alltagserfahrungen der Menschen.

Das vorherrschende politische System ist der Absolutismus. Der Inbegriff eines absolutistischen Herrschers ist der französische »Sonnenkönig« Ludwig XIV. (1638–1715). Die Gesellschaft ist hierarchisch in drei Stände eingeteilt: Klerus, Adel, Bürgertum/Bauern (Ständegesellschaft). Diese Einteilung gilt als gottgewollt und wird deshalb nicht in Frage gestellt. Die Welt insgesamt wird noch als von Gott eingerichtetes und geordnetes Ganzes betrachtet und gilt als – wenn auch unvollkommenes – Spiegelbild der **göttlichen Heilsordnung**. Bedeutende naturwissenschaftliche Entdeckungen (durch Nikolaus Kopernikus, Galileo Galilei, Johannes Kepler, Isaac Newton) leiten aber einen Wandel dieses noch mittelalterlich geprägten Menschen- und Weltbildes ein.

2.2 Leitgedanken

Das Barock ist eine Zeit voller Widersprüche. Die Erfahrungen des Dreißigjährigen Krieges lösen eine tiefe Lebenskrise aus, die sich einerseits im beständigen Bewusstsein der Vergänglichkeit menschlicher Existenz (*memento mori*, lat., »bedenke, dass du sterben wirst«) und andererseits in einem nahezu rauschhaften Lebenshunger (*carpe diem*, lat., »nutze den Tag«) äußert. Folgerichtig liegt dem Denken und Handeln der Menschen ein **antithetisches Weltbild** zugrunde: Jenseitsorientierung und Diesseitszugewandtheit bilden die Pole der Zwiegespaltenheit, denen sich zahlreiche weitere Oppositionen zuordnen lassen:

• Diesseits (irdisches Leben)	• Jenseits (himmlisches Leben)
• Vergänglichkeit (lat.: *vanitas*), *fortuna*	• Ewigkeit
• Schein	• Sein
• Körper	• Seele
• Krieg	• Frieden
• Spiel	• Ernst
• Lebenshunger	• Todesbewusstsein
• Wohlstand/Habgier	• Armut/Entsagung
• Erotik/Wollust	• Tugend/Askese
• Blüte und Verfall	• ewiges Leben
• *carpe diem*	• *memento mori*
usw.	usw.

2.3 Konzeption der Literatur

Normative Poetik

Prägend für das barocke Dichtungsverständnis ist die **normative Poetik**, also ein Regelwerk für Literatur mit strengen Vorgaben. Die Regelbindung in der Literatur entspricht der Vorstellung, dass die Welt und die Literatur ein Spiegelbild der festen göttlichen Heilsordnung sind. Die wichtigsten Poetiken des Barock stammen von Martin Opitz (1597–1628): *Buch von der deutschen Poeterey* (1624), und Georg Philipp Harsdörffer (1607–1658): *Poetischer Trichter* (1647–53). Kreativität, Originalität oder Individualität sind nicht wichtig. Dichtung gilt als Kunstfertigkeit, die durch ein Studium an der Universität erlernbar ist. Das Leitbild ist der *poeta doctus* (lat., ›gelehrter Dichter‹). Die Einhaltung und Ausgestaltung von vorgegebenen Formprinzipien bestimmen die Qualität von Literatur. Dichtung hat drei Funktionen bzw. **Wirkungsabsichten**: Sie soll

- unterhalten (lat. *delectare*),
- belehren (*docere*) und/oder
- bewegen (*movere*).

Zugleich gibt es drei **Stilebenen**, die in einer hierarchischen, den gesellschaftlichen Schichten entsprechenden Stufenfolge angeordnet sind:

- hoher Stil (lat. *genus grande*): prächtige und würdevolle Ausdrucksweise, thematisch Göttern, Fürsten und Adligen zugeordnet (z. B. Tragödie, höfischer Roman).
- mittlerer Stil (lat. *genus medium*): schlichtere Ausdrucksweise, thematisch mit komischen Stoffen verbunden

- niedriger Stil (lat. *genus humile*): derb-komische Ausdrucksweise, thematisch niederen Schichten, z. B. Bauern und Landstreichern zugeordnet (z. B. Komödie, Schelmenroman)

Kennzeichnend für barocke Literatur ist eine hohe Dichte von **rhetorischen Mitteln**: sprachliche Bilder (Metaphern, Allegorien, Personifikation) und Gedanken-, Wort- und Klangfiguren (Alliteration, Anapher, Chiasmus, Parallelismus usw.).

Deutsch als Literatursprache

Deutsch entwickelt sich, nicht zuletzt dank der neu entstehenden **Sprachgesellschaften** (etwa der »Fruchtbringenden Gesellschaft«, gegründet in Weimar 1617) zu einer Literatursprache. Diese befördern die Eigenständigkeit einer deutschen »Nationalsprache« gegenüber der Wissenschaftssprache Latein und dem sogenannten »A-la-mode-Sprechen«, der internationalen Verkehrssprache Französisch.

Besonders wirkungsvoll ist Opitz' *Buch von der deutschen Poeterey*, das (in Abwendung von antiken Regeln) die Natürlichkeit und Eleganz der deutschen Sprache hervorhebt, die wesentlichen Gattungsdefinitionen formuliert und wichtige Grundsätze für eine deutsche Dichtkunst etabliert, unter anderem den reinen Reim und das Metrum auf der Basis der natürlichen Wortbetonung mit dem regelmäßigen Wechsel von betonter und unbetonter Silbe. Deshalb bevorzugt er den Alexandriner, einen sechshebigen Jambus mit Zäsur in der Mitte, als das der deutschen Sprache angemessene Versmaß.

2.4 Literarische Formen, Themen und Motive

Epik

Der **Schelmenroman** gehört mit Abstand zu den wichtigsten Formen des Barock. Im Mittelpunkt steht der sogenannte Schelm, der, arm und von niedrigem Stand, sich schlau und betrügerisch durchs Leben schlägt. Der wichtigste Schelmenroman des Barock stammt von Johann Jakob Christoffel von Grimmelshausen (1622–1676): *Der Abentheurliche Simplicissimus Teutsch* (1668). Weitere wichtige epische Formen sind der Schäferroman, der ein idealisiertes Landleben thematisiert, und der höfische Roman, der teils auf mehreren tausend Seiten Liebesgeschichten und Staatsaffären herrschaftlicher Häuser darstellt.

Lyrik

Die Lyrik lässt sich in die geistliche Lyrik (Kirchenlieder) und die weltliche Lyrik einteilen. Besonderer Beliebtheit erfreuen sich strenge Formen wie das **Sonett** im Alexandriner-Vers. Diese Gedichtform entspricht der zeitgenössischen Vorstellung von künstlerischer Ästhetik und Schönheit. In zahlreichen Sonetten begegnet das Prinzip der Antithetik, die den Widerspruch zwischen Lebenshunger auf der einen und Vergänglichkeit des menschlichen Daseins auf der anderen Seite veranschaulicht. Neben dem Sonett sind auch Lehrgedichte, Epigramme und Figurengedichte vertreten.

In der Regel sind Gedichte des Barock Auftragsarbeiten, die zu besonderen Anlässen verfasst werden, etwa zu Geburtstagen, Hochzeiten, Beerdigungen oder zu besonderen Anlässen des öffentlichen Lebens wie Ratswahlen.

Drama

Drama und Theater haben im 17. Jahrhundert Hochkonjunktur. Verbreitet sind folgende Dramentypen: Trauerspiel, Komödie, Ordensdrama und die Oper. Während die Tragödie das unberechenbare Schicksal des Menschen und die Vergänglichkeit des irdischen Daseins thematisiert, gestaltet die Komödie Missverständnisse, die sich aus der Verwechslung von Sein und Schein ergeben.

Das **Ordensdrama**, das an den von den Jesuiten geführten Gymnasien im Sinne der Gegenreformation gepflegt wird, behandelt die Flüchtigkeit irdischen Glücks. Häufig treten dabei Tugend und Laster als allegorische Figuren auf und machen die Bekehrungsabsicht dieses Dramentypus sichtbar. Im Mittelpunkt der **Märtyrerdramen** stehen das Leben, Leiden und Sterben christlicher Menschen. Bekanntes Beispiel ist das von Andreas Gryphius (1616–1664) verfasste Drama *Catharina von Georgien* (1657).

Emblematik

Das **Emblem** ist eine typische Text-Bild-Form des Barock. Embleme sind allegorische Bilder, die mit Textergänzungen versehen sind. Sie bestehen aus drei Teilen:

- einer Überschrift (*inscriptio*), z. B. eine Sentenz, ein Sprichwort, ein Motto etc. (hier: »Du musst leiden / Oder meiden«)
- einem Bild (*pictura*), z. B. Tiere, Pflanzen, historische, mythologische, biblische Figur etc.
- einer Erklärung (*subscriptio*), welche die Überschrift und das Bild verbindet und somit Hinweise für das Verständnis liefert.

X·LI.

**Du must leyden/
Oder meyden.**

**Der du alles ab wilst brechen/
Laß mir meine Zweige stehn/
Sonsten wird mein Dorn dich stechen/
Daß du must von hinnen gehn.**

Abb. 9: »Du musst leiden / Oder meiden«. Emblem aus: Johannes Camerarius d. J., *Vierhundert Wahl-Sprüche und Sinnen-Bilder*, Mainz 1671

Alles zusammen vermittelt einen tieferen Sinn und lässt sich als Aussage oder Lehrsatz entziffern.

Auch die Gedichtform Sonett lässt sich als Ausformulierung eines Emblems in Gedichtform deuten.

- Die Überschrift entspricht dem Motto = *inscriptio*
- Die Quartette entsprechen dem Bild = *pictura*
- Die Terzette entsprechen dem Text = *subscriptio*

Themen und Motive

Der Dreißigjährige Krieg und das Leiden der Menschen sind die prägende Erfahrung der Epoche. Tod, Leiden, Trauer, Vergänglichkeit und Not sind Motive, die immer wieder durchgespielt und oft im Kontrast zu Sinnenfreude und Lebenslust gestaltet werden. Folgende Motive sind besonders prägend:

- *Memento mori* (»Bedenke, dass du sterben wirst!«): Der Gedanke an den Tod ist angesichts der Schrecken des Kriegs und der Seuchen im Barock allgegenwärtig.
- *Carpe diem* (»Nutze den Tag!«): Dieses Motiv ruft dazu auf, das Leben zu genießen und fröhlich zu sein. Es steht im Kontrast zum *Memento mori*-Motiv und stellt den Versuch dar, durch Genuss, Tanzen, Feiern und Erotik die *vanitas* zu überwinden.
- *Vanitas* (»Vergänglichkeit«): Das *Vanitas*-Motiv thematisiert die Begrenztheit und Vergänglichkeit irdischen Daseins im Gegensatz zur jenseitigen Ewigkeit.
- *Fortuna* (»zufälliges Schicksal«): Das *Fortuna*-Motiv ruft die plötzlichen Schicksalswechsel ins Bewusstsein, die in Zeiten von Krieg und Krankheiten häufig die Biographien bestimmen.

2.5 Wichtige Autoren und Werke

- Martin **Opitz** (1597–1639): *Das Buch von der Deutschen Poeterey* (1624)
- Andreas **Gryphius** (1616–1664): Sonette, u. a. *Tränen des Vaterlandes* (1636); *Menschliches Elende* (1637)
- Christian **Hofmann von Hofmannswaldau** (1617–1679): *Poetische Grabschriften* (1662)
- Hans Jakob Christoffel von **Grimmelshausen** (1621–1676): *Der Abentheurliche Simplicissimus Teutsch* (1668)

3 Aufklärung (ca. 1720–1785)

Wichtige Begriffe

- Emanzipation des Bürgertums
- Erziehung
- Tugend
- Toleranz
- Empfindsamkeit
- Fabel
- Aphorismus
- Bürgerliches Trauerspiel
- Ständeklausel

3.1 Zeitgeschichtlicher Kontext

Mit dem Begriff »Aufklärung« wird eine gesamteuropäische geistige Bewegung seit Ende des 17. Jahrhunderts bezeichnet, die vor allem das 18. Jahrhundert prägt. Politisch und gesellschaftlich verschärft sich seit dem Ende des 17. Jahrhunderts der Konflikt zwischen Adel und Bürgertum. Er entlädt sich schließlich in der Französischen Revolution (1789). Das Bürgertum, dem die Schriftsteller angehören, ist nicht mehr gewillt, die politische und kulturelle Vorherrschaft des Adels als gottgegeben und widerspruchslos hinzunehmen. Es strebt nach **Emanzipation** von der Willkürherrschaft des Adels. Eine tendenziell kritische Haltung nimmt das gebildete Bürgertum auch gegenüber der Kirche ein. Die wichtigsten Interessen des Bürgertums sind **Erziehung** und Bildung. Gegenüber dem Adel, dem Zügellosigkeit vorgeworfen wird, grenzt sich das Bürgertum durch strenge Moralvorstellungen ab.

Die Bewegung der Aufklärung hat ihren Ursprung in zwei philosophischen Denkrichtungen, dem Empirismus und dem Rationalismus:

Empirismus	Rationalismus
Wichtigste Vertreter: • Thomas Hobbes (1588–1679) • David Hume (1711–1776) • John Locke (1632–1704)	*Wichtigste Vertreter:* • René Descartes (1596–1650) • Denis Diderot (1713–1784) • Voltaire (1694–1778) *Wichtigste Vertreter in Deutschland:* • Immanuel Kant (1724–1804) • Gotthold Ephraim Lessing (1729–1781)
Kernthese: Der Mensch gewinnt die Erkenntnis aus der Erfahrung.	*Kernthese:* Der Mensch kann allein durch die Vernunft zu uneingeschränkten Erkenntnissen kommen.

3.2 Leitgedanken

Der Gedanke von der Herrschaft der Vernunft und der Rationalität prägt das Weltbild der Aufklärung. In Deutschland wird die Aufklärung philosophisch maßgeblich von Immanuel Kant beeinflusst. In seiner Schrift *Was ist Aufklärung?* (1784) stellt er sein berühmt gewordenes Postulat auf:

> Aufklärung ist der Ausgang des Menschen aus seiner selbstverschuldeten Unmündigkeit. Unmündigkeit ist das Unvermögen, sich seines Verstandes ohne Leitung eines anderen zu bedienen.
> Selbst verschuldet ist die Unmündigkeit, wenn die Ursache derselben nicht am Mangel des Verstandes, sondern der Entschließung und des Mutes liegt, sich seiner ohne Leitung eines anderen zu bedienen. Sapere aude! Habe Mut, dich deines eigenen Verstandes zu bedienen! ist also der Wahlspruch der Aufklärung.

Weltbild vor der Aufklärung	Weltbild der Aufklärung
<ul><li>absolutistischer Staat</li><li>ständische Gesellschaft (Klerus, Adel, Bürger/Bauern mit unterschiedlichen Rechten)</li><li>Religion und Glaube (kirchliche Dogmen) zentral</li><li>Bibel und christliche Tradition als Wissensquelle</li><li>Orientierung an jenseitiger Welt</li><li>Religionskriege</li></ul>	<ul><li>Verfassungsstaat</li><li>Gleichheit und Freiheit aller Menschen</li><li>Verstand und Vernunft zentral</li><li>Naturwissenschaften und Erfahrungen als Wissensquelle</li><li>Orientierung an diesseitiger Welt</li><li>religiöse **Toleranz**, Menschenrechte</li></ul>

3.3 Konzeption der Literatur

Die Literatur begleitet den Prozess der Aufklärung und fördert ihn. Mit Hilfe der Literatur wird das philosophische Gedankengut verbreitet. Die meisten Gattungen der Aufklärung zielen auf die Bildung und Erziehung des Lesers ab. Die Literatur hat demnach eine didaktische Aufgabe. Sie soll nützen und erfreuen (lat. *prodesse et delectare*).

Es lassen sich zwei Hauptphasen unterscheiden: Bis 1740 steht die Literatur im Zeichen Johann Christoph Gottscheds (1700–1766), der für eine reine Verstandesdichtung steht, und in der zweiten Hälfte des 18. Jahrhunderts im Zeichen Gotthold Ephraim Lessings (1729–1781), der die Verknüpfung aufklärerischen Handelns mit Empfindungen und Natürlichkeit fordert (**Empfindsamkeit**). Die beiden Gelehrten vertreten konträre literaturtheoretische Positionen. Dies zeigt sich am deutlichsten an ihren jeweiligen Vorstellungen des Dramas:

Literaturauffassung Gottscheds	Literaturauffassung Lessings
• Orientierung am französischen Klassizismus (Corneille, Racine) • Einhaltung der drei Einheiten (Ort, Zeit, Handlung) • Beachtung der Ständeklausel im Drama • ideale Charaktere mit belehrender Funktion • hoher Stil (Tragödie) • Vernunft • Furcht und Schrecken als Weg zur moralischen Belehrung (Katharsis) • Alexandriner • moraldidaktische Funktion von Literatur	• Orientierung am englischen Theater (Shakespeare) • Bruch mit den drei Einheiten • Aufhebung der Ständeklausel im Bürgerlichen Trauerspiel • gemischte, realistische Charaktere • Sprachstil wird dem Inhalt angepasst • Emotion • Mitleid und Einfühlung als Weg zur sittlichen Läuterung (Katharsis) • Blankvers • aufklärerische Funktion von Literatur

3.4 Literarische Formen, Themen und Motive

Epik

Epische Kleinformen erfreuen sich äußerster Beliebtheit. Die **Fabel** avanciert zur literarischen Hauptgattung der Aufklärung. In vielen Fabeln werden aufklärerische Ideen verbreitet. Hauptvertreter sind Christian Fürchtegott Gellert (1715–1769), Friedrich von Hagedorn (1708–1754), Gottlieb Konrad Pfeffel (1736–1809) und Gotthold Ephraim Lessing (1729–1781). Sehr beliebt ist in der Aufklärung auch der **Aphorismus**, der kurz, pointiert und überraschend unmoralische, irrationale, nur aus der Tradition begründete Aspekte des Verhaltens und der gesellschaftlichen Gepflogenheiten offenlegt. Bedeutend und bis heute gelesen sind die Aphorismen Georg Christoph Lichtenbergs (1742–1799).

Weitere in der Aufklärung beliebte epische Formen sind der Brief- und Bildungsroman sowie moralische Wochenschriften. Auch literaturtheoretische Schriften und Enzyklopädien gelten als Instrumente der Aufklärung.

Lyrik

Die Lyrik der Aufklärung zeichnet sich formal durch ein großes Spektrum aus.

Die Gedankenlyrik vermittelt im Rahmen allgemeiner Naturbetrachtungen allgemeine philosophische Anschauungen. Das Lehrgedicht veranschaulicht aufklärerisches Gedankengut, Oden und Hymnen preisen das religiöse Erleben in aufgeklärtem Sinn.

Drama

Das Drama der Aufklärungszeit ist konzeptionell durch die gegensätzlichen Auffassungen von Gottsched und Lessing geprägt. Mit seinem Drama *Miss Sara Sampson* (1755) begründet Lessing das **Bürgerliche Trauerspiel**, das neben der Fabel die literarische Hauptgattung der Aufklärung bildet. Mit *Emilia Galotti* (1772) stellt er eine Bürgerliche in den Mittelpunkt einer dramatischen Handlung und thematisiert wie kaum ein anderer vor ihm den Konflikt zwischen Adel und Bürgertum. Er hebt damit die sogenannte **Ständeklausel** auf. Die noch für Gottsched verbindliche Vorschrift postuliert, dass in der Tragödie nur »hohe« Personen, also Adlige und Herrscher, auftreten dürfen. Der (bürgerliche) Zuschauer soll sich mit dem Protagonisten identifizieren und sich durch Mitleiden sittlich verbessern. Zentrale Themen des Bürgerlichen Trauerspiels sind die Gegenüberstellung von bürgerlichem Tugendideal und Adelswillkür, Emanzipation von kirchlichen Dogmen und Kritik an der absolutistischen Willkürherrschaft.

In seinem Drama *Nathan der Weise* (1779) formuliert Lessing ein Plädoyer für überkonfessionelle Toleranz.

3.5 Wichtige Autoren und Werke

- Johann Christoph **Gottsched** (1700–1766): *Versuch einer kritischen Dichtkunst* (1730)
- Christian Fürchtegott **Gellert** (1715–1769): *Das Leben der schwedischen Gräfin von G.* (1747/48)
- Friedrich Gottlieb **Klopstock** (1724–1803): *Der Messias* (1760)
- Immanuel **Kant** (1724–1804): *Kritik der reinen Vernunft* (1781)
- Gotthold Ephraim **Lessing** (1729–1781): *Emilia Galotti* (1772); *Nathan der Weise* (1779)

4 Sturm und Drang (ca. 1765–1789)

Wichtige Begriffe

- Gefühl
- Natur
- Freiheit
- Genieästhetik
- Originalität
- Briefroman
- Erlebnislyrik
- offene Dramenform
- Sozialkritik

4.1 Zeitgeschichtlicher Kontext

Noch im letzten Drittel des 18. Jahrhunderts herrschen trotz Aufklärung und fortschrittlicher Ideen Fürstenwillkür, Ständegesellschaft und Despotismus. Zugleich wirken aber z. B. die Unabhängigkeitserklärung der amerikanischen Siedler von 1776 und der anschließende Krieg gegen die Kolonialmacht England als Aufbruchssignal, während zugleich der Verkauf von Untertanen als Soldaten an England durch einzelne Fürsten die kritische Haltung unter den Autoren in Deutschland verschärft. Der französische Philosoph Jean-Jacques Rousseau (1712–1778) gehört zu den einflussreichsten Denkern dieser Zeit, die eine substanzielle Kritik an den Einseitigkeiten der Aufklärung üben, insbesondere durch die Aufforderung zur Rückkehr zur Natur, zum Einfachen und Ursprünglichen.

4.2 Leitgedanken

Mit der Aufklärung beginnt auch die Kritik an ihr. Der Satz
»Gefühl ist mehr als Denken« von Jean-Jacques Rousseau wird
zum Leitbild der jungen Dichtergeneration, die im letzten Drittel des 18. Jahrhundert in Erscheinung tritt und die Protestbe-
wegung des Sturm und Drang prägt. Die jungen Autoren radi-
kalisieren den Freiheitsgedanken der Aufklärung und ergänzen
die Bedeutung des Verstandes durch die zentrale Rolle des **Ge-
fühls** als vitaler Lebenskraft. Gegenüber der intellektuellen
Einseitigkeit der Aufklärung zeichnet sich der Sturm und
Drang durch die Steigerung des Gefühlslebens aus. Die Stürmer und Dränger propagieren die Idee des selbstbestimmten,
sich selbst verwirklichenden Menschen. Sie distanzieren sich
von der Vernunftnatur der Aufklärung und setzen an ihre Stelle
die Rückbesinnung auf die unverfälschte Einzigartigkeit der
Natur. Der Mensch gilt als von Natur aus »gut«; erst durch die
gesellschaftlichen Überformungen (Kultur) hat er sich davon
entfernt. Damit zeichnet sich der Konflikt zwischen dem Na-
turmenschen und der bestehenden Kultur ab.

Die **Freiheit**, dem eigenen Empfinden Ausdruck zu verleihen und dabei auf Nachahmung und Regeltreue zu verzichten,
bildet die Grundlage des Geniekults. Leitfigur, etwa in den Gedichten Goethes, ist der Titanensohn Prometheus, der sich gegen die Götterwelt auflehnt. Der Protest der Stürmer und
Dränger richtet sich gegen den Despotismus der absolutistischen Herrscher und die Adelswelt sowie gegen enge gesellschaftliche Konventionen und die strengen Moralvorstellungen
des Bürgertums.

Vergleich Aufklärung – Sturm und Drang	
Aufklärung	**Sturm und Drang**
• europäische philosophische Strömung des 18. Jahrhunderts • Glaube an die Vernunft • Erziehung zur Tugend • Verlangen nach Gleichberechtigung, Volkssouveränität • Ideal der Familie • Leitsatz: »Habe Mut, dich deines eigenen Verstandes zu bedienen« (Kant)	• deutsche literarische Strömung in der 2. Hälfte des 18. Jahrhunderts • Vitalität, Ursprünglichkeit und Gefühlsbetontheit • Verlangen nach Freiheit (auch von gesellschaftlichen Normen) • Skepsis gegenüber dem Kulturfortschritt • Vater-Sohn-Konflikt, Kindsmord • Leitsatz: »Zurück zur Natur!« (Rousseau)

4.3 Konzeption der Literatur

Die literarische Strömung Sturm und Drang ist nach dem gleichnamigen Drama *Sturm und Drang* (1776) von Friedrich Maximilian Klinger (1752–1831) benannt.

Die Literaturauffassung des Sturm und Drang bezeichnet man als **Genieästhetik**. Sie zeichnet sich durch die Abkehr von der Regelpoetik aus. Kunst gilt nicht mehr als erlernbar, sondern als besondere Begabung. Die Kernforderung an den Dichter ist spontane, schöpferische Eigenständigkeit: **Originalität**; als Maßstab für die Literatur gilt nun die individuelle und unkonventionelle Leistung des »Genies«. Poetologisches Leitbild ist also das schöpferische Originalgenie. Dieses erkennt keine anderen Regeln an, außer den eigenen. Als großes Vorbild gilt William Shakespeare (1564–1616).

4.4 Literarische Formen, Themen und Motive

Epik

Der **Briefroman** etabliert sich als bedeutendste epische Gattung. Er eignet sich dazu, subjektive Gefühle, Natur und Sozialkritik zum Ausdruck zu bringen. *Die Leiden des jungen Werthers* (1774) von Johann Wolfgang Goethe erfreut sich großer Popularität, avanciert zum bedeutendsten Briefroman seinerzeit und macht Goethe weltberühmt.

Lyrik

In der **Erlebnislyrik** hat der Ausdruck von Gefühlen Vorrang. Folgerichtig verlieren auch Oden und Hymnen ihren rationalen und moralisierenden Charakter und dienen nun dem Ausdruck von Gefühlen. Da die Stürmer und Dränger starre Dichtungsregeln und abstrakte Überlegungen ablehnen, missachten sie konsequenterweise auch die strenge Formkunst des Barock und der Aufklärung. An ihre Stelle treten freie Metrik, freie Verse, freie Rhythmen. Die Erlebnislyrik strebt den Ausdruck eines intensiven, persönlichen Erlebens an (das man gleichwohl nicht umstandslos mit den tatsächlichen, biographischen Erfahrungen des Dichters gleichsetzen darf). Oft zeigt die Lyrik auch eine Nähe zum Volkslied oder fasst ein pantheistisch geprägtes Naturgefühl in Sprache. Viele Gedichte weisen eine sozialkritische Tendenz auf. Prototypisch sind Johann Wolfgang Goethes *Prometheus* (1774) und Gottfried August Bürgers *Lenore* (1773) sowie *Der Bauer. An seinen durchlauchtigen Tyrannen* (1773).

Drama

Die wichtigste literarische Gattung im Sturm und Drang ist das Drama. Mit den überkommenen Regeln wird radikal gebrochen. Shakespeare gilt aufgrund seiner **offenen Dramenform**

als Vorbild. Die Abkehr vom klassischen Drama zeigt sich darin, dass Figuren aus unterschiedlichen Schichten Eingang in die
Handlung finden. Die Sprache ist leidenschaftlich, emotional.
Gern werden übertreibende (Hyperbel) und bildhafte Stilmittel (Metaphern) verwendet. Sie ist, bis dahin undenkbar, von
Kraftausdrücken und Flüchen (man denke an das berühmte
»Götz-Zitat« in Goethes *Götz von Berlichingen*, 1773: »Er aber,
sag's ihm, er kann mich im Arsch lecken«) sowie ungrammati-
schen und abgebrochenen Sätzen durchsetzt. Volksnähe und
häufiger Szenen- und Ortswechsel sind weitere prägende
Merkmale. Der inhaltliche Fokus liegt auf den aktuellen gesellschaftlichen Problemen und Konflikten: **Sozialkritik**. Dabei
widersetzt sich der Held der bestehenden Gesellschaftsordnung und lehnt sich gegen sie auf. Oft wird dabei auch das bürgerliche Familienideal der Aufklärung infrage gestellt. Das zeigt
sich etwa in Vater-Sohn-Konflikten (z. B. Friedrich Schiller, *Die
Räuber*, 1781; *Kabale und Liebe*, 1784) oder im Motiv des ver-
führten Mädchens und der Kindstötung (z. B. Heinrich Leo-
pold Wagner, *Die Kindermörderin*, 1776).

4.5 Wichtige Autoren und Werke

- Johann Wolfgang **Goethe** (1749–1832): *Götz von Berlichingen*
  (1773); *Die Leiden des jungen Werthers* (1774)
- Jakob Michael Reinhold **Lenz** (1751–1792): *Der Hofmeister
  oder die Vorteile der Privaterziehung* (1774)
- Friedrich Maximilian **Klinger** (1752–1831): *Sturm und Drang*
  (1776)
- Friedrich **Schiller** (1759–1805): *Die Räuber* (1781); *Kabale
  und Liebe* (1784)

5 Klassik (ca. 1786–1805/32)

Wichtige Begriffe

- Weimarer Klassik
- Idealismus
- Harmonie
- Humanität
- Autonomie der Kunst
- das Allgemeingültige
- Bildungsroman
- Gedankenlyrik

5.1 Zeitgeschichtlicher Kontext

Der historische Kontext der Klassik ist gekennzeichnet durch große politische Umwälzungen in ganz Europa, v. a. die Französische Revolution (1789). Der Versuch, die Ideen der Aufklärung in die politische Wirklichkeit umzusetzen, mündet in eine Radikalisierung, die in der Terrorherrschaft der Jakobiner (1792–94) ihren Höhepunkt findet. Spätestens mit der jakobinischen Schreckensherrschaft unter Robespierre (1758–1794) wendet man sich auch in Deutschland von der anfänglichen Begeisterung für die Französische Revolution wieder ab.

Als Klassik bezeichnet man im weiteren Sinne die Epoche zwischen Goethes Italienreise (1786) und seinem Tod (1832). Die Epoche im engeren Sinne, die sogenannte **Weimarer Klassik**, ist die Kernphase und gilt oft als die Blütezeit der deutschen Literatur. Sie endet mit Schillers Tod (1805). Geprägt ist diese Zeitspanne durch die Freundschaft und enge Zusammenarbeit zwischen Goethe und Schiller. Die Stadt Weimar bildet zu dieser Zeit den kulturellen Mittelpunkt Deutschlands und lockt neben Goethe und Schiller weitere bedeutende Persönlichkeiten wie Christoph Martin Wieland (1733–1813) und Johann Gottfried Herder (1744–1803) an.

5.2 Leitgedanken

Die ideelle Basis der Klassik ist der deutsche **Idealismus**. Diese philosophische Strömung nimmt ihren Ausgangspunkt bei Immanuel Kant (1724–1804). In seiner *Kritik der reinen Vernunft* (1781) befasst er sich mit der menschlichen Erkenntnisfähigkeit. Dabei stellt er fest, dass eine absolute Erkenntnis nicht möglich sei und unsere Wahrnehmungen nicht der tatsächlichen Wirklichkeit entsprächen. Der Erkenntnisprozess sei an die besondere Bewusstseinsstruktur des Erkennenden gebunden und daher stets subjektiv belastet. In seiner Abhandlung *Kritik der Urteilskraft* (1790) befreit Kant die Kunst von gesellschaftlichen, moralischen und weltanschaulichen Einflüssen. Schöne Kunst verfüge über einen Eigenwert und repräsentiere eine überbegriffliche Idee. Die Zweckmäßigkeit der Kunst sei demnach die Kunst selbst.

Geprägt ist die Klassik von den Leitideen der **Harmonie** und **Humanität**. Ziel dabei ist der Ausgleich der Gegensätze zwischen Verstand und Gefühl, Pflicht und Neigung, Geist und Natur, Anspruch der Gesellschaft und Recht des Einzelnen, Gesetz und Freiheit. Die angestrebte Übereinstimmung von Mensch und Natur führt zu einer Orientierung an der griechisch-römischen Antike.

5.3 Konzeption der Literatur

Angeregt wird das Literaturideal der Klassik durch die Kunsttheorie Johann Joachim Winckelmanns (1717–1768): Diese sieht Formbewusstsein, Einfachheit, Maß und Harmonie von Körper und Geist als Bedingung abendländischer ›Größe‹ vor. Die Literatur der Weimarer Klassik zeichnet sich durch die Orientierung an der Antike aus. Kunst soll – damit grenzt sich die Klassik vom Sturm und Drang ab – **autonom** sein und nicht zu gesellschaftlichen oder politischen Zwecken instrumentalisiert werden. Sie soll ein an sich vollendetes Ganzes ergeben. Vollendung und Schönheit sind Ziele für sich.

An die Stelle der Individualität und Subjektivität des Sturm und Drang tritt das **Allgemeingültige**. Die »ästhetische Erziehung des Menschen« (Schiller) ist Ziel der Dichtung. Schiller formuliert damit die Erwartung, dass die Veredelung des Menschen durch Kunst und Dichtung vollzogen werden soll. Entweder kann das reine Ideal, die vollständige Harmonie, literarisch in seiner Vollkommenheit dargestellt werden und tritt dann in einen Gegensatz zur Wirklichkeit (Schiller nennt das die naive Form), oder es wird die unvollkommene, unharmonische Realität in ihrem Gegensatz zum Ideal dargestellt (Schiller nennt das die sentimentalische Form).

5.4 Literarische Formen, Themen und Motive

Epik

Beliebte epische Gattung ist der **Bildungsroman**. In dessen Mittelpunkt steht die Ausbildung geistiger und seelischer Fähigkeiten des Helden. Zentral ist die volle Entfaltung der menschlichen Begabungen in harmonischer Einbindung in die Gesellschaft.

Lyrik

Die Lyrik zeichnet sich durch den Rückgriff auf antike Genres und Metren (Hymne, Elegie, Ode und Lehrgedicht) aus. Diese strengen Formen ermöglichen die Darstellung des Schönen, Guten und Wahren. Wichtig ist dabei die Übereinstimmung von Inhalt und Form. Verbreitet ist die **Gedankenlyrik**, durch die an einem konkreten Gegenstand allgemeine, weltanschauliche und ästhetische Reflexionen vermittelt werden. Wichtigster Repräsentant neben Goethe und Schiller ist Friedrich Hölderlin (1770–1843). Bedeutend ist zeitweise auch die Ballade, in der sich nach Goethe alle drei Gattungen, Lyrik, Epik und Dramatik, verbinden. (»Ur-Ei« der Dichtung).

Drama

Das Drama ist die bedeutendste Gattung der Weimarer Klassik. Vor allem das **Ideendrama**, das in einer strengen, geschlossenen Form, oft in Versen und mit komplexem Satzbau statt natürlicher Sprache, verfasst ist, veranschaulicht Ideale wie Humanität, Freiheit und Gerechtigkeit. Im Gegensatz zur Aufklärung und zum Sturm und Drang entwickeln sich dramatische Konflikte nicht aus dem Gegensatz zwischen Adel und Bürgertum, sondern sie werden ins Innere der Figuren verlagert. Das Drama ermöglicht es, die inneren und äußeren Konflikte des Menschen darzustellen.

5.5 Wichtige Autoren und Werke

- Johann Wolfgang **Goethe** (1749–1832): Epik: *Wilhelm Meisters Lehrjahre* (1795); Drama: *Iphigenie auf Tauris* (1787); *Faust I* (1808); Lyrik: *Das Göttliche* (1783); *Römische Elegien* (1795); *Der Zauberlehrling* (Ballade, 1797)
- Friedrich **Schiller** (1759–1805): Drama: *Don Carlos* (1787);

Maria Stuart (1800); Lyrik: *Die Götter Griechenlands* (1788); *Der Spaziergang* (1795); *Die Kraniche des Ibykus* (Ballade, 1797)

- Friedrich **Hölderlin** (1770–1843): Epik: *Hyperion oder Der Eremit in Griechenland* (1797/99); Lyrik: *Brot und Wein* (1800); *Hälfte des Lebens* (1804)

6 Romantik (ca. 1790–1835)

Wichtige Begriffe

- Sehnsucht
- All-Einheit
- Mittelalter
- Universalpoesie
- Fragment
- romantische Ironie
- Märchen
- Aufhebung der Gattungsgrenzen
- Volkslied
- »blaue Blume«

6.1 Zeitgeschichtlicher Kontext

Der Hintergrund der Epoche der Romantik ist von dramatischen politischen und gesellschaftlichen Änderungen geprägt. Das wichtigste historische Ereignis ist die Französische Revolution (1789), die in die »Schreckensherrschaft« Robespierres mündet. Die anschließende Herrschaft Napoleons führt 1806 zur Auflösung des Heiligen Römischen Reiches Deutscher Nation. Die sogenannten »Befreiungskriege« gegen Napoleon (1813–15) prägen ein neues nationales Selbstbewusstsein.

6.2 Leitgedanken

Romantik als literarische Epoche hat wenig mit dem zu tun, was wir heute im Alltagsgebrauch unter »romantisch« verstehen. Der Begriff »Romantik« bezeichnet eine literarische Richtung, die die unentwegte Suche, die **Sehnsucht** nach einem festen Grund (in der **All-Einheit** mit der Natur oder im Versenken in sich selbst, in der Religion usw.) ohne Hoffnung auf Erfolg in den Mittelpunkt stellt. Die Romantik sucht, anders als die Klassik, die Harmonie nicht im rationalen Ausgleich widerstrebender Kräfte, sondern in der **Auflösung von Grenzen**: zwischen Realität und Phantasie, zwischen Leben und Kunst, zwischen Vernunft und Religion, zwischen hoher Kunst und Volksdichtung, zwischen den literarischen Gattungen. Die Antike als Bezugspunkt der klassischen Literatur wird (besonders seit der Hochromantik) vom **Mittelalter** abgelöst, das als Epoche der Ursprünglichkeit und Einheit zu einem »goldenen Zeitalter« idealisiert wird. Hier sehen die Romantiker die Ursprünge der deutschen Nation und ihrer Dichtung. In dieser Zeit beginnt auch die wissenschaftliche Erforschung der deutschen Sprache und Literatur (Germanistik).

Die Romantik versteht sich ausdrücklich als **Gegenbewegung zur Aufklärung und zur Klassik**. Nicht die Vernunft, sondern die Phantasie gilt als wirkmächtig. Die Romantiker haben oft eine Nähe zur (katholischen) Religion.

Die Epoche der Romantik wird üblicherweise in folgende drei Phasen mit je unterschiedlichen Zentren eingeteilt:

Phasen der Romantik	Zentren der Romantik	wichtige Vertreter
Frühromantik oder Jenaer Romantik (ca. 1798–1804)	Jena	• Ludwig Tieck • Novalis • Friedrich Schlegel • August Wilhelm Schlegel • Wilhelm Heinrich Wackenroder
Hochromantik oder Heidelberger Romantik (ca. 1804–1818)	Heidelberg Berlin	• E. T. A. Hoffmann • Clemens Brentano • Achim von Arnim • Jacob und Wilhelm Grimm
Spätromantik oder Berliner Romantik (ca. 1818–1835)	Berlin	• Joseph von Eichendorff • Adelbert von Chamisso • Adam von Müller

6.3 Konzeption der Literatur

Progressive Universalpoesie

Die Konzeption der Literatur in der Romantik lässt sich mit dem Begriff »**progressive Universalpoesie**« überschreiben. Friedrich Schlegel (1772–1829) definiert diesen Begriff in seinem berühmten 116. Fragment der *Athenaeum-Fragmente* folgendermaßen:

> Die romantische Poesie ist eine progressive Universalpoesie. Ihre Bestimmung ist nicht bloß, alle getrennten Gattungen der Poesie wieder zu vereinigen und die Poesie mit der Philosophie und der Rhetorik in Berührung zu setzen. Sie

> will und soll auch Poesie und Prosa, Genialität und Kritik, Kunst, Poesie und Naturpoesie bald mischen, bald verschmelzen, die Poesie lebendig und gesellig und das Leben und die Gesellschaft poetisch machen.
>
> (Friedrich Schlegel, *Athenaeum-Fragmente*, Nr. 116)

Das Ziel ist die Auflösung der Grenzen nicht nur der Literaturgattungen untereinander, sondern auch zwischen Poesie und Leben, d. h. die Poetisierung der Welt (= »Universalpoesie«). Betrachtet wird dies allerdings als dauerhafte, d. h. nie abgeschlossene (und insofern »progressive«) Aufgabe. Die All-Einheit bleibt daher Objekt der Sehnsucht ohne Erfüllung. Die für die Romantik typische Form des **Fragments**, in die Schlegel diesen Gedanken kleidet, ist eine formale Entsprechung zu diesem Gedanken.

Romantische Ironie

Als **romantische Ironie** wird ein künstlerisches Verfahren bezeichnet, bei dem der Autor die Illusion, die sein Werk erzeugt hat, wieder zerstört und so die Grenzen zwischen Phantasie und Wirklichkeit auflöst. Realisiert wird die romantische Ironie mit Hilfe von Unterbrechungen des Erzählflusses. Dazu zählen Einschübe, literaturtheoretische Überlegungen und Reflexionen des Autors oder Erzählers. Das Drama *Der gestiefelte Kater* (1797) von Ludwig Tieck (1773–1853) gilt als beispielhaft für die praktische Umsetzung der romantischen Ironie.

6.4 Literarische Formen, Themen und Motive

Epik

Epische Formen werden in der Romantik besonders gepflegt. Durch das romantische Interesse an Volkspoesie erfreuen sich **Märchen** und Volkslieder äußerster Beliebtheit.

Volksmärchen	Kunstmärchen
• meist mündlich überliefert • wunderbarer Inhalt • eigene Spielregeln • eigene Weltordnung • Geschichte geht gut aus • greift auf typisierte Motive und Formeln zurück • einfache Sprache • einfache, typisierte Charaktere	• Autor ist bekannt • künstlerische Sprache • mehrdimensionale Charaktere • mehrstündige Handlung • komplexes Weltbild • keine Formeln • kein eindeutiges Happy-End

Die wichtigste Gattung ist der Roman. Er integriert Gattungen wie Märchen, Lieder, Briefe, Gedichte etc. Damit erfüllt er die von den Romantikern geforderte **Aufhebung der Gattungsgrenzen**. Oft ist die Hauptfigur ein nicht angepasster, das bürgerliche Leben (»Philister«) ablehnender Held.

Der Schauerroman der schwarzen Romantik thematisiert vor allem das Einbrechen des Bösen und Erschreckenden oder des Phantastischen und Übernatürlichen in die scheinbar normale Welt des Menschen. Berühmt geworden sind die Nachtstücke von E. T. A. Hoffmann (1776–1822), z. B. *Der Sandmann* (1815/16), aber auch Kriminalgeschichten wie *Das Fräulein von Scuderi* (1819) bereichern die Prosa der Romantik.

Lyrik

Die Lyrik der Romantik ist kunstvoll, liedhaft und am **Volkslied** orientiert. Novalis' Hymnen lassen die Versformen ver-
missen und erinnern eher an die Prosa. Die Lyrik der Romantik
zeichnet sich durch Volkstümlichkeit und Liedhaftigkeit,
Schlichtheit, sprachliche Musikalität sowie stereotyp wieder-
kehrende Naturbilder wie Mond, Wald, Sterne etc. aus. Wichtige Motive sind auch die Sehnsucht nach der Ferne, Wandern,
Einsamkeit, Nacht. Ein typisches romantisches Stilmittel ist
die **Synästhesie**, die die Grenzen zwischen verschiedenen Sin-
neseindrücken verschmelzen lässt.

Drama

Das Drama ist in der Romantik wenig ausgeprägt. Bedeutender
Dramatiker ist Ludwig Tieck (1773–1853). In seiner Komödie
Der gestiefelte Kater (1797) wechselt er nicht nur zwischen mehreren Ebenen der Fiktion, sondern veranschaulicht auch die Iro-
nie-Auffassung der Romantik (vgl. romantische Ironie).

Das Fragment

Allgemein versteht man unter dem Begriff ›Fragment‹ ein un-
vollständiges Kunstwerk. In der Romantik avanciert das **Fragment** zu einer eigenständigen Kunstgattung, mit der bewusst
ausgedrückt werden soll, dass jeder Gedanke und jedes Kunstwerk immer unvollendet bleiben muss.

Die blaue Blume

Die »**blaue Blume**« ist ein wichtiges Symbol und zugleich Inbegriff der romantischen Poesie. Sie steht für die Sehnsucht
nach universeller und unendlicher Einheit und Harmonie und
damit für den unabschließbaren Prozess der Suche danach.

6.5 Wichtige Autoren und Werke

- **Novalis** (Friedrich von Hardenberg, 1772–1801): *Heinrich von Ofterdingen* (1802)
- Friedrich **Schlegel** (1772–1829): *Athenaeum-Fragmente* (1798–1800)
- E. T. A. **Hoffmann** (1776–1822): *Der Sandmann* (1817)
- Jacob und Wilhelm **Grimm** (1785–1863 bzw. 1786–1859): *Kinder- und Hausmärchen* (1812–1815)
- Joseph von **Eichendorff** (1788–1857): *Aus dem Leben eines Taugenichts* (1826)
- Wilhelm **Hauff** (1802–1827): *Das kalte Herz* (1826)

7 Biedermeier – Junges Deutschland / Vormärz (ca. 1815–1850)

Wichtige Begriffe	
Biedermeier	**Junges Deutschland / Vormärz**
• Restauration • Rückzug ins Private • Ordnung • bürgerliche Familie • Märchen • Künstler- und Familienroman • Ballade • Idylle • Volksstück	• Ablehnung des absolutistischen Staats • soziale und politische Missstände • Zensur • Exil • Publizistik • Reisebilder • politisch-satirische Gedichte • episches und soziales Drama

7.1 Zeitgeschichtlicher Kontext

Der Zeitraum zwischen dem Wiener Kongress 1815 und der Märzrevolution 1848 (daher der Name »Vormärz«) ist durch die **Restauration** geprägt. Darunter versteht man die Wiederherstellung der gesellschaftlich-politischen Verhältnisse, wie sie vor der Französischen Revolution waren. Die Hoffnungen auf liberale Reformen werden im Wiener Kongress enttäuscht. Verschärft wird die Situation des Bürgertums insbesondere durch die Karlsbader Beschlüsse (1819), die das Recht der öffentlichen Meinungsäußerung stark einschränken. Die Julirevolution 1830 in Frankreich, aus der das Bürgertum als entscheidende Kraft im Staat hervorgeht, zeigt auch Auswirkungen in Deutschland. Auf zahlreichen Kundgebungen werden ein deutscher Nationalstaat und freiheitliche Verfassungen gefordert. Die bedeutendste Demonstration dieser Art ist das Hambacher Fest im Mai 1832. Die Fürsten ergreifen drastische Maßnahmen, um den Freiheitsgedanken im Keim zu ersticken. Aufgehoben wird die Rede- und Versammlungsfreiheit. Die Zensur wird verschärft. Die Spannungen entladen sich in der **Revolution von 1848**, die mit der Frankfurter Paulskirchenverfassung kurzzeitig die Hoffnung auf einen demokratisch legitimierten deutschen Nationalstaat begründet. Die Bestrebungen des Bürgertums nach angemessener politischer Repräsentation scheitern allerdings.

Die unterschiedliche Reaktion und Haltung des Bürgertums gegenüber Restauration und Revolution findet in den literarischen Strömungen des Biedermeier einerseits und des Jungen Deutschland bzw. Vormärz andererseits ihren Niederschlag. Die Literatur gerät in den Bann der neu entstehenden unterschiedlichen politisch-gesellschaftlichen Richtungen innerhalb des Bürgertums. Aus diesen ideologischen Grundhaltungen gehen nach 1848 die politischen Parteien hervor.

7.2 Leitgedanken des Biedermeier (ca. 1820–1850)

Der **Rückzug ins Private** und konservative Vorstellungen von der »guten alten Zeit« prägen das Denken und Leben der Anhänger dieser Bewegung. Wichtig für sie ist das Leben in fester **Ordnung**, was mit der Pflichterfüllung gegenüber Staat, Religion, Heimat und Familie einhergeht.

7.3 Konzeption der Literatur des Biedermeier

Die bewusste Absage der Kunst an die Politik ist zentrales Kennzeichen der Literatur des Biedermeier. Vertreter dieser literarischen Strömung sind konservative Schriftsteller, die sich – weitgehend resignativ – aus der Politik heraushalten. Sie widmen sich dem »Innenleben« der **bürgerlichen Familie** und des Individuums. Nur in diesem eng abgegrenzten Bereich wird ein humanes und friedliches Leben noch als möglich betrachtet, das allerdings permanenter Bedrohung von außen ausgesetzt ist. Die Atmosphäre der heiteren, kleinen Welt hat deswegen auch immer einen resigniert-schwermütigen Unterton.

7.4 Literarische Formen, Themen und Motive des Biedermeier

Epik

Bevorzugt werden epische Kurzformen. So erfreuen sich Kurzerzählungen, Skizzen und **Märchen** großer Beliebtheit. Auch **Künstler- und Familienromane** sind populär. Behandelt werden zeitgenössische Themen, diese werden aber vor allem als Leseunterhaltung aufbereitet. Gegen Ende der Biedermeierzeit entwickelt sich die **Novelle**. Die *Judenbuche* (1842) von Annette von Droste-Hülshoff (1797–1848) ist ein bedeutendes Beispiel.

Lyrik

Die Lyrik zeichnet sich durch die Neigung zum Epischen aus. Die **Ballade**, die Verserzählung und die **Idylle** genießen eine bevorzugte Stellung. Die Biedermeier-Lyrik ist gekennzeichnet durch eine melancholisch-resignative Grundstimmung. Im Mittelpunkt stehen Themen wie das Glück in der Familie, der Rückzug ins Private und Heimat.

Drama

Die Vorliebe bei den dramatischen Texten gilt komischen **Volksstücken**, Familien- und Rührstücken der österreichischen Theaterdichter Ferdinand Jakob Raimund (1790–1836) und Johann Nepomuk Nestroy (1801–1862). Der im Biedermeier vorherrschenden Grundhaltung entsprechend wenden sich die Dramen Franz Grillparzers (1791–1872) und Christian Dietrich Grabbes (1801–1836) von aktuellen Problemen ab und thematisieren stattdessen geschichtliche Stoffe.

7.5 Leitgedanken des Vormärz / Jungen Deutschland

Das Junge Deutschland bzw. der Vormärz setzt sich mit der politisch-gesellschaftlichen Situation kritisch auseinander. Die Vertreter dieser Strömung sind sich über die **Ablehnung des absolutistischen Staates** einig. Gemeinsam fordern sie Meinungsfreiheit. Deshalb geraten sie in Konflikt mit der Obrigkeit und werden verfolgt. Die Forderungen gehen im Einzelnen in verschiedene Richtungen. Einige fordern v. a. den Nationalstaat, andere eher eine Verfassung, die die absolutistische Fürstenwillkür begrenzt. Eine weitere Richtung verlangt sogar eine radikaldemokratische Abschaffung der Fürstenherrschaft.

7.6 Konzeption der Literatur des Vormärz / Jungen Deutschland

Die Thematisierung **sozialer und politischer Missstände** prägt das Selbstverständnis und die Schreibweise der Vertreter des Jungen Deutschland. Ziel ist es, diese Missstände des Systems der Restauration offenzulegen und zu beseitigen. Daher verhält sich die Literatur in jedem Fall subversiv zur restaurativen Gesellschaftsordnung und muss sich deswegen mit besonderen Rahmenbedingungen auseinandersetzen: Es gibt eine rigorose **Zensur**, die die Autoren z. T. scharf kritisieren (z. B. durch Flugschriften oder Karikaturen) oder zu unterlaufen versuchen. Insbesondere kleine journalistische Formen unterliegen der Vorzensur. Nicht wenige Autoren werden deswegen ins **Exil** gezwungen (etwa Heinrich Heine in Paris).

7.7 Literarische Formen, Themen und Motive des Vormärz / Jungen Deutschland

Epik

Die meisten Autoren des Jungen Deutschland bzw. des Vormärz sind als Journalisten tätig. Sie sind sich der Funktion der Presse als politisches Kampfmittel bewusst. Populär sind daher literarische Formen an der Grenze zur **Publizistik**: Essays, Reiseberichte, Briefe etc. So werden in der von Georg Büchner (1813–1837) herausgegebenen Flugschrift *Der Hessische Landbote* (1834) die hessischen Bauern zur Revolution gegen die Obrigkeit aufgerufen. Mit den **Reisebildern** wird eine neue Gattung der Literatur eingeführt, die die Wirklichkeit und die gesellschaftlichen Eindrücke konkret abbildet.

Lyrik

Bevorzugt werden **politisch-satirische Gedichte** mit zeitkritischem Inhalt. Allerdings findet der Gebrauch der Lyrik zur kritischen Darstellung der aktuellen politischen Realität, wie er beispielsweise in den Gedichten Heines, Herweghs, Fallerslebens etc. begegnet, nicht bei allen Autoren Zustimmung.

Drama

Christian Diedrich Grabbe (1801–1836) gilt als einer der bedeutendsten Dramatiker des Jungen Deutschland. Mit seinem Drama *Napoleon oder die hundert Tage* (1831) legt er einen wichtigen Grundstein für die Entwicklung des **epischen Dramas**. Georg Büchner (1813–1837), der wohl bedeutendste Autor des Vormärz, der sich von der Bewegung des Jungen Deutschland distanziert, wird von den Zeitgenossen kaum beachtet. Doch mit seinem Fragment gebliebenen Drama *Woyzeck* (entstanden 1836/37) verfasst er das erste **soziale Drama** der deutschen Literatur.

Themen und Motive im Vergleich

Biedermeier	Junges Deutschland / Vormärz
• Familie und Ordnung • heile Welt • Resignation • Liebe zur Natur • Entsagung und Verzicht • Schwermut • stille Unterordnung unter das Schicksal • traditionelle Werte • Selbstbescheidung • Sehnsucht • Selbstgenügsamkeit • Melancholie • privates Glück	• soziale und politische Missstände • Pressefreiheit • Bürgerfreiheit und Emanzipation • Unterdrückung des Volkes • Ablehnung des restaurativen Systems • Gerechtigkeit • Volk • Vaterland • Verfassung • Nationalstaat

7.8 Wichtige Autoren und Werke

Biedermeier

- Annette von **Droste-Hülshoff** (1797–1848): *Die Judenbuche* (1842)
- Eduard **Mörike** (1804–1875): *Mozart auf der Reise nach Prag* (1856)
- Adalbert **Stifter** (1805–1868): *Bunte Steine* (1853)

Vormärz / Junges Deutschland

- Carl Ludwig **Börne** (1786–1838): *Briefe aus Paris* (1830)
- Heinrich **Heine** (1797–1856): *Deutschland. Ein Wintermärchen* (1844)
- Georg **Büchner** (1813–1837): *Dantons Tod* (1835); *Woyzeck* (1836/37)

8 Realismus (ca. 1848–1890)

Wichtige Begriffe

- Revolution von 1848/49
- Reichsgründung 1871
- Positivismus
- Naturwissenschaften
- Religionskritik
- poetischer/bürgerlicher Realismus
- Novelle
- Gesellschaftsroman
- Dinggedicht
- Ballade

8.1 Zeitgeschichtlicher Kontext

Die zweite Hälfte des 19. Jahrhunderts ist in Deutschland durch die Niederschlagung der **Revolution von 1848/49** und das damit verbundene Scheitern der politischen Emanzipation des Bürgertums einerseits und durch einen tiefgreifenden gesellschaftlichen Wandel andererseits gekennzeichnet. Das Bürgertum prägt weiterhin das gesellschaftliche Leben, bleibt aber politisch weitgehend bedeutungslos. Im wirtschaftlichen, naturwissenschaftlichen, technischen und militärischen Bereich zeigt sich ein sprunghafter Fortschritt, es beginnt die Phase der Industrialisierung. Die **Reichsgründung** nach dem Deutsch-Französischen Krieg 1870/71 beendet die staatliche Zersplitterung und gibt der Industrialisierung weiteren Schub. Die Städte wachsen rasant, und mit ihnen die sozialen Unterschiede.

8.2 Leitgedanken

Epochentypisch ist die Abkehr von einer idealistischen Weltsicht, die für die Klassik und Romantik noch maßgeblich ist. Stattdessen orientiert sich die Literatur zunehmend am **Positivismus**, der sich zur Erklärung der Welt ausdrücklich nur auf beobachtbare Phänomene und die Naturwissenschaften stützt und theologische und metaphysische Ideen ausschließt (Auguste Comte). Die **Naturwissenschaften** beginnen eine größere Rolle zu spielen. Sehr einflussreich wird die Evolutionstheorie Charles Darwins (1809–1882), die einerseits das Fortschrittsparadigma (Entstehung und Fortentwicklung der Arten) unterstützt, andererseits aber die herausgehobene Rolle des Menschen relativiert (vgl. auch S. 176 f. zum Naturalismus). Die Literatur öffnet sich einer **kritischen Haltung der christ-**

171

lichen Religion gegenüber, wie sie von Ludwig Feuerbach (1804–1872) oder Karl Marx (1818–1883) formuliert wird. Leitend wird eine nüchterne und ironische Grundeinstellung zur Welt.

Die Philosophie wird nachhaltig von zwei Vertretern beeinflusst, die eine explizit kritische Haltung zum Idealismus haben. Es handelt sich zum einen um Arthur Schopenhauer (1788–1860) und zum anderen um Friedrich Nietzsche (1844–1900). In seinem Hauptwerk *Die Welt als Wille und Vorstellung* (1819) stellt Schopenhauer die These auf, dass die Welt bloße »Vorstellung« unserer Sinne sei, so dass wir nichts über das Wesen der Dinge erfahren können. Der »Wille« bilde das alles bestimmende, blind voranschreitende Weltprinzip. Schopenhauers Philosophie beeinflusst u. a. Friedrich Nietzsche. Dieser lehnt seinerseits sowohl den bürgerlichen Bildungsbegriff als auch die damals vorherrschende Annahme ab, dass alle kulturellen Erscheinungsformen aus der Geschichte heraus zu verstehen seien (Historismus). Er tritt für den »freien Geist« ein und fordert die »Umwertung aller Werte«.

8.3 Konzeption der Literatur

Das ästhetische Programm des Realismus lautet:

> »Widerspiegelung alles wirklichen Lebens, aller wahren Kräfte und Interessen im Element der Kunst«
>
> (Fontane, »Unsere lyrische und epische Poesie seit 1848«)

Es geht ausdrücklich nicht um »das nackte Wiedergeben alltäglichen Lebens, am wenigsten seines Elends und seiner Schattenseiten« (Fontane), sondern um eine künstlerisch geformte

Darstellung der Realität: Realismus bedeutet nicht das Kopieren der Wirklichkeit, sondern deren künstlerische Verarbeitung, mit dem Ziel, das »Wahre«, nicht nur das »Wirkliche« darzustellen. Insofern hat das Dargestellte häufig eine tiefere, symbolische Bedeutungsebene. Diese Auffassung ist in dem Begriff »**poetischer Realismus**« erfasst. Die Hinwendung zu bürgerlichen Themenkreisen spiegelt sich in dem Begriff »**bürgerlicher Realismus**« wider. Soziale Missstände sowie das »Niedere« – Krankheit, Sexualität – werden weitgehend ausgeblendet.

8.4 Literarische Formen, Themen und Motive

Epik

Vor allem die **Novelle** erfreut sich großer Beliebtheit. Ein Grund ist die strenge Form, die dem Willen zur künstlerischen Disziplin und der Beschränkung auf einen Ausschnitt der Wirklichkeit entgegenkommt. Neben Novellen entstehen auch zahlreiche Romane, die bis heute noch bekannt sind. Populär sind vor allem die **Gesellschaftsromane** Theodor Fontanes (1819–1898), die nicht nur ein genaues Bild der bürgerlichen Alltagswelt zeichnen, sondern, in ironischer und humorvoller Sprache, auch kritische Töne gegenüber der Ehe als Institution oder dem Ehrbegriff des Adels anschlagen und vorsichtig um Verständnis für scheiternde Liebesbeziehungen, ja Ehebruch werben.

Lyrik

In Gedichten des Realismus wird eine poetische Welt als Spiegel der Realität dargestellt. Diese wird distanziert und objektiv gezeigt. Unwichtiges bzw. Nebensächliches wird weggelassen. Als Musterbeispiel für das realistische **Dinggedicht** gilt *Der römische Brunnen* (1869) von Conrad Ferdinand Meyer (1825–1898), das den Weg des sprudelnden Wassers nachvollzieht, und zwar ohne explizite Deutung oder Beteiligung eines lyrischen Ichs.

Auch **Balladen** sind in der Lyrik des Realismus vertreten. Im Mittelpunkt steht dabei in der Regel der Einzelne im spannungsreichen Verhältnis zur Welt (Natur, Gesellschaft, Technik). Ein bekanntes Beispiel dafür ist Theodor Fontanes *John Maynard* (1886).

Drama

Das Drama spielt im Realismus kaum eine Rolle. Man spricht sogar von einer Krise des deutschen Dramas. Die einzigen nennenswerten Beispiele stammen von Friedrich Hebbel (1813–1863): *Maria Magdalena* (1844) und *Agnes Bernauer* (1851).

8.5 Wichtige Autoren und Werke

- Adalbert **Stifter** (1805–1868): *Brigitta* (1843/47); *Bunte Steine* (1853)
- Friedrich **Hebbel** (1813–1863): *Maria Magdalena* (1844)
- Theodor **Storm** (1817–1888): *Der Schimmelreiter* (1888)
- Gottfried **Keller** (1819–1890): *Die Leute von Seldwyla* (1856, erweitert 1874)
- Theodor **Fontane** (1819–1898): *Effi Briest* (1894/95); *Frau Jenny Treibel* (1892)
- Conrad Ferdinand **Meyer** (1825–1898): *Das Amulett* (1873); *Der römische Brunnen* (letzte Fassung 1882)

9 Naturalismus (ca. 1880–1900)

Wichtige Begriffe

- Industrialisierung
- Evolutionstheorie
- Materialismus
- Positivismus
- Milieutheorie
- Deckungsgleichheit zwischen Kunst und Realität
- Gesellschaftskritik
- Sekundenstil
- Dialekt/Umgangssprache
- Großstadtlyrik
- soziales Drama

9.1 Zeitgeschichtlicher Kontext

Der beschleunigte Prozess der **Industrialisierung** kennzeichnet das Ende des 19. Jahrhunderts. Rasant vollzieht sich der Wandel von der Agrarwirtschaft und dem Manufakturwesen hin zu automatisierten Produktionsformen. Die unmittelbare Folge ist die Entstehung eines landflüchtigen, besitzlosen Proletariats, das trotz des wirtschaftlichen Aufschwungs der Gründerjahre in Armut lebt. Durch Landflucht entstehen in den Großstädten Elendssiedlungen. Politisch ist 1871 mit der Reichsgründung die kleindeutsche Lösung verwirklicht. Der neue Staat ermöglicht dem Bürgertum eine begrenzte Teilnahme am politischen Leben, beim Militär behält der Adel jedoch weiterhin seine beherrschende Position.

9.2 Leitgedanken

Der Naturalismus vollzieht eine noch entschiedenere Abkehr vom Idealismus und ist insofern eine Radikalisierung des Realismus (vgl. S. 171 f.) . Getragen wird diese Strömung von dem Gedanken, dass der Mensch nicht in erster Linie als freies, selbstbestimmtes Individuum zu betrachten ist, sondern wesentlich durch Vererbung, das **Milieu** und die historischen Umstände bestimmt wird. Die Literatur des Naturalismus wird durch folgende philosophische Strömungen beeinflusst:

- **Evolutionstheorie:** Der britische Naturforscher Charles Darwin (1809–1882) stellt in seinem Hauptwerk *Über den Ursprung der Arten* (1859) die These der natürlichen Selektion auf. Diese besagt, dass genetische Mutationen im Laufe der Evolution auftreten. Allerdings setzen sich nur diejenigen durch, die sich erfolgreich an die Lebenswelt anpassen. Negative Veränderungen dagegen werden durch den Konkurrenzkampf besiegt und ausgerottet. Die Vorstellung von einer natürlichen Auslese in der Gesellschaft, bei der sich der Stärkere durchsetzt, resultiert aus einer unreflektierten Übertragung der Gedanken Darwins von der biologischen auf die soziale Ebene (Sozialdarwinismus).
- **Materialismus:** Die philosophische Strömung des Materialismus beruht auf der Grundannahme, dass die Wirklichkeit nur als Materie existiert. Nur sie sei nachweisbar. Der Materialismus grenzt sich vom Idealismus ab (vgl. S. 155).
- **Positivismus:** Die von dem französischen Philosophen Auguste Comte (1798–1857) beeinflusste philosophische Strömung besagt, dass nur sinnlich Wahrnehmbares und empirisch Nachweisbares auch tatsächlich existent ist.
- **Milieutheorie:** Nach dem französischen Philosophen Hip-

polyte Taine (1828–1893) ist der Mensch Produkt der ihn umgebenden Verhältnisse (Gesellschaft, Großstadt, Technik etc.). Da der Mensch durch Rasse, Geschichte und Gesellschaft vorgeprägt ist (Determinismus), ist Willensfreiheit nur eine Illusion. Folgerichtig werden die moralischen Begriffe »gut« und »böse« dem Handeln des Menschen nur bedingt gerecht.

9.3 Konzeption der Literatur

Der literarische Naturalismus hat seine Grundlagen in den Naturwissenschaften. Prägend ist dabei die Auffassung, dass sich die Wirklichkeit wissenschaftlich fotografisch und damit präzise im Kunstwerk darstellen lässt. Die Forderung nach **Deckungsgleichheit zwischen Kunst und Realität** findet in der berühmt gewordenen Formel Arno Holz' (1863–1929) Ausdruck:

Kunstwerk = Natur – x

(Arno Holz, *Die Kunst. Ihr Wesen und ihre Gesetze*)

Das »x«, die Differenz zwischen Natur und Kunst, müsse gegen null tendieren, damit die Literatur die Wirklichkeit möglichst exakt abbilden könne. Das Niedere, Hässliche wird dabei nicht ausgespart, im Gegenteil: Jeder Anflug von Idealisierung oder Romantisierung wird vermieden.

Aufgrund ihrer Analyse und Darstellung des Menschen als Produkt seiner Umwelt kommt der Literatur des Naturalismus eine **gesellschaftskritische Funktion** zu.

9.4 Literarische Formen, Themen und Motive

Epik

Vorrangig verwenden die Naturalisten epische Kleinformen wie Skizze, Novelle, Studie, Kurzerzählung etc. Dabei thematisieren sie insbesondere die Industrialisierung, Technik, Profitorientierung der kapitalistischen Wirtschaftsweise und Verelendung der abhängigen Arbeiter, die Großstadt, aber auch das Verhältnis zwischen Dichter und Proletariat.

Ein typisches Kennzeichen für die Schreibweise des Naturalismus ist der **Sekundenstil**, bei dem sich erzählte Zeit und Erzählzeit decken. Ziel dieser Schreibweise ist es, Kunst und Wirklichkeit (Natur) in Übereinstimmung zu bringen. Mustergültig ausgearbeitet ist der Sekundenstil z. B. in Gerhart Hauptmanns Novelle *Bahnwärter Thiel* (1888). Beschreibungen von Personen und Objekten streben nach höchster Genauigkeit.

Da häufig die unteren Gesellschaftsschichten – Arbeiter, Dorfbewohner, Handwerker – zum Thema gemacht werden, wird oft auch **Dialekt** bzw. **Umgangssprache** und einfacher, parataktischer Satzbau verwendet. Das gilt auch für die Dramen.

Lyrik

Die naturalistische Lyrik ist sozialkritisch ausgerichtet. Es entsteht eine **Großstadtlyrik**, die sich sozialen Themen zuwendet. Mit den traditionellen Formen wird gebrochen. Die naturalistische Lyrik verzichtet auf strukturierende Elemente wie Strophe, Metrik und Reim. Typisch für Arno Holz, den bedeutendsten Lyriker des Naturalismus, sind außerdem mittelachsenzentrierte Verse.

Drama

Bedeutendste literarische Gattung des Naturalismus ist das **soziale Drama**. Dieses spielt häufig in den Elendsquartieren, in Kneipen, Bordellen, aber auch in den Mietskasernen der Großstädte. An diesen Orten werden nach Auffassung der Naturalisten die menschliche Natur und Psyche ebenso sichtbar wie ihre Verstrickung in gesellschaftliche Rahmenbedingungen, etwa unverschuldete Notlagen. Im Fokus stehen das Hässliche, Animalische, Kranke, Anarchische, auch Prostitution und Kriminalität.

Die Dramen des Naturalismus zeichnen sich häufig durch **detaillierte Bühnenanweisungen** aus, die Personen und ihre Bezüge zueinander, Szenen, Atmosphäre so genau beschreiben, dass sie zu einem eigenständigen epischen Bestandteil innerhalb des Dramas werden.

Vergleich Realismus – Naturalismus

Realismus	Naturalismus
Ablehnung idealisierender oder romantisierender Wirklichkeitsdarstellung Positivismus, Naturwissenschaften, Religionskritik	
technischer Fortschritt	
künstlerische Verarbeitung der Realität (bis hin zu symbolischer Bedeutsamkeit des Dargestellten)	möglichst Deckungsgleichheit zwischen Kunst und Realität
bürgerliche und adelige Schichten	niedere Gesellschaftsschichten: Proletariat, Arbeiter, Dorfbewohner
freie Individuen in gesellschaftlichen Bezügen	Milieutheorie

unpolitisch	gesellschaftskritisch
ironische Distanz	Parteinahme, Appellfunktion der Literatur

9.5 Wichtige Autoren und Werke

- Henrik **Ibsen** (1828–1906): *Nora (Ein Puppenheim)* (1879)
- Gerhart **Hauptmann** (1862–1946): *Bahnwärter Thiel* (1888); *Vor Sonnenaufgang* (1889); *Die Weber* (1892)
- Arno **Holz** (1863–1929) und Johannes **Schlaf** (1862–1941): *Papa Hamlet* (1889)

10 Literatur der Jahrhundertwende (ca. 1890–1910)

Wichtige Begriffe

- Wilhelminische Ära
- ästhetische Gegenwelten
- Décadence, Symbolismus, Jugendstil, Impressionismus
- Opposition zum Naturalismus
- l'art pour l'art
- erlebte Rede
- innerer Monolog
- Bewusstseinsstrom
- Sprachkrise
- Synästhesie

10.1 Zeitgeschichtlicher Kontext

Die Epoche um die Wende vom 19. zum 20. Jahrhundert wird **Wilhelminische Ära** genannt. Diese Zeit ist durch einen Modernisierungsschub gekennzeichnet, der zugleich eine Verschärfung der sozialen Gegensätze bewirkt. Verstärkt wird dieser Wandel durch die zunehmende Technisierung und Verstädterung. Politisch ist der wilhelminische Obrigkeitsstaat durch einen aggressiven Nationalismus, Konservatismus und Militarismus sowie Imperialismus geprägt.

10.2 Leitgedanken

In der Umbruchszeit um 1900 entsteht das Gefühl, dass mit dem Jahrhundert eine Welt zu Ende geht (Fin de Siècle). Ein allgemeines Krisenbewusstsein greift um sich; der Sieges- und Fortschrittsoptimismus der politischen und wirtschaftlichen Elite wird als oberflächlich und dekadent sowie die eigene Lebensführung als überfeinert wahrgenommen. Die Flucht in **ästhetische Gegenwelten** bietet die Möglichkeit, den verkrusteten Strukturen im Staat und in der Gesellschaft zu entkommen. Die zentralen Gedanken der Zeit (Décadence, Umwertung der Werte, Religionskritik, Bohème etc.) spiegeln diese Atmosphäre wider.

10.3 Konzeption der Literatur

Stilpluralismus kennzeichnet die literarische Moderne um 1900. Die verschiedenen Stilrichtungen und Bewegungen lassen sich nicht immer trennscharf voneinander unterscheiden. Sie stehen für unterschiedliche Interpretations- und Darstellungsaspekte der modernen Wirklichkeit. Je nach vorherrschender Tendenz spricht man von

• **Décadence** bzw. Fin de Siècle, wenn die subjektive Krisenwahrnehmung, Sensibilität, Überfeinerung überwiegt,
• **Symbolismus**, wenn die Dichtung auf einen immateriellen Wert oder Gegenstand statt auf Realität ausgerichtet ist,
• **Jugendstil**, wenn alltagsfern stilisierte Gesten, Gefühle,

mythische Figuren, Objekte oder verschlungene, ornamentale Muster das Gewöhnliche ästhetisch zum ›schönen Leben‹, zum ›All-Leben‹ überformen,

- **Impressionismus**, wenn v. a. unmittelbare Sinneseindrücke oder punktuelle Empfindungen registriert werden.

Diese ästhetisch-programmatische Konstellation der Vielfalt ist Ausdruck der Orientierungsschwierigkeiten in der Konzeption von Literatur. Wichtiger gemeinsamer Nenner dieser Kunst- und Stilrichtungen ist die **Opposition zum Naturalismus**. Abgelehnt werden einerseits ein realistisches, besonders naturalistisches Erfassen und die objektive Darstellung der Wirklichkeit, insbesondere auch des Hässlichen, andererseits eine Instrumentalisierung der Kunst für politische Zwecke. Kunst entsteht und besteht um ihrer selbst willen: **L'art pour l'art**.

10.4 Literarische Formen, Themen und Motive

Epik

Eine bedeutende Rolle spielen die Novelle, der Roman sowie Erzählungen und Skizzen. Der thematische Schwerpunkt liegt auf der Darstellung der Bewusstseins- und Seelenzustände des Menschen, so zum Beispiel in Rainer Maria Rilkes Roman *Die Aufzeichnungen des Malte Laurids Brigge* (1910). Kennzeichnend für die Prosa ist, dass die Figuren mit sich selbst reden, etwa in der Form der **erlebten Rede** (3. Person Singular Präteritum) oder des **inneren Monologs** (Ich-Form). Insbesondere Arthur Schnitzler (1862–1931) hat diese Technik perfektioniert: Die Novelle *Lieutenant Gustl* (1900) etwa ist fast vollständig ein innerer Monolog, mit dem Schnitzler einen **Bewusstseinsstrom**, eine scheinbar ungeregelte (aber eigentlich sorgfältig komponierte) Abfolge von Ideen, Erinnerungen, Gefühlen, Erfahrungen gestaltet.

Inhaltlich dominieren häufig die Themen Verfall, Schönheit und Tod, etwa in Thomas Manns (1875–1955) autobiographisch gefärbter Novelle *Der Tod in Venedig* (1911).

Das Krisengefühl äußert sich auch als **Sprachkrise**: Hugo von Hofmannsthal (1874–1929) beobachtet in seinem *Brief des Lord Chandos* (1902), dass die erlebte Wirklichkeit nicht mehr durch die ihm verfügbare Sprache zusammenhängend hergestellt werden könne – eine Steigerung des Außenseitergefühls.

Lyrik

Besonderer Beliebtheit erfreut sich die Lyrik. Gedichte ermöglichen die Darstellung subjektiver Befindlichkeiten. Besonders in symbolistischen und impressionistischen Gedichten wird die subjektive Stimmungslage eingefangen und symbolhaft veranschaulicht.

Die Lyrik der Décadence zeigt eine Vorliebe für künstliche Verfeinerung mit dem Hang zum Morbiden. Sie verwendet gern Verfalls- und Untergangsmotive. **Synästhesien**, musikalischer Charakter der Sprache und Farb- und Lautsymbolik sind kennzeichnend für symbolistische Dichtung. Jugendstil-Gedichte verwenden Sprache als Ornament um ihrer selbst willen und schließen manchmal auch ästhetisierend das leicht Erotische mit ein.

Bedeutende Lyriker sind Rainer Maria Rilke (z. B. *Der Panther*, 1903), Hugo von Hofmannsthal (z. B. *Die Beiden*, 1896) und Stefan George (z. B. *Komm in den totgesagten Park und schau*, 1897).

Drama

Das Drama steht eher am Rande der Aufmerksamkeit. Wichtige, aber sehr unterschiedliche Vertreter sind Hugo von Hofmannsthal (etwa mit dem Mysterienspiel *Jedermann*, 1911) und Frank

Wedekind (etwa mit dem Pubertätsdrama *Frühlings Erwachen*, 1891), der einerseits noch dem Naturalismus nahesteht (Gesellschaftskritik) und andererseits Elemente des Expressionismus vorwegnimmt (groteske und absurde Elemente, Kabarett).

10.5 Wichtige Autoren und Werke

- Arthur **Schnitzler** (1862–1931): *Lieutenant Gustl* (1901); *Traumnovelle* (1926)
- Frank **Wedekind** (1864–1918): *Frühlings Erwachen* (1891)
- Stefan **George** (1868–1933): *Das Jahr der Seele* (1897)
- Hugo von **Hofmannsthal** (1874–1929): *Brief des Lord Chandos* (1902); *Jedermann* (1911)
- Rainer Maria **Rilke** (1875–1926): *Die Aufzeichnungen des Malte Laurids Brigge* (1910)
- Thomas **Mann** (1875–1955): *Die Buddenbrooks* (1901)

11 Expressionismus (1910–1925)

Wichtige Begriffe

- Erster Weltkrieg
- Nihilismus
- Psychoanalyse
- Endzeitstimmung / Aufbruchstimmung
- Ästhetik des Hässlichen
- neuer Mensch
- Dadaismus / Surrealismus
- Großstadt- und Kriegslyrik
- Reihungsstil
- Stationendrama

11.1 Zeitgeschichtlicher Kontext

Geprägt ist die Epoche durch die Katastrophenerfahrung des **Ersten Weltkriegs** mitsamt der krisenhaften Vorgeschichte und den (revolutionären) Nachwirkungen, die in Deutschland zum politischen Neuanfang der – insgesamt wenig akzeptierten – Weimarer Republik und wirtschaftlich in die Hyperinflation führen. Es ist eine Epoche der radikalen, ja revolutionären Veränderungen in allen Bereichen: Politik, Gesellschaft, Wirtschaft.

11.2 Leitgedanken

Der Begriff »Expressionismus« stammt ursprünglich aus der Kunst. Er bezeichnet eine Richtung in Kunst, Malerei, Musik und Literatur, die etwa zwischen 1910 und 1925 in Deutschland und in anderen europäischen Ländern auftritt. Der literarische Expressionismus versteht sich als Gegenbewegung zum Realismus, Naturalismus und Impressionismus.

Der Expressionismus reagiert auf die Erfahrungen von Orientierungslosigkeit und Enthumanisierung (durch Krieg, Großstadtentwicklung, Technik, politisch-gesellschaftliche Umstürze usw.), indem er in pathetischer Wendung gegen das bürgerliche Establishment (Gottfried Benn: »Weltzertrümmerung«) rauschhaft-visionär Wandlung und Erneuerung des Menschen einfordert und beschwört (Vision des **neuen Menschen**).

Die Einstellung der Intellektuellen, Literaten und Künstler während des expressionistischen Jahrzehnts wird durch zwei wichtige Denkrichtungen beeinflusst:

* **Nihilismus**: In der von Friedrich Nietzsche (1844–1900) begründeten philosophischen Denkrichtung wird eine ne-

gative Weltanschauung propagiert, in der dem Menschen die Erkenntnis von Wahrheit verweigert wird. Deshalb wird die »Umwertung aller Werte« aufgerufen.

- **Psychoanalyse**: Die von Sigmund Freud (1856–1939) entdeckte Macht des Unterbewussten und der Triebstruktur erschüttert das Selbstbewusstsein des Menschen.

Es herrscht bereits vor dem Ersten Weltkrieg eine Weltsicht vor, in der sich zwei gegensätzliche Visionen einander gegenüberstehen und vermischen: **Endzeitstimmung** und **Aufbruchstimmung**, die durch die Kriegserfahrung und die revolutionären Folgen noch verstärkt werden.

11.3 Konzeption der Literatur

Die klassischen Kategorien des Wahren, Guten und Schönen als Maßstab für Literatur werden zugunsten einer **Ästhetik des Hässlichen** abgelehnt: Neben der Beschäftigung mit tabuisierten Themen (Krankheit, Tod, Verwesung) zeichnet sich die expressionistische Literatur durch einen radikalen Bruch mit traditionellen Formen und dem konventionellen Sprachgebrauch aus. Die Autoren drücken eine deutliche Kritik an der Stagnation und den autoritären Strukturen aus. Sie streben die Erneuerung des Menschen an (Vision des **neuen Menschen**). Verfolgt wird dieses Ziel nicht mit den Methoden der Vernunft, sondern mit den Mitteln des Rauschs, der Ekstase und des intensivierten Erlebens, die literarisch abgebildet werden. Ihre Bewegung hat mancherlei Berührungspunkte mit der Revolte des Sturm und Drang im 18. Jahrhundert.

Sonderformen sind der **Dadaismus** und der **Surrealismus**. Die Dadaisten treiben mit der Zerstörung der Syntax und der Reduktion der Sprache auf klangliche Qualitäten (statt Inhalte) die Befreiung von herkömmlichen, bürgerlichen Strukturen auf die Spitze. Die Grenzen des üblichen Kunstwerkes werden gesprengt. Mit Hilfe der Collage werden verschiedene Materialien zu ungewohnten, oft grotesken Formen zusammengefügt. Die dadaistische Literatur beschränkt sich auf Kleinformen, Gedichte und Kurztexte. Diese werden zu optischen oder akustischen Ereignissen. Zentren sind Zürich (Hugo Ball, seit 1916) und Hannover (Kurt Schwitters, seit 1919). Der Surrealismus bezieht das Unbewusste in den kreativen Schreibakt mit ein. Besonderen Einfluss hat Sigmund Freud. Träume und die Tiefen des Bewusstseins werden mit der Erfahrungswelt verschmolzen. Ein wichtiges Mittel ist die Erzähltechnik des Stream of Consciousness (Bewusstseinsstrom), bei der Bewusstseinsvorgänge ungefiltert wiedergegeben werden.

11.4 Literarische Formen, Themen und Motive

Epik

Im Expressionismus entstehen kaum nennenswerte epische Werke. Als repräsentativ für die expressionistische Prosa gilt die von Alfred Döblin (1878–1957) verfasste Erzählung *Die Ermordung einer Butterblume* (1913). Typisch für expressionistische Romane ist, dass keine zusammenhängende zielgerichtete Entwicklung der Personen dargestellt wird, sondern disparate Einzelabschnitte collagenartig nebeneinander angeordnet werden.

Lyrik

Die bevorzugte Gattung ist die Lyrik. Als Meilenstein der expressionistischen Lyrik gilt die von Kurt Pinthus (1886–1975) herausgegebene Anthologie *Menschheitsdämmerung* (1919/20). Titel und Kapitelüberschriften (»Sturz und Schrei«, »Erweckung des Herzens«, »Aufruf und Empörung« und »Liebe den Menschen«) spiegeln das Lebensgefühl der Expressionisten wider. Bevorzugt werden die Großstadtlyrik, Kriegslyrik und Naturlyrik.

Insbesondere in der Lyrik findet man einen kühnen Umgang mit der Sprache: Ellipsen bis hin zu Wortfetzen, viele Interjektionen und Ausrufezeichen (»O Mensch!«), gewagte Neologismen, Auflösung der Syntax, eine extreme Sprachverknappung, die die Intensivierung, die rauschhafte Steigerung des Erlebens sprachlich abbilden soll. Häufig werden Strophenform, Reim, Metrum, also alles Harmonische und Regelmäßige der traditionellen Lyrik, aufgegeben.

Beliebt ist auch der **Reihungs-** oder **Simultanstil**, die zusammenhangslose Aneinanderreihung von Wahrnehmungen oder Metaphern, die einerseits die Vielzahl und Zusammenhangslosigkeit der äußeren Eindrücke, die Erfahrung der enormen Tempobeschleunigung in der Großstadt oder im Krieg und andererseits die Unfähigkeit, diese Reize sinnvoll zu verarbeiten, literarisch abbildet. Das ordnende und strukturierende Subjekt löst sich auf (**Ich-Dissoziation**).

Drama

Vorbilder des expressionistischen **Stationendramas** sind die Dramen des Sturm und Drang sowie das Dramenfragment *Woyzeck* von Georg Büchner. Die assoziative Reihung von Einzelszenen und die Typisierung von Figuren sind wichtige Merkmale dieser Gattung. Auf schonungslose Weise werden die Doppelmoral und Autoritätsgläubigkeit des Spießbürgertums dargestellt.

11.5 Wichtige Autoren und Werke

- August **Stamm** (1874–1915): *Patrouille* (1915)
- Georg **Kaiser** (1878–1945): *Die Bürger von Calais* (1914)
- Alfred **Döblin** (1878–1957): *Wallenstein* (1920)
- Gottfried **Benn** (1886–1956): *Morgue und andere Gedichte* (1912)
- Hugo **Ball** (1886–1927): *Gadji beri bimba* (1916)
- Georg **Heym** (1887–1912): *Der Krieg* (1911)
- Georg **Trakl** (1887–1914): *Verfall* (1913)
- Walter **Hasenclever** (1890–1940): *Der Sohn* (1914)

12 Neue Sachlichkeit (1918–1933)

Wichtige Begriffe

- Weimarer Republik
- Weltwirtschaftskrise
- Zeit- und Gegenwartsroman
- Simultantechnik
- Montage
- Reportage
- Gebrauchslyrik
- Episches Theater

12.1 Zeitgeschichtlicher Kontext

Im November 1918 löst die **Weimarer Republik** (1918–1933) das Kaiserreich ab. Doch die Republik ist – abgesehen von den sogenannten »goldenen Zwanzigern« (1924–1929) – durch eine anhaltende politische Instabilität geprägt: Das antidemokratische Denken in der Bevölkerung, die Ablehnung des Versailler

Vertrags und die Schwäche der politischen Ordnung begünstigen den Aufstieg links- und rechtsradikaler Gruppierungen. Diese nutzen die Schwächen des Parlaments aus, um die junge Republik weiter zu destabilisieren. Verschärft wird die politisch labile Situation durch die **Weltwirtschaftskrise** von 1929 und die daraus resultierende Massenarbeitslosigkeit. Mit der Ernennung Hitlers zum Reichskanzler 1933 wird das Ende der Weimarer Republik besiegelt.

12.2 Leitgedanken

Als Gegenbewegung zum pathetisch-antibürgerlichen Gestus des Expressionismus kommt in den 1920er Jahren eine Grundhaltung auf, die die politischen und gesellschaftlichen Realitäten nüchtern zur Kenntnis nimmt und sich, teils zustimmend (demokratische Verfassung), teils kritisch (soziale Situation, Arbeitslosigkeit), häufig in skeptisch-ironischer Distanz damit auseinandersetzt. Das Streben nach Nüchternheit, Funktionalität und Schmucklosigkeit hat eine Entsprechung in der modernen Architektur, dem Bauhausstil, der ebenfalls in den 1920er Jahren Maßstäbe setzt.

12.3 Konzeption der Literatur

Die Neue Sachlichkeit wird die einflussreichste literarische Strömung der 1920er Jahre. Die Autoren lehnen die expressionistische Schreibweise ab und wenden sich der Wirklichkeit zu. Dabei enthalten sie sich weitgehend einer Bewertung der Realität und lassen (scheinbar) Tatsachen für sich sprechen. Vermieden wird die direkte Kritik an den gesellschaftlichen Verhältnissen. Wichtig ist eine (vorgeblich) objektive, d. h. sachliche und unparteiische Darstellung der Lebenssituation der

Menschen. Der Inhalt bekommt Vorrang vor der Form. Dementsprechend wird der Roman wieder zur wichtigsten Gattung. Formale Experimente sind selten. Besonders Techniken der Darstellung, die vom ebenfalls neuen Medium des Films entwickelt werden, halten Einzug in die Literatur: Simultantechnik, Montage, Perspektivenwechsel.

12.4 Literarische Formen, Themen und Motive

Epik

In der **Weimarer Republik** entstehen große Romane. Bevorzugt werden der **Zeit- oder Gegenwartsroman**, der **historische Roman** und der **Reportageroman.** Themen sind überwiegend die soziale, wirtschaftliche und politische Realität der Gegenwart, insbesondere in der Großstadt: das Leben in der Massen- und Mediengesellschaft, Alltag, Lebenswirklichkeit von Angestellten und Arbeitslosen, Desillusionierung aller Ideale nach dem Ersten Weltkrieg und nicht zuletzt auch die Modernisierung der Geschlechterrollen.

Neue Darstellungstechniken sind **Simultantechnik** und **Montage**: Als Simultantechnik bezeichnet man eine neue Methode zur Darstellung der Gleichzeitigkeit verschiedener Handlungen oder Geschehnisse, die sich räumlich getrennt abspielen: Sie folgen aufeinander, ohne dass zwischen ihnen sinnhafte Verbindungen hergestellt werden. Als Montage bezeichnet man die nach dem gleichen Prinzip erfolgende Aneinanderreihung verschiedener Wirklichkeitsausschnitte. Collageähnlich einmontiert werden auch (fiktive) Zeitungsauschnitte, Schlagzeilen, Werbeslogans etc. Die Sprache ist kühl-distanziert und sachlich-schmucklos.

Als neue Form entsteht die **Reportage**, persönlich gefärbte Berichte aus teilnehmender Beobachtung vor Ort, die in Zeitungen und Zeitschriften veröffentlicht werden und teils literarischen Rang haben. Wichtige Vertreter sind Joseph Roth (1894–1939) und Egon Erwin Kisch (1885–1948).

Lyrik

Die Lyrik spielt eine geringere Rolle. Beliebt ist die sogenannte **Gebrauchslyrik**, die in schmuckloser Sprache und klassischen Formen (Strophe, Metrum, Reim) einfache, gegenwartsbezogene Inhalte transportiert.

Beispiele: Bertolt Brecht, *Hauspostille*, 1927; Erich Kästner, *Doktor Kästners lyrische Hausapotheke*, 1936.

Drama

Bahnbrechend ist das **epische Theater** von Bertolt Brecht (1898–1956). Sein Ziel ist es, den Zuschauer zu kritischer Reflexion zu führen, insbesondere mit dem Mittel des Verfremdungseffekts (vgl. S. 115 f.). Folgerichtig erhält das Theaterstück die Funktion eines »Lehrstücks«. Diese Funktion wird insbesondere in den Exildramen Brechts realisiert: *Mutter Courage und ihre Kinder*, 1941; *Der gute Mensch von Sezuan*, 1943; *Der kaukasische Kreidekreis*, 1944/45. Populär ist ebenfalls das Dokumentartheater (vgl. S. 102).

12.5 Wichtige Autoren und Werke

- Thomas **Mann** (1875–1955): *Der Zauberberg* (1924)
- Hermann **Hesse** (1877–1962): *Siddhartha – Eine indische Dichtung* (1922)
- Alfred **Döblin** (1878–1957): *Berlin Alexanderplatz* (1929)
- Hans **Fallada** (1893–1947): *Kleiner Mann – was nun?* (1932)
- Joseph **Roth** (1894–1939): *Hiob. Roman eines einfachen Mannes* (1930)

- Bertolt **Brecht** (1898–1956): *Die heilige Johanna der Schlacht-höfe* (1929)
- Erich Maria **Remarque** (1898–1970): *Im Westen nichts Neues* (1929)
- Erich **Kästner** (1899–1974): *Fabian. Die Geschichte eines Moralisten* (1931)

13 Nationalsozialismus – Innere Emigration – Exil (1933–1945)

Wichtige Begriffe

- Exilliteratur
- Innere Emigration
- Zensur
- Deutschland- und Exilroman
- Naturlyrik

13.1 Zeitgeschichtlicher Kontext

Mit Hitlers Ernennung zum Reichskanzler am 30. Januar 1933 beginnt die totalitäre Herrschaft der Nationalsozialisten. Zügig geht der neue NS-Staat daran, die demokratisch-parlamentarischen Institutionen abzuschaffen. Das gesamte politische und kulturelle Leben wird gleichgeschaltet. Am 10. Mai 1933 findet eine großangelegte Bücherverbrennung statt. Weitere folgenreiche Ereignisse wie die Verabschiedung der Nürnberger Rassengesetze (1935) und die Reichspogromnacht (1938) bilden Etappen auf dem Weg in den Zweiten Weltkrieg (1939–1945) und den Völkermord an den Juden. Autoren und Intellektuelle reagieren unterschiedlich:

NS-Literatur und Mitläufertum	Innere Emigration	Exil
• bekunden offene Sympathie für das Hitler-Regime • bekennen sich zum National-sozialismus • verfassen eine der NS-Ideologie kon-forme Literatur	• bleiben in Deutschland, verweigern aber dem Regime die Unterstützung • beharren auf den Traditionen • werden ggf. mit Schreibverbot belegt • stellen ihre litera-rische Produktion ein • weichen in harm-lose Themen aus • verschlüsseln ihre Texte	• mehr als 2000 Au-toren emigrieren aus Deutschland • fliehen, weil sie aus politischen, religiösen oder rassistischen Gründen verfolgt werden • fliehen aus Protest gegen das Nazi-regime
Autoren	Autoren	Autoren
• Hans Grimm • Hans Jost • Gottfried Benn	• Hans Fallada • Ricarda Huch • Ernst Wiechert • Erich Kästner	• Bertolt Brecht • Thomas Mann • Heinrich Mann • Anna Seghers

13.2 Leitgedanken

Die rassistische Ideologie des Nationalsozialismus und das aus der humanistischen Tradition gespeiste Menschenbild stehen sich gegensätzlich gegenüber. Die Vertreter letzterer Weltan-schauung werden im Dritten Reich verfolgt, geächtet und er-mordet. Doch einigen gelingt die Flucht ins Ausland. Sie schrei-ben dort die sogenannte **Exilliteratur**. Andere bleiben in der

Heimat und gehen in die **Innere Emigration**, d. h. sie verweigern dem Nationalsozialismus die Gefolgschaft. Diejenigen, die nicht mit dem Schreibverbot belegt sind, formulieren in ihren Werken eine vorsichtige, oft versteckte Kritik an den gesellschaftlichen und politischen Zuständen.

13.3 Konzeption der Literatur

Drei Richtungen der Literatur lassen sich unterscheiden:

Die faschistische Blut-und-Boden-Literatur

Diese Literatur steht unter dem Einfluss der NS-Ideologie, welche u. a. die »Überlegenheit der arischen Rasse« propagiert. Positiv bewertet wird die Familienabstammung (Blut) des Einzelnen aus der Heimat (Boden). Kennzeichnend für die nationalsozialistische Literatur sind der Antisemitismus, die Überhöhung von Volk und Nation, die Verherrlichung des Krieges sowie der Führerkult.

Die Literatur der »Inneren Emigration«

Diese Literatur zeichnet sich durch die »verdeckte Schreibweise« aus: Die Kritik am Nationalsozialismus wird nicht offen, sondern »zwischen den Zeilen« formuliert. Außerdem orientieren sich die Autoren an christlich-humanistischen Grundwerten. Manche behandeln antike, historische und orientalische Themen und Stoffe, um die **Zensur** zu umgehen. Andere wählen auch unpolitische Themen.

Die Literatur des Exils

Die Literatur des Exils folgt **keinem einheitlichen poetologischen Konzept**. Einig sind sich die Autoren in der **Opposition gegen den NS-Staat**, der Idee der **Humanität** sowie der

Infragestellung der NS-Ideologie. Ziel ist es, der Welt das wahre Gesicht des Nationalsozialismus zu zeigen.

13.4 Literarische Formen, Themen und Motive

Epik

Im Nationalsozialismus überaus beliebt ist der **völkisch-historische Roman**. Dargestellt werden charismatische Herrschergestalten in Übereinstimmung mit der NS-Ideologie.

Romane und Erzählungen der Inneren Emigration behandeln oft **religiöse** oder **historische Stoffe**. Sie vereinigen sowohl die Flucht aus der Realität als auch eine indirekte Kritik an ihr durch die Beschreibung von Gegenwelten.

Die im Exil bevorzugte epische Gattung ist der Roman. Insbesondere **Deutschland-** und **Exilromane** setzen sich die Aufgabe, die Weltöffentlichkeit über das NS-Regime zu informieren, und sind geprägt durch den Heimat- und Identitätsverlust. Autoren wie Oskar Maria Graf (1894–1967), Ödön von Horváth (1901–1938) oder Anna Seghers (1900–1983) wenden sich dem unmittelbaren Zeitgeschehen zu.

Lyrik

Die NS-Lyrik ist der Blut-und-Boden-Ideologie verpflichtet und dient hauptsächlich der Propaganda.

Mit der **Naturlyrik** halten sich die Autoren der Inneren Emigration betont von der politischen Aktualität des Dritten Reiches fern. Allerdings wird sie auch als antifaschistische Literatur eingesetzt. In ihr drücken die Autoren ihre Botschaften gegen das Regime in verschlüsselter Form aus.

Bei den Exilgedichten treten **alle traditionellen und modernen Formen** auf. Dabei bevorzugen die formal progressiven Autoren freie Verse. Ästhetisch ist die Exillyrik uneinheitlich, thematisch jedoch relativ einheitlich. Das Leben in der Fremde wird darin in unterschiedlichen Variationen und Facetten aufgegriffen. Die schmerzliche Erfahrung des Exils und die kulturelle Isolation nehmen breiten Raum ein.

Drama

Im Nationalsozialismus spielt das Drama eine wichtige Rolle. Die Gattung eignet sich für eine große Beeinflussung der Massen. Beliebt sind vor allem historische Märtyrerdramen, in denen »Frontgemeinschaft« und »Kampfesmut« stilisiert werden.

In der Inneren Emigration spielt das Drama als literarische Gattung keine Rolle. Schwer haben es auch deutschsprachige Dramatiker im Exil. Die einzige große Ausnahme ist Bertolt Brecht (1898–1956).

13.5 Wichtige Autoren und Werke

NS-Literatur

- Herbert **Böhme** (1907–1971): *Gedichte des Volks* (1938)

Literatur der Inneren Emigration

- Ernst **Wiechert** (1887–1950): *Das einfache Leben* (1939)
- Werner **Bergengruen** (1892–1964): *Der Großtyrann und das Gericht* (1935)
- Jochen **Klepper** (1903–1942): *Der Vater* (1937)
- Stefan **Andres** (1906–1970): *El Greco malt den Großinquisitor* (1936)

Exilliteratur

- Thomas **Mann** (1875–1955): *Lotte in Weimar* (1939); *Doktor Faustus* (1947)
- Stefan **Zweig** (1881–1942): *Schachnovelle* (1941)

- Lion **Feuchtwanger** (1884–1958): *Die Geschwister Oppermann* (1933)
- Bertolt **Brecht** (1898–1956): *Mutter Courage und ihre Kinder* (1941); *Der gute Mensch von Sezuan* (1943)
- Anna **Seghers** (1900–1983): *Das siebte Kreuz* (1942); *Transit* (1944)
- Ödön von **Horváth** (1901–1938): *Jugend ohne Gott* (1937)

14 Nachkriegsliteratur (1945–1949)

Wichtige Begriffe

- Kapitulation
- Katastrophenerfahrung
- Trümmerliteratur
- Gruppe 47
- hermetische Lyrik
- Kurzgeschichte
- Hörspiel

14.1 Zeitgeschichtlicher Kontext

Am 8./9. Mai 1945 **kapituliert** das Deutsche Reich bedingungslos. Die Bilanz der nationalsozialistischen Herrschaft ist verheerend: Allein in Europa verlieren fast 40 Millionen Menschen ihr Leben im Krieg. Am Ende des Krieges ist Deutschland weitgehend eine **Trümmerlandschaft**. Zeitgleich beginnt die Herrschaft der Alliierten (USA, UdSSR, Großbritannien und Frankreich). Mit den Nürnberger Prozessen (1945–49) beginnt die sogenannte **Entnazifizierung** durch die Alliierten. Die zunehmenden politischen, vor allem aber ideologischen Spannungen zwischen den ehemaligen Alliierten, die Deutschland in vier Besatzungszonen aufgeteilt haben (plus Berlin), führen zur **Gründung zweier Staaten**, der Bundesrepublik Deutschland im Westen am 28. September 1949 und der Deutschen Demokratischen Republik (DDR) im Osten am 7. Oktober 1949.

Das Ende des Zweiten Weltkrieges bedeutet für die deutsche Bevölkerung einen tiefen gesellschaftlich-historischen Einschnitt. Die alte Gesellschaftsordnung existiert nicht mehr, eine neue ist noch nicht in Sicht. Priorität erhält eine rasche Verbesserung der Lebensbedingungen nach der totalen Niederlage. Dank des amerikanischen Hilfeprogramms (Marshall-Plan) gelingt eine schnelle Stabilisierung der westdeutschen Wirtschaft, und die soziale Marktwirtschaft schafft die Grundlage für den erfolgreichen Wiederaufbau nach dem Zweiten Weltkrieg.

14.2 Leitgedanken

Bestimmend für die Nachkriegsliteratur sind die **Katastrophenerfahrungen** der ideologischen Verblendung durch den Nationalsozialismus, des totalen Kriegs und der schuldhaften Verstrickung in den Massenmord an den Juden. Sie führen zu einer **Neuorientierung** hinsichtlich der literarischen Themen, der literarischen Formen und der Sprache. Es herrscht aber keine Einigkeit: Heftige Auseinandersetzungen gibt es etwa zwischen Exilautoren und Autoren der Inneren Emigration.

14.3 Konzeption der Literatur

Die literarischen Neuanfänge sind infolgedessen sehr verschiedenartig. In vielen Fällen wirken die neuen Impulse über die unmittelbare Nachkriegszeit hinaus.

Trümmerliteratur und Literatur des Kahlschlags

Die **Trümmerliteratur** umfasst die literarischen Werke der Heimkehrer und Emigranten der unmittelbaren Nachkriegszeit. Der Begriff wird nur für die Literatur gebraucht, die in der Westzone erscheint. Charakteristisch für die Trümmerliteratur ist ihre Orientierung am tristen, von Zerstörungen geprägten Alltagsleben der Menschen. Den Autoren geht es nicht um die ästhetische Schönheit, sondern um die ungeschminkte Darstellung der Nachkriegswirklichkeit. Sie setzen sich dafür ein, die Sprache von der Naziideologie zu reinigen. Daher spricht man auch von der Poesie des **Kahlschlags**. Wichtige Vertreter sind Alfred Andersch (1914–1980) und Wolfgang Borchert (1921–1947).

Gruppe 47

Die **Gruppe 47** ist die einflussreichste Autorengruppe, die das literarische Leben in Westdeutschland und der BRD für etwa zwei Jahrzehnte entscheidend prägt. Im Jahr 1947 wird diese Gruppe von Hans Werner Richter (1908–1983) gegründet. Es handelt sich um eine offene Gruppe von deutschsprachigen Autoren und Publizisten, die jährlich an wechselnden Orten tagen. Dort tragen sie eigene unveröffentlichte Werke vor. Ziel dieser Literaturinstitution sind die geistig-moralische Erneuerung und Förderung des demokratischen Prozesses in Deutschland.

Hermetische Lyrik

Als Reaktion auf den Sprachmissbrauch durch den Nationalsozialismus bedienen sich einige Autoren in ihren lyrischen Werken zunehmend verschlüsselter Botschaften (Chiffren), die eine vollständige Auflösbarkeit des Geschriebenen unmöglich machen. Diese Form der Gedichte nennt man **hermetische Lyrik**. Ein wichtiger Vertreter ist Paul Celan (1920–1970), u. a. mit der *Todesfuge*.

Wiener Gruppe

Unter dem Einfluss österreichischer Autoren entsteht 1952 die sogenannte Wiener Gruppe. Sie zeichnet sich durch avantgardistische Experimente aus. Bedeutende literarische Innovation ist die **konkrete Poesie** (vgl. S. 55).

14.4 Literarische Formen, Themen und Motive

Epik

Wichtige Nachkriegsromane entstehen im Umkreis der Gruppe 47. Sie befassen sich sowohl mit dem Kriegserlebnis, der Not der Nachkriegszeit als auch mit dem Fortwirken des nationalsozialistischen Denkens in der Nachkriegsgesellschaft. Der sogenannte Heimkehrerroman ist eine beliebte Form. Die **Kurzgeschichte** wird zur bedeutendsten epischen Gattung der Nachkriegsliteratur. Die Materialknappheit macht das Drucken von Büchern schwer. Die Zeitungen und Zeitschriften dagegen veröffentlichen Kurzgeschichten. Die Autoren orientieren sich an der amerikanischen *Short story*.

Lyrik

Den unvorstellbaren Grausamkeiten des Nationalsozialismus stehen Intellektuelle nach dem Zweiten Weltkrieg hilflos gegenüber. Intensiv diskutiert wird das Diktum: »nach Auschwitz ein Gedicht zu schreiben, ist barbarisch«, von Theodor W. Adorno (1903–1969). Adornos Feststellung stellt keine generelle Absage an die Lyrik dar, sondern nur an die »schöne« Lyrik. Neben der schmucklosen, unpathetischen, einfachen **Trümmerlyrik** (z. B. Günter Eichs *Inventur* von 1948) und der **hermetischen Lyrik** entsteht **politische Lyrik**, die sich konkret mit der Gegenwart und unmittelbaren Vergangenheit auseinandersetzt (Schuld, Leiderfahrung). Vertreten ist auch die naturmagische Lyrik, die den historisch-gesellschaftlichen Kontext ignoriert und in Eskapismus (Flucht in die oft rätselhafte, das menschliche Dasein zugleich bedrohende und erfüllende Welt) endet.

Drama

In der Nachkriegsliteratur spielt das Drama keine nennenswerte Rolle. Erwähnenswert sind lediglich das Drama *Des Teufels General* (1946) von Carl Zuckmayer (1896–1977) und das aus einem Hörspiel hervorgegangene Drama *Draußen vor der Tür* (1947) von Wolfgang Borchert (1921–1947).

Hörspiel

Neben der Kurzgeschichte erfreut sich das **Hörspiel** großer Beliebtheit. Aufgrund der Papierknappheit lässt sich ein größeres Publikum mit dem Hörspiel erreichen. Neben Wolfgang Borchert (*Draußen vor der Tür*) zählt Günter Eich (1907–1972) zu den wichtigsten Hörspielautoren.

14.5 Wichtige Autoren und Werke

- Gottfried **Benn** (1886–1956): *Statische Gedichte* (1948)
- Nelly **Sachs** (1891–1970): *Chor der Geretteten* (1946)
- Günter **Eich** (1907–1972): *Inventur* (1945)
- Heinrich **Böll** (1917–1985): *Der Zug war pünktlich* (1949)
- Paul **Celan** (1920–1970): *Todesfuge* (1944/45)
- Wolfgang **Borchert** (1921–1947): *Draußen vor der Tür* (1947)
- Ilse **Aichinger** (1921–2016): *Der Gefesselte* (1952)
- Ernst **Jandl** (1925–2000): *Urteil* (1956)
- Eugen **Gomringer** (geb. 1925): *Schweigen* (1953)
- Ingeborg **Bachmann** (1926–1973): *Die gestundete Zeit* (1953)

15 Literatur der Bundesrepublik Deutschland, Österreichs und der Schweiz (1949–1990)

Wichtige Begriffe

- Existenzialismus
- Frankfurter Schule (Kritische Theorie)
- Absolute Dichtung
- politische Literatur
- Dokumentarliteratur
- Neue Subjektivität
- Frauenliteratur
- Postmoderne

15.1 Zeitgeschichtlicher Kontext

In der Bundesrepublik Deutschland stehen die 1950er Jahre unter dem Zeichen einer Stabilisierung des Kapitalismus (Wirtschaftswunder) bei gleichzeitiger Westintegration. Bereits 1955 erfolgt der NATO-Beitritt der Bundesrepublik Deutschland und 1957 die Aufnahme in die Europäische Wirtschaftsgemeinschaft (EWG). Sowohl die von Bundeskanzler Konrad Adenauer vorangetriebene Westintegration als auch die Konzentration auf den Konsum führen schließlich dazu, dass eine umfassende Aufarbeitung der nationalsozialistischen Vergangenheit weitgehend ausbleibt.

Der Bau der Berliner Mauer 1961 leitet die 1960er Jahre ein. In den Jahren 1966/67 führt die ökonomische Krise zu Massenentlassungen und Zechenstilllegungen. Außenpolitisch rufen die sozialen Kämpfe in der Dritten Welt und vor allem die amerikanische Kriegsführung in Vietnam Empörung hervor, die u. a. in der 1968er Studentenbewegung Niederschlag findet. In den 1970er führen die Ölpreiskrisen von 1973 und 1979/80 in

203

Deutschland zu steigenden Arbeitslosenzahlen. Zudem wird der Staat durch den Terror der linksextremen RAF (Rote-Armee-Fraktion) herausgefordert. Außenpolitisch führt die neue Ostpolitik von Bundeskanzler Willy Brandt zum Moskauer Vertrag (1970) sowie zum Warschauer Vertrag (1972). 1972 regelt der Grundlagenvertrag das Verhältnis zwischen der Bundesrepublik Deutschland und der Deutschen Demokratischen Republik. In den 1980er Jahren entstehen Bürgerbewegungen, die sich gegen die Atomenergie und für den Umweltschutz engagieren. Die Öffnung der Berliner Mauer am 9. November 1989 ebnet den Weg für die deutsche Wiedervereinigung. Diese wird 1990 Realität.

15.2 Leitgedanken

Nach dem Zweiten Weltkrieg prägen der Kapitalismus, Pluralismus, das Leistungsdenken und der Konsum das Denken der Menschen in der westlichen Gesellschaft. Die geistigen Strömungen sind vielfältig. Zwei philosophische Richtungen ragen allerdings heraus:

- der französische **Existenzialismus** in den 50er und 60er Jahren: Der »Kalte Krieg« und die Befürchtung einer gegenseitigen atomaren Vernichtung lassen nach dem Zweiten Weltkrieg die Existenz- und Sinnfrage in den Vordergrund rücken. Für die Existenzialisten ist das Leben an sich sinnlos, unbeschreiblich und absurd. Der Mensch blickt permanent in den Abgrund der Verzweiflung. Seine Aufgabe besteht darin, dem Leben trotzdem Sinn zu verleihen. Wichtigste Vertreter dieser philosophischen Richtung sind u. a. Albert Camus (1913–1960) und Jean-Paul Sartre (1905–1980).
- die **Frankfurter Schule** (auch: Kritische Theorie) in den

60er und 70er Jahren: Die Philosophen Theodor W. Adorno (1903–1969), Max Horkheimer (1895–1973), Herbert Marcuse (1898–1979) und Jürgen Habermas (geb. 1929) entwickeln kritische, marxistisch geprägte, gegen das Establishment gerichtete Gesellschaftsvorstellungen und hegen – zumindest am Anfang – die Hoffnung auf bessere gesellschaftliche Verhältnisse. Die Studentenbewegung der späten 1960er Jahre beruft sich zum Teil auf die »Frankfurter Schule«.

15.3 Konzeption der Literatur

Die literarische Entwicklung in der Zeit zwischen Kriegsende und der Wiedervereinigung Deutschlands ist uneinheitlich. Die Literatur der Bundesrepublik Deutschland, Österreichs und der Schweiz zeichnet sich durch Pluralismus aus. Eine einheitliche Konzeption ist nicht mehr auszumachen. Deswegen werden im Folgenden die wichtigsten Tendenzen nach Dekaden geordnet vorgestellt.

15.4 Literarische Formen, Themen und Motive

Die Literatur der 1950er Jahre

Das literarische Leben der 1950er Jahre vollzieht sich unter schwierigen Bedingungen. Erschwert wird das Schreiben sowohl durch äußere Faktoren (andauernder Existenzkampf und die Kontrolle durch die Besatzungsmächte sowie die Papierknappheit und die zerstörten Infrastrukturen, z. B. zerbombte Druckereien) als auch durch innere Faktoren (Konfrontation mit den unfassbaren Verbrechen des Nationalsozialismus und dessen Missbrauch der deutschen Sprache). Die Autoren distanzieren sich von ideologischen und politischen Programmen.

Literarische Formen:

- Epik: In der epischen Literatur der 1950er Jahre dominieren Kurzgeschichten und der Roman. Thematisiert wird v. a. die nationalsozialistische Vergangenheit.
- Lyrik: Die **Absolute Dichtung** ist eine wichtige Ausprägungsform der Lyrik der 1950er Jahre, vertreten etwa durch Gottfried Benn (1886–1956). Es handelt sich um Gedichte ohne konkreten Realitätsbezug. Gegen Ende der 1950er Jahre zeichnet sich eine Form der Lyrik ab, die sich politischen Themen zuwendet. Dazu zählen beispielsweise die Gedichte von Hans Magnus Enzensberger (geb. 1929).

Politisierung der Literatur (1960–68)

In den 1960er Jahren wird die deutsche Literatur **politisch**. Schriftsteller wie Günter Grass und Siegried Lenz ergreifen Partei für Sozialdemokratie, Martin Walser (geb. 1927) bekundet seine Sympathie für sozialistische Positionen. Hans Magnus Enzensberger wird Wortführer der Neuen Linken, die sich für die Dritte Welt engagiert. Die 1961 gegründete Gruppe 61 stellt die industrielle Arbeitswelt literarisch dar. Max von der Grün (1926–2005) zählt zu den wichtigen Vertretern dieser Gruppe. Die Industriereportagen Günter Wallraffs (geb. 1942) verfolgen das Ziel, die Verhältnisse am Arbeitsplatz darzustellen und eine Verbesserung anzuregen. Zugleich ist die Literatur von der kritischen Auseinandersetzung mit der Elterngeneration geprägt.

Literarische Formen in den 1960er Jahren:

- Dokumentarliteratur: Anfang der 1960er Jahre tritt die Dokumentarliteratur (auch: dokumentarische Literatur) in Opposition zu den rein fiktiven Schreibweisen in Erscheinung. Sie verfolgt eine gesellschaftskritische Intention und greift

Tatsachenmaterial wie z. B. Akten, Protokolle, Interviews, Bilddokumente und Presseberichte auf. Häufig eingesetzt werden die Techniken der Montage und Collage.

- Lyrik: Im Zuge der Politisierung der Literatur in den 1960er Jahren entstehen zahlreiche Gedichte, die sich inhaltlich mit dem aktuellen politischen Geschehen befassen.
- Drama: Das Drama der 1960er Jahre orientiert sich an Bertolt Brecht, dessen Stücke auch auf den Bühnen der Bundesrepublik aufgeführt werden. Populär ist aber auch das dokumentarische Theater (z. B. Rolf Hochhuth, *Der Stellvertreter*, 1963). Neben dem Absurden Theater (Vorbilder sind Samuel Beckett und Eugène Ionesco) tragen vor allem die beiden Schweizer Dramatiker Max Frisch (1911–1991) und Friedrich Dürrenmatt (1921–1990) in Theorie und Praxis zur Weiterentwicklung der deutschsprachigen Dramatik bei.

Neue Subjektivität – Literatur zwischen 1970 und 1980

In den 1970er Jahren bildet sich eine neue literarische Strömung: **Neue Subjektivität**. Sie grenzt sich von der starken Politisierung der Literatur der 60er Jahre ab. Gekennzeichnet ist die Literatur der Neuen Subjektivität durch die neue Innerlichkeit, die neue Sensibilität sowie durch autobiographische Akzente.

Literarische Formen der Neuen Subjektivität:

- Epik: Die Hinwendung zum Privaten bildet nach dem Scheitern der Studentenrevolution von 1968 und dem Einmarsch der sowjetischen Armee in Prag 1968 einen wesentlichen Zug der deutschen Literatur der 1970er Jahre. Für zahlreiche Autoren ist die eigene Biographie der Schreibanlass. Folgerichtig erscheinen viele autobiographische Erzählwerke.

- Lyrik: Charakteristisch für die Lyrik der 1970er Jahre ist eine deutliche Hervorhebung des Ichs und dessen subjektive Wahrnehmung der alltäglichen Begebenheiten. Um den unmittelbaren Zugriff auf die alltägliche Lebenswelt zu erreichen, versuchen die Lyriker sich von traditionellen Symbolen, Metaphern und sonstigen überkommenen lyrischen Mitteln zu befreien.

- **Frauenliteratur**: Bereits in den 1960er Jahren formiert sich eine feministische Bewegung, die das traditionelle Rollenverständnis von Mann und Frau infrage stellt. Diskutiert werden die Situation und das Selbstverständnis der Frauen in einer von Männern dominierten Welt. Die Forderungen der Frauen finden in literarischen Werken weiblicher Autoren vielfach Niederschlag.

Postmoderne – Literatur der 1980er Jahre

In der Bundesrepublik Deutschland sind die 1980er Jahre durch eine Tendenzwende gekennzeichnet. Das neue Schlagwort lautet **Postmoderne**. Dieser Begriff bezeichnet, wie der Name schon sagt, die Literatur nach der Moderne. Er beschreibt die Überwindung der Moderne durch den extremen Pluralismus. Dabei führt der spielerische Umgang mit der literarischen Tradition oft auch zur Auflösung von Genregrenzen. Bekannte Motive oder Zitate werden verwandelt. Die Ästhetik der Postmoderne zeichnet sich u. a. durch die Vermischung von Erzählmodellen und Genres, Stilmischung, Intertextualität und das Spiel mit der Fiktionalität (Metafiktion) aus.

15.5 Wichtige Autoren und Werke

- Wolfgang **Koeppen** (1906–1996): *Tauben im Gras* (1951)
- Max **Frisch** (1911–1991): *Homo faber* (1957)
- Peter **Weiss** (1916–1982): *Abschied von den Eltern* (1961)
- Heinrich **Böll** (1917–1985): *Gruppenbild mit Dame* (1971),
- Friedrich **Dürrenmatt** (1921–1990): *Die Physiker* (1962)
- Heinar **Kipphardt** (1922–1982): *In der Sache J. Robert Oppenheimer* (1964)
- Ingeborg **Bachmann** (1926–1973): *Malina* (1971)
- Günter **Grass** (1927–2015): *Die Blechtrommel* (1958)
- Hans Magnus **Enzensberger** (geb. 1929): *landessprache* (1960)
- Peter **Handke** (geb. 1942): *Wunschloses Unglück* (1972)
- Botho **Strauß** (geb. 1944): *Trilogie des Wiedersehens* (1976)
- Elfriede **Jelinek** (geb. 1946): *Die Klavierspielerin* (1983)
- Franz Xaver **Kroetz** (geb. 1946): *Oberösterreich* (1972)
- Karin **Struck** (1947–2006): *Klassenliebe* (1973)
- Patrick **Süskind** (geb. 1949): *Das Parfum. – Die Geschichte eines Mörders* (1985)

16 Literatur der DDR (1949–1990)

Wichtige Begriffe

- Leitlinien der SED
- politische Funktionsbestimmung
- sozialistischer Realismus
- Aufbauliteratur
- Bitterfelder Weg
- Ankunftsliteratur

16.1 Zeitgeschichtlicher Kontext

Am 7. Oktober 1949 wird die Deutsche Demokratische Republik (DDR) auf dem Gebiet der Sowjetischen Besatzungszone gegründet. Der Staatsgründung geht eine Phase antifaschistisch-demokratischer Neuordnung voraus, die auf einen gesellschaftlichen und politischen Neubeginn abzielt. Im Bereich der Wirtschaft wird die kriegsgeschädigte Industrie verstaatlicht. Es erfolgt zudem eine Bodenreform, von der die Neubauern profitieren. Eine zentralistische Wirtschaftsplanung nach sowjetischem Muster wird eingeführt. Aufgrund der starken Abwanderung in den Westen beschließt die Staatsführung den Mauerbau, dessen Beginn am 13. August 1961 die Teilung Deutschlands besiegelt und bis 1989 ein Symbol des »Kalten Kriegs« bilden sollte.

16.2 Leitgedanken

Nach ihrer Gründung versucht die DDR eine eigene kulturelle Identität zu definieren. Eine entscheidende Rolle spielt dabei die Sozialistische Einheitspartei Deutschlands (SED). Sie bestimmt die **Leitlinien** der kulturellen Entwicklung. Antifaschistischen und sozialistisch orientierten Autoren werden wichtige kulturelle Aufgaben übertragen. Sie setzen sich zum Ziel, das Trauma der Nazidiktatur abzuschütteln und den Sozialismus zu fördern. Durch die zentrale Lenkung steht die Literatur der DDR in einem ganz anderen Kontext und unter ganz anderen Bedingungen als die gleichzeitige pluralistische Literatur der Bundesrepublik. Allerdings schafft die totalisierende Weltanschauung des Marxismus eher autoritäre politische und gesellschaftliche Strukturen.

16.3 Konzeption der Literatur

Die DDR-Literatur hat eine **politische Funktionsbestimmung**. Von Anfang an wird der Literatur eine zentrale Aufgabe beim Aufbau des Sozialismus zugewiesen. Programmatisch ist der **sozialistische Realismus**: Die Literatur soll volksnah, einfach und konkret den Alltag der arbeitenden Bevölkerung im Sozialismus darstellen. Schriftsteller, die sich nicht in das realsozialistische System einbinden lassen, werden Repressalien und Schikanen ausgesetzt. Besonders renitente Autoren wie etwa Wolf Biermann (geb. 1936) werden sogar ausgebürgert. Die Literatur der DDR von 1950 bis zur Wiedervereinigung lässt sich in vier Phasen einteilen:

Aufbauliteratur (1950–1961)

Die **Aufbauliteratur** propagiert ein optimistisches Bild des Sozialismus. Gezeigt werden Heldenfiguren, die den Optimismus verkörpern und denen es stets gelingt, die sozialistische Idee gegen alle Hindernisse durchzusetzen.

Der Bitterfelder Weg

Im Jahr 1959 wird auf der **Bitterfelder Konferenz** ein ästhetisches Programm entworfen mit dem Ziel, die Trennung von Kunst und Leben aufzuheben: Zum einen sollen Schriftsteller, die Kopfarbeiter, in die Betriebe gehen, um die »Brennpunkte des sozialistischen Aufbaus« kennenzulernen und schöpferisch darzustellen. Zum anderen sollen die Fabrikarbeiter zum Schreiben motiviert werden. Die Ergebnisse erschüttern jedoch die Partei. Auf der zweiten Bitterfelder Konferenz 1964 wird das Programm indirekt aufgegeben.

Ankunftsliteratur (1961–1971)

Diese literarische Phase verdankt ihren Namen der programmatischen Erzählung »Ankunft im Alltag« (1961) von Brigitte Reimann (1933–1973). Gekennzeichnet ist die **Ankunftsliteratur** durch die Auseinandersetzung junger Autoren mit dem Leben im Sozialismus. Allerdings lösen sich die ästhetischen Konflikte in einem stereotypischen Lernprozess auf, so dass die Helden der Ankunftsliteratur tatsächlich im Sozialismus »ankommen« und positiv in die Zukunft blicken.

Kritik am Sozialismus (1971–1990)

Infolge einer politischen Liberalisierung ist Kritik am Sozialismus bis zur Ausbürgerung Wolf Biermanns 1976 möglich. Die Ausbürgerung des kritischen Liedermachers markiert das Ende der Entspannungsphase im Kultursektor. Auf schriftliche Proteste prominenter Autoren reagiert die politische Führung mit Verhaftungen und Ausschlüssen aus dem Schriftstellerverband. Als Konsequenz verlassen weitere Schriftsteller die DDR. Das Verhältnis zwischen Schriftstellern und sozialistischem Staat bleibt dauerhaft angespannt. Neue Themen sind Umweltprobleme und die atomare Bedrohung durch das Wettrüsten.

16.4 Literarische Formen, Themen und Motive

Epik

Romane und Erzählungen dominieren die epische Literatur der DDR. Sie zeichnen sich dadurch aus, dass sie die Entfaltung des Lebens im Sozialismus thematisieren. Die positive Entwicklung des Individuums innerhalb der sozialistischen Gesellschaft steht dabei im Mittelpunkt.

Lyrik

Die Lyrik ist durch Vielfalt gekennzeichnet. Sie trägt im Gegensatz zur Prosa keinen einheitlichen sozialistischen Grundton. Insbesondere Liedtexte eignen sich dazu, Kritik an der SED-Diktatur gezielt zu transportieren.

Drama

Die wichtigsten Dramatiker der DDR sind Friedrich Wolf (1888–1953) und Bertolt Brecht (1898–1956). Brechts Konzept des epischen Theaters widerspricht jedoch der Vorstellung der Kulturfunktionäre: Statt einer Identifikation mit dem Helden regt es den Zuschauer vielmehr zu distanzierter Wahrnehmung und kritischer Reflexion an.

16.5 Wichtige Autoren und Werke

- Johannes R. **Becher** (1891–1958): *Auferstanden aus Ruinen* (1949)
- Bertolt **Brecht** (1898–1956): Gedichtzyklus *Buckower Elegien* (1964)
- Peter **Hacks** (1928–2003): *Die Sorgen und die Macht* (1962)
- Heiner **Müller** (1929–1995): *Der Lohndrücker* (1957)
- Christa **Wolf** (1929–2011): *Der geteilte Himmel* (1963)
- Uwe **Johnson** (1934–1984): *Mutmaßungen über Jakob* (1959)
- Ulrich **Plenzdorf** (1934–2007): *Die neuen Leiden des jungen W.* (1968)
- Sarah **Kirsch** (1935–2013): *Landaufenthalt* (1967)
- Jurek **Becker** (1937–1997): *Jakob der Lügner* (1968)

17 Gegenwartsliteratur (ab 1990)

Wichtige Begriffe

- Globalisierung
- Digitalisierung
- Orientierungskrise
- Wendeliteratur
- Interkulturelle Literatur
- Popliteratur
- Netzliteratur

17.1 Zeitgeschichtlicher Kontext

Tiefgreifende politische und gesellschaftliche Veränderungen prägen seit 1989 die Bundesrepublik Deutschland. Von besonderer Bedeutung ist die Wiedervereinigung der beiden deutschen Staaten (1990). Der Prozess der Integration der beiden Teile Deutschlands ist zu einer großen politischen, wirtschaftlichen und gesellschaftlichen Herausforderung geworden. Die hohe Arbeitslosigkeit in den neuen Bundesländern, der Wegzug junger Menschen in den Westen sowie die zunehmende Kluft zwischen Arm und Reich sind nach wie vor aktuell. Auch wichtige internationale Ereignisse und Entwicklungen wie z. B. die Einführung des Euros, die Terroranschläge vom 11. September 2001 und der bis heute andauernde Kampf gegen den internationalen Terrorismus und nicht zuletzt die Flüchtlingskrise (ab 2015) markieren den gegenwärtigen zeitgeschichtlichen Kontext.

17.2 Leitgedanken

Der Beginn des 21. Jahrhunderts steht unter dem Zeichen der flächendeckenden **Globalisierung** und **Digitalisierung**. Beide Phänomene werden jedoch weniger als ein weltanschaulicher Orientierungsrahmen, sondern vielmehr als eine Herausforderung betrachtet, mit der die gegenwärtige Generation erst fertigwerden muss. Seit dem Wegfall der bis dahin für stabil gehaltenen politischen Ideologien ist das Lebensgefühl einer **Orientierungskrise** allgegenwärtig. Das moderne Denken ist pluralistisch. Es bildet sich aus verschiedenen Erfahrungen, Lebensstilen und Interessen der offenen Gesellschaft, wie sie in der heutigen Bundesrepublik Deutschland praktiziert wird.

17.3 Konzeption der Literatur

Die Literatur der Gegenwart ist konzeptionell uneinheitlich. Auffällig ist eine Vielzahl von Strömungen und Tendenzen. Diese spiegeln wiederum vielfältige Lebensformen, Schreibstrategien und Themen wider, ohne dass sie sich festen ästhetischen Richtungen oder theoretischen Positionen zuordnen ließen. Die wichtigsten Tendenzen sind:

Wendeliteratur

»Wendeliteratur« ist die Bezeichnung für Werke, die sich den kulturellen, sozialen und politischen Problemen nach dem **Mauerfall** am 9. November 1989 widmen.

Interkulturelle Literatur

Verfasst wird diese Literatur von deutschsprachigen oder deutschsprechenden Autoren mit Migrationshintergrund (Migrantenliteratur). Werke der interkulturellen Literatur thematisieren Probleme der **Fremdheit**, der **kulturellen Identität** sowie des wechselseitigen Einflusses zwischen deutscher Sprache und Kultur bzw. der Sprache und Kultur der eingewanderten Autoren.

Popliteratur

Popliteratur befasst sich mit einer von **Medien, Werbung und Konsum** geprägten Wirklichkeit. Aufgegriffen werden Themen der Gegenwart, wobei häufig der Schwerpunkt auf Konsum, Sex, Drogen, Musik und sozialen Problemen liegt. Die Vertreter der Popliteratur wollen sich von der traditionellen Literatur absetzen. Eine der wichtigsten Erscheinungsformen der Popliteratur sind die aus den USA importierten **Poetry Slams** – ein literarischer Wettbewerb zwischen meist jungen Poeten, die ihre Texte in Bars, Kneipen etc. dem Publikum vortragen.

Literatur und Internet

Literarische Texte, die in Papierform existieren, finden auch Zugang ins Internet und bilden die sogenannte Literatur im Netz. Ihre Autoren bedienen sich des Internets als einer zusätzlichen Plattform, um ihre Texte über das Internet zugänglich zu machen. Ein bekanntes Beispiel ist das Gutenberg-Projekt, das literarische Klassiker in digitaler Form präsentiert. **Netzliteratur** ist dagegen eine neue Kunstform, die durch den Einsatz von kommunikativen, sozialen und technischen Möglichkeiten des Internets neue Formen des Schreibens und Publizierens ermöglicht, so z. B. der Tagebuch-Blog *Arbeit und Struktur* (2013) von Wolfgang Herrndorf (1965–2013). Durch die Netzliteratur lassen sich Verbindungen zwischen verschiedenen Kunstformen wie Musik, bildende Künste, Literatur etc. herstellen. Ganz nach dem Motto »anything goes« zeichnet sich die Gegenwartsliteratur durch ein Nebeneinander verschiedener Stile, Schreibweisen und Funktionen der Literatur aus.

17.4 Literarische Formen, Themen und Motive

Epik

Der Roman stellt die vorrangige Gattung der Gegenwartsliteratur dar. Kennzeichnend ist dafür eine große **thematische und stilistische Vielfalt**. Während einige Autoren zeitgeschichtliche Themen oder eigene biographische Erfahrungen aufgreifen, wenden sich andere auch dem Zweiten Weltkrieg und der Nachkriegszeit zu. Zivilisationskritik findet sich neben der Verweigerung des Fortschrittsglaubens und Zweifel an einfachen Sinnkonstruktionen. Dabei wird Geschichte als sprunghaftes und mehrdimensionales Phänomen dargestellt. Daneben finden sich aber auch Titel, wie zum Beispiel der Bestseller *Die Vermessung der Welt* (2005) von Daniel Kehlmann (geb. 1975), die den genannten thematischen Tendenzen nicht folgen. Populär geworden sind ebenfalls neue Gattungen wie etwa die **Graphic Novel**, eine Art Comicroman.

Lyrik

In modernen Gedichten wird häufig mit der Sprache experimentiert. Die Gegenwartslyrik bietet eine große **Vielfalt** an Formen, Stoffen, Themen und Stilen. Liebes- und Naturgedichte kommen ebenso vor wie politische Gedichte. Auffällig ist der **Verzicht auf formale Vorgaben** wie Reim, Strophenform und Metrum.

Drama

Das Gegenwartsdrama verzichtet auf die traditionelle Dramentechnik (z. B. Einheit und Kausalität der Handlung). Dadurch kommt es häufig zu einer Überschneidung verschiedener Handlungsebenen. Thematisch zeichnet sich die Gegenwartsdramatik durch eine konzentrierte Hinwendung zu aktuellen Herausforderungen aus. Ein wichtiges Merkmal ist die Thematisierung der Tradition, wobei die herkömmlichen Kategorien wie Handlung, Figuren und Dialoge problematisiert werden.

17.5 Wichtige Autoren und Werke

- Günter **Grass** (1927–2015): *Ein weites Feld* (1995); *Mein Jahrhundert* (1999)
- Uwe **Timm** (geb. 1940): *Die Entdeckung der Currywurst* (1993)
- Bernhard **Schlink** (geb. 1944): *Der Vorleser* (1995)
- Rafik **Schami** (geb. 1946): *Die Sehnsucht fährt schwarz. Geschichten aus der Fremde* (1988)
- Emine Sevgi **Özdamar** (geb. 1946): *Mutterzunge* (1990)
- Ingo **Schulze** (geb. 1962): *Simply Storys* (1989)
- Wolfgang **Herrndorf** (1965–2013): *Tschick* (2010)
- Thomas **Brussig** (geb. 1965): *Am kürzeren Ende der Sonnenallee* (1999)
- Marcel **Beyer** (geb. 1965): *Flughunde* (1995)

Modul IV

Rhetorik und Redeanalyse

Bereits in der Antike spielt Rhetorik, d. h. die Redekunst, im öffentlichen Leben eine zentrale Rolle. Viele wichtige Begriffe stammen deswegen aus dem Lateinischen.

1 Kurzübersicht: Redeformen

Die **Rede** bildet die häufigste Form des rhetorisch gestalteten öffentlichen Sprechens. Reden werden zu einem bestimmten **Anlass** und mit einem bestimmten **Ziel** gehalten. Die wichtigsten Redeformen sind:

Redeform	Funktion	Beispiel
Feier- oder Fest-rede	Lob und Anerkennung	Eröffnungsrede Tischrede Festansprache Rede zur Preisverleihung
Gerichtsrede	Urteilsfindung	Plädoyer eines Rechtsanwalts
Politische Rede	Zuhörer für eine bestimmte politische Position gewinnen	Parlamentsrede Wahlkampfrede Fernsehansprache
Referat	Vermittlung fachlicher Informationen	Schulreferat
Hearing	Befragung von Fachleuten zu einem bestimmten Thema	Bundestagsausschuss

| Statement | Offizielle Erklärung | Regierungserklärung |
| Vortrag | Erarbeitung eines wissenschaftlichen Themas | Vorlesung Lehrvortrag Fachvortrag |

2 Rhetorische Strategien

Redner greifen häufig auf unterschiedliche rhetorische Strategien zurück, um ihre Ziele zu erreichen. Folgende Strategien lassen sich unterscheiden:

Aufwertung

Aufwertende rhetorische Strategien zeichnen sich durch folgende Merkmale aus:

- Aufwertung der Wir-Gruppe
- Betonung der positiven Aspekte bei gleichzeitiger Relativierung negativer Aspekte
- Verwendung positiver Attribute
- Identifikation mit positiven Werten (z.B. Freiheit, Demokratie, Gleichberechtigung)
- Überhöhung eigener Kompetenzen
- Argumentation mit Zitaten von (vermeintlichen) Autoritäten

Abwertung

Abwertende rhetorische Strategien weisen folgende Merkmale auf:

- Häufung negativer Attribute
- Hervorhebung ungünstiger Aspekte bei gleichzeitiger Relativierung positiver Aspekte
- Identifikation des Gegners mit negativen Werten
- Verzerrung der gegnerischen Ansichten und Argumente ins Negative
- Diskreditierung des Gegners
- Überbetonung der Fehler des Gegners

Beschwichtigung

Beschwichtigende rhetorische Strategien erkennt man an folgenden Merkmalen:

- Hinweis auf Gemeinschaft
- Gebrauch von Leerformeln und Phrasen
- gezielte Ablenkung vom Thema
- Verschweigen von Widersprüchen

3 Vorbereitung einer Rede – Techniken

Um eine Rede, ein Referat, einen Vortrag oder eine Präsentation vor einem Publikum wirkungsvoll halten zu können, muss man bestimmte Grundregeln einhalten bzw. bestimmte Techniken anwenden.

Die fünf Stufen der Redevorbereitung: IDEMA-Methode

Die Vorbereitung einer Rede gliedert sich in fünf Stufen. Diese werden mit lateinischen Begriffen bezeichnet:

	lateinischer Begriff	Arbeitsschritt
I	*inventio*	Sammeln von Gedanken, Ideen und Einfällen zum Thema der Rede
D	*dispositio*	Gliederung des gesammelten Materials
E	*elocutio*	sprachliche Gestaltung und Ausschmückung der Rede
M	*memoria*	Einprägen der Rede in den Grundzügen
A	*actio*	Redevortrag

Die Fünf-Satz-Technik

Als »Fünfsatz« bezeichnet man eine rhetorische Technik, die es ermöglicht, Meinungen und Äußerungen in fünf Denkschritten, kurz, einprägsam, zielgerichtet und folgerichtig zu formulieren.

	Gliederung	Funktion
1. Satz	Einleitung	Beschreibung des Status Quo
2.–4. Satz	Hauptteil	Drei argumentative Schritte
5. Satz	Schluss	Hauptaussage, Schlussfolgerung

4 Schriftliche Analyse einer Rede

Zwar werden politische Reden am häufigsten einer argumentativen, kommunikativen und sprachlichen Analyse unterzogen, doch auch Regierungserklärungen, Vorträge, Fest-, Jubiläums-, und Lobreden sowie juristische Plädoyers können Gegenstand einer Redeanalyse sein.

Technik und Vorgehensweise

Arbeitsschritte zur Vorbereitung einer schriftlichen Redeanalyse:

1. Aufgabenstellung lesen und verstehen.
2. Redesituation erfassen (W-Fragen).
3. Hauptthese der Rede bestimmen.
4. Argumentationsgang (Inhalt und Aufbau) erfassen.
5. Redeintention bestimmen.
6. Sprachlich-rhetorische Mittel markieren (Zeilen und Wirkungsabsicht notieren).
7. Gliederung einer schriftlichen Redeanalyse erstellen.
   Beispiel:

Einleitung	**Zeit und Redesituation**
	• Redner/Sprecher
	• Adressat/Zuhörer
	• Zeitpunkt: Wann?
	• Ort: Wo?
	• Redetypus (Art der Rede)
	• Anlass der Rede
	• Thema der Rede

Hauptteil	**2.1 Inhaltswiedergabe**
	• Gegliederte Inhaltsangabe
	2.2 Argumentative Analyse
	• Kernaussage/Kernthese
	• Argumentationsstruktur
	• Gestaltung der Gedankenführung
	• Redeabsicht
	2.3 Sprache und rhetorische Mittel
	• Syntax (hypotaktischer oder paratakti-scher Stil?)
	• Wortwahl (Schlüsselwörter / semanti-sches Feld)
	• rhetorische Figuren
	• Redestil (umgangssprachlich, förmlich, spezieller Jargon?)
	2.4 Kommunikative Analyse
	• Nonverbale Kommunikation (Gestik und Mimik)
	• Verbale Kommunikation (Sprache und Betonung)
	• Bezüge der Rede zum Publikum
Schluss	• Zusammenfassung der Analyseergebnisse
	• Gesamtwirkung auf die Hörer
	• historische Relevanz der Rede
	• abschließende Stellungnahme

Gliedert sich die Gesamtaufgabe in zwei Teile, so sollten Sie am Ende des ersten Schreibauftrags ein vorläufiges Resümee ziehen. In der daran unmittelbar anschließenden Überleitung zum zweiten Teil sollten die Untersuchungsaspekte kurz benannt werden, auf die Sie beim zweiten Schreibauftrag eingehen sollen.

5 Stilmittel und rhetorische Figuren (Auswahl)

Bei der Textanalyse und Interpretation ist die Kenntnis der **Stilmittel** (auch: **rhetorische Figuren** oder **Stilfiguren**) unverzichtbar. Diese kommen sowohl in literarischen Texten (Lyrik, Epik und Drama) als auch in Sachtexten (z. B. politischen Reden, Werbetexten, Essays) vor. Sie sind wichtige Bestandteile der Darstellungstechnik und bestimmen maßgeblich die Gesamtaussage bzw. Intention eines Textes. Daher müssen ihre Wirkung und Funktion immer kontextabhängig, d. h. am konkreten Text, bestimmt werden.

Fachbegriff	Erklärung	Beispiel
Akkumulation, die	Aufzählung mehrerer Unterbegriffe anstelle eines Oberbegriffs	Was hülf' mir Kron und Land und Gold und Ehre? (Matthias Claudius, *Kriegslied*)
Allegorie, die	Veranschaulichung eines abstrakten Begriffs oder Gedankens durch ein Bild	die Gerechtigkeit (Justitia) als Frau mit Augenbinde und Waage.
Alliteration, die	Wiederholung des Anfangslauts betonter Stammsilben	in Bausch und Bogen
Anakoluth, der	Satzkonstruktion wird abgebrochen und syntaktisch falsch fortgesetzt, da die Gedanken mitten im Satz eine andere Richtung nehmen	Ich weiß nicht, was soll es bedeuten (Heinrich Heine, *Ich weiß nicht, was soll es bedeuten*)

Anapher, die	Mehrere Sätze, Satzteile oder Verse beginnen mit dem gleichen Wort	Wieder an dem grünen Flusse, / Wieder steh ich an der Brücke (Heinrich Heine, *Wieder ist das Herz bezwungen*)
Anastrophe, die	Umstellung zweier grammatikalisch zusammengehöriger Wörter entgegen der üblichen Wortstellung	Hänschen klein (statt: kleines Hänschen)
Antiklimax, die	(meist dreigliedrige) Abstufung	Doktoren, Magister, Schreiber und Pfaffen (Johann Wolfgang Goethe, *Faust)*
Antithese, die	Gegenüberstellung gegensätzlicher Begriffe	Der Wahn ist kurz, / die Reu' ist lang (Friedrich Schiller, *Die Glocke)*
Aposiopese, die	Die wesentliche Aussage eines Satzes wird verschwiegen und muss vom Empfänger erraten werden	Was! Ich? Ich hätt ihn –? / Unter meinen Hunden –? / Mit diesen kleinen Händen hätt ich ihn –? (Heinrich von Kleist, *Penthesilea)*
Archaismus, der	veralteter sprachlicher Ausdruck	mit Kind und Kegel

Assonanz, die	Gleichklang der Vokale und Diphthonge, aber nicht der Konsonanten	Schwarze Damen, schwarze Herren / Wandeln durch Bolognas Straßen (Clemens Brentano, *Romanzen von Rosenkranz*)
Asyndeton, das	Fehlen der verknüpfenden Konjunktionen; die Aussage wirkt eindringlich, da der Sprachfluss schnell und abgehackt ist	Alles rennet, rettet, flüchtet (Friedrich Schiller, *Die Glocke*)
Chiasmus, der	Überkreuzstellung von Wörtern oder Sätzen	Die Kunst ist lang, / Und kurz ist unser Leben (Johann Wolfgang Goethe, *Faust*)
Chiffre, die	in konkrete Aussagen kaum auflösbares sprachliches Zeichen, das vor allem in der romantischen und modernen Lyrik häufig vorkommt	Komm zu mir in der / Nacht auf Siebensternenschuhen (Else Lasker-Schüler, *Ein Liebeslied*)
Ellipse, die	unvollständiger Satz; der ausgelassene Satzteil ist zum Verständnis nicht unbedingt notwendig	Und fort, wild wie ein Held zur Schlacht. (Johann Wolfgang Goethe, *Willkommen und Abschied*)

Epipher, die	Wiederholung gleicher Wörter am Satz- oder Versende	Um deutlich zu empfinden, / Um noch es zu empfinden (Gotthold Ephraim Lessing, *Die schlafende Laura*)
Euphemismus, der	beschönigende oder verharmlosende Umschreibung	Freund Hein (für Tod)
Hendiadyoin, das	»Eins durch zwei«; Gesamtbedeutung ergibt sich aus zwei Teilbereichen	kreuz und quer (= durcheinander); Haus und Hof (= Gesamtbesitz)
Hyperbaton, das	Satzumbau, durch den zusammengehörige Teile auseinandergerissen und dadurch hervorgehoben werden	Sanft ist im Mondenscheine und süß die Ruh. (Matthias Claudius, *Ein Wiegenlied*)
Hyperbel, die	starke Übertreibung	Ein Schneidergeselle, so dünn, dass die Sterne durchschimmern konnten (Heinrich Heine, *Harzreise*)
Hypotaxe, die	vgl. S. 288	
Inversion, die	Satzumstellung, um das, was am Anfang steht, besonders zu betonen	Aufsteigt der Strahl und fallend gießt / Er voll der Marmorschale Rund (Conrad Ferdinand Meyer, *Der römische Brunnen*)

Ironie, die	Gegenteil des Gemeinten wird gesagt	Das ist ja eine schöne Bescherung
Katachrese, die	Verbindung unpassender metaphorischer Wendungen, Bildbruch	Der Zahn der Zeit, der schon manche Träne getrocknet hat, wird auch über diese Wunde Gras wachsen lassen.
Klimax, die	(meist dreigliedrige) Steigerung	Wie habe ich ihn nicht gebeten, gefleht, beschworen (Gotthold Ephraim Lessing, *Philotas*)
Litotes, die	Bejahung durch die Verneinung des Gegenteils	nicht unattraktiv (für: sehr schön)
Metapher, die	bildhafte Übertragung eines Wortes aus dem ursprünglichen in einen anderen Bedeutungszusammenhang	Wie regte nicht der Tag die raschen Flügel (Johann Wolfgang Goethe, *Trilogie der Leidenschaft*)
Metonymie, die	Umbenennung, bei der zwischen dem gewählten und dem gemeinten Wort eine reale Beziehung besteht	Fleisch, das nackt ging (Gottfried Benn, *D-Zug*)
Neologismus, der	Wortneuschöpfung	Edutainment; googeln
Oxymoron, das	Verbindung zweier einander ausschließender Begriffe	stummer Schrei; beredtes Schweigen

Paradoxon, das	Scheinwiderspruch	Ich weiß, dass ich nichts weiß (Sokrates)
Parallelismus, der	Identischer Aufbau von mindestens zwei Satzeinheiten	Gottes ist der Orient! Gottes ist der Okzident! (Johann Wolfgang Goethe, *Westöstlicher Divan*)
Parataxe, die	vgl. S. 287	
Personifikation, die	Vermenschlichung. Sie verringert die Distanz zum Leser und wirkt intensivierend.	Hör, es klagt die Flöte wieder (Clemens Brentano, *Abendständchen*)
Pleonasmus, der	überflüssige Wiederholung	weißer Schimmel; falsche Illusionen
Polysyndeton, das	Form der Aufzählung, die sich durch eine Reihung von gleichgestellten Wörtern oder Satzgliedern ergibt. Diese sind durch die Wiederholung der gleichen Konjunktion miteinander verbunden.	Und es wallet und siedet und brauset und zischt. (Friedrich Schiller, *Der Taucher*)
rhetorische Frage, die	Scheinfrage, bei der jeder die Antwort kennt.	Ich dich ehren? Wofür? (Johann Wolfgang Goethe, *Prometheus*)

Symbol, das	Ein anschauliches Zeichen, das etwas Abstraktes oder eine Idee vermittelt	Taube (als Symbol des Friedens)
Synästhesie, die	Vermischung verschiedener Sinneseindrücke	Golden wehn die Töne nieder (Clemens Brentano, *Abendständchen*)
Synekdoche, die	Ein Teil steht für das Ganze oder umgekehrt.	Mein Herz kommt zu dir (Christian Morgenstern, *Es ist Nacht*)
Tautologie, die	inhaltliche Wiederholungen, oft in sogenannten Zwillingsformeln	ganz und gar; still und leise; nie und nimmer
Vergleich, der	Herstellung einer Gemeinsamkeit zwischen zwei Bereichen durch einen Vergleichspunkt. Verknüpfung meist mit: »wie« oder »als ob«	Sogar ein Hirsch ist da, ganz wie im Wald (Rainer Maria Rilke, *Das Karussell*)
Zeugma, das	In einem Satz wird ein Satzteil auf mehrere unterschiedliche Elemente des Satzes bezogen, so dass sich eine Worteinsparung ergibt.	Der See kann sich, der Landvogt nicht erbarmen. (Friedrich Schiller, *Wilhelm Tell*)

Modul V

Filmisches Erzählen. Grundlagen der Filmanalyse

Genauso wie literarische Werke erzählen auch Filme lange oder kurze Geschichten. Wichtig für die Untersuchung eines Films sind daher Kategorien wie Thema, Handlung, Figuren, Zeit- und Raumgestaltung sowie die Erzähltechniken. Doch das Medium Film hat seine eigenen Gestaltungsmittel und zielt auf eigene Weise auf entsprechende Wirkungen beim Zuschauer ab.

Im Folgenden werden Aspekte filmischen Erzählens und ihre jeweiligen Wirkungsweisen vorgestellt, die für die Analyse eines Films oder eines Filmausschnittes (Sequenzanalyse) grundlegend sind.

1 Montagetechniken

Bilder sind das wichtigste Erzählmaterial eines Films. Die dramaturgische Verknüpfung von Filmbildern zu einem Gesamtfilm wird in der Filmsprache als **Montage** bezeichnet. Die Montage erzeugt die Handlungsstruktur und den Sinnzusammenhang des Films. Man unterscheidet verschiedene Montageformen, die funktional unterschiedliche Aussageabsichten verfolgen und entsprechend die Wahrnehmung des Zuschauers beeinflussen können:

- **erzählende Montage** (auch lineare Montage genannt): Die Montagetechnik orientiert sich an den Wahrnehmungsgewohnheiten und Bewegungen des Menschen. Die Szenen werden inhaltlich so aneinandergeschnitten, dass der Schnitt so gut wie unsichtbar bleibt. Man spricht daher auch von Kontinuitätsmontage.

- **Analogmontage:** Bei dieser Montagetechnik wird eine gemeinsame Handlung aus unterschiedlichen Zusammenhängen übernommen mit dem Ziel, Kontraste bzw. Distanzen in Raum und Zeit zu überbrücken.
- **Parallelmontage:** Zwei oder mehrere Handlungsstränge, die an verschiedenen Orten stattfinden, werden zur Erzeugung von Spannung wechselnd miteinander verknüpft. Dabei haben die Zuschauer einen Wissensvorsprung gegenüber den Filmfiguren.
- **Kontrastmontage:** Zwei gegensätzliche Motive werden miteinander kombiniert. Der grundlegende Widerspruch der inszenierten Handlungswelten regt besonders zum Nachdenken an.
- **Assoziationsmontage** (auch dialektische Montage genannt): Die Folge von verschiedenen Bildern erzeugt einen (metaphorischen) Zusammenhang beim Zuschauer.
- **Schuss – Gegenschuss:** besonders in Dialogen verwendetes Verfahren, bei dem die Kameraposition zwischen miteinander sprechenden Filmfiguren hin- und hergewechselt wird. Dadurch werden die Zuschauer in das Geschehen einbezogen.

2 Die Kamera

2.1 Erzählverhalten

Die Kamera erfüllt beim filmischen Erzählen eine zentrale Rolle. Vergleichbar mit dem Erzähler in der epischen Literatur führt sie mittels der jeweiligen Einstellungen, Perspektiven und Bewegungen den Zuschauer durch die Filmhandlung. Das filmische Erzählverhalten kennt folgende Möglichkeiten:

- **allwissende Kamera**: Die Kamera zeigt das Geschehen aus allen Blickwinkeln und kommentiert z. B. durch die Perspektive.
- **subjektive Kamera:** Die Sicht der Figuren und der Kamerablick decken sich (Point-of-View-Shot).
- **neutrale Kamera:** Die Kamera vermittelt eine sachlich-objektive Beobachtung der handelnden Personen und verzichtet auf Kommentare, Wertungen oder Urteile.
- **Mindscreen:** Die mentalen Vorgänge einer Filmfigur, z. B. Erinnerungen oder Gedanken, werden visualisiert.

2.2 Einstellungsgrößen

Unter dem Begriff »Einstellungsgröße« versteht man den optischen Abstand zwischen Kamera und dem Hauptbildinhalt. Je weiter die Einstellung, desto mehr Raum wird um den Bildinhalt sichtbar. Man unterscheidet folgende Einstellungsgrößen:

- **Panorama/weit:** Der Bildinhalt dieser Einstellung ist eine Landschaft, in der sich die darin befindlichen Menschen, Tiere und Objekte nahezu verlieren.
- **Totale:** Eine Person oder eine Gruppe wird vollständig in ihrer Umgebung gezeigt. Wichtig ist dabei die räumliche Orientierung.
- **Halbtotale:** Die Figuren werden von Kopf bis Fuß gezeigt. Dadurch lässt sich auch die unmittelbare Umgebung wahrnehmen.
- **Halbnah/Amerikanisch:** Die Personen werden vom Kopf bis zur Hüfte bzw. zum Pistolengurt am Oberschenkel gezeigt.
- **Nah:** Die Personen werden, insbesondere in Sprechsituationen, vom Kopf bis maximal zum Bauchnabel gezeigt. Gestik und Mimik stehen dabei im Vordergrund.

- **Groß:** Der Kopf der Figur und ggf. ein Teil der Schulter werden gezeigt. Die Person oder der Gegenstand füllt das Bild völlig aus. Dadurch lässt sich bei Personen die Mimik genau beobachten.
- **Detail:** Es wird nur ein Ausschnitt des Gesamtbildes gezeigt, z.B. eine Hand, die Lippen oder ein Auge. Die extreme Nähe steigert die Aufmerksamkeit des Zuschauers.

2.3 Kameraperspektiven und -bewegungen

Kameraperspektiven

Die Kameraperspektive gehört neben den Einstellungsgrößen zu den wichtigsten Gestaltungsmitteln des Films. Als Kameraperspektive bezeichnet man den Blickwinkel der Kamera, aus dem die Bilder aufgenommen werden. Man unterscheidet folgende Kameraperspektiven:

Perspektive	Erklärung	Wirkung
Normalsicht	Die Kamera befindet sich auf Augenhöhe mit den agierenden Personen.	Die gezeigten Personen wirken ebenbürtig
Aufsicht / Vogelperspektive	Die Kamera wird von einer leicht überhöhten Position auf die Personen oder Objekte gerichtet.	Diese Perspektive erzeugt Überlegenheit, schafft aber auch sachliche Distanz.
Untersicht / Froschperspektive	Die Kamera wird von einem niedrigen Standort aus auf die Personen oder Objekte gerichtet.	Diese Perspektive lässt Menschen oder Objekte größer wirken, was auf Dominanz und Macht schließen lässt.

Kamerabewegungen

Zwei Kamerabewegungen werden unterschieden:

- Der **Schwenk**: Die Kamera wird in horizontaler oder vertikaler Richtung um die eigene Achse gedreht.
- Die **Kamerafahrt**: Die Kamera erzeugt den Eindruck kontinuierlichen Gleitens. So fährt die Kamera beispielsweise bei einer Parallelfahrt horizontal neben dem sich in gleicher Richtung bewegenden Bildinhalt, z. B. einer laufenden Person.

3 Zeitgestaltung

Das Zeitgefühl des Zuschauers wird durch Schnitt und Montage beeinflusst. Drei Möglichkeiten lassen sich dabei unterscheiden:

- **Zeitraffung:** Auslassung von unwichtigen Handlungsteilen und dadurch Verkürzung der Geschehensdauer
- **Zeitdehnung:** Bedeutsames wird in der Zeitlupe gezeigt oder aus unterschiedlichen Perspektiven wiederholt
- **Zeitdeckung** (auch Plansequenz genannt): Filmzeit und real verstreichende Zeit (ohne Schnitt) decken sich.

4 Filmmusik und Filmgeräusche

Musik und Geräusche begleiten die Handlung eines Films akustisch. Ihre Wirkungsweisen auf den Zuschauer sind oft unterschwellig.

Die **Filmmusik** kann u. a.

- den Handlungsablauf des Films kommentieren
- den Ort und die Zeit der Handlung illustrieren
- die Filmzuschauer emotionalisieren
- den Filminhalt strukturieren.

Mit **Filmgeräuschen** lässt sich die Wirklichkeitsillusion steigern. Man unterscheidet:

- plötzliche Geräuschverstärkung; sie wirkt alarmierend oder schockierend
- On-Ton: die Quelle des Geräuschs ist sicht- oder erschließbar
- Off-Ton: die Quelle des Geräuschs ist im Bild nicht sichtbar (z. B. Voice-over: eine Stimme, die nicht Bestandteil der Szene ist, z. B. ein Kommentator)

5 Literaturverfilmung

Literaturverfilmung (auch Adaption genannt) ist die filmische Umsetzung eines literarischen Werks (Roman, Drama, Novelle etc.). Man unterscheidet drei Arten von Adaptionen:

- **stofforientierte Adaption:** Einzelne Motive und Handlungselemente einer literarischen Vorlage werden übernommen: Der Film steht im Vordergrund.
- **illustrierende Adaption:** Der Text wird möglichst genau umgesetzt: Literatur steht im Vordergrund.
- **interpretierende Adaption:** Die literarische Vorlage wird mit filmspezifischen Mitteln ausgelegt: Die Bedeutung des literarischen Werks steht im Vordergrund.

Das Prinzip der Literaturverfilmung lässt sich nach den Worten des Medienwissenschaftlers Knut Hickethier (geb. 1945) so zusammenfassen: »Der Film nach Literatur ist Film«.

6 Sequenzanalyse

Einen ganzen Film zu analysieren ist häufig weder möglich noch sinnvoll. Stattdessen ist es üblich, eine oder mehrere bedeutsame Sequenzen auszuwählen und zu untersuchen. Im Unterschied zu einer Szene, die sich durch die Einheit von Zeit und Ort auszeichnet, versteht man unter dem Begriff Sequenz eine inhaltlich zusammenhängende Abfolge der Filmbilder.

Die Sequenzanalyse erfolgt in der Regel in zwei Arbeitsschritten:

- 1. Schritt: **Erstellung eines Sequenzprotokolls**. Neben Informationen zu Personen und Handlung werden folgende Aspekte in einem Sequenzprotokoll festgehalten:

Sequenz-Nr.	Zeit	Handlung	Einstellung	Kameraperspektive	Bildaufbau	Musik / Geräusche

- 2. Schritt: Auf der Grundlage des tabellarischen Sequenzprotokolls wird nun die **Szenenanalyse** in Form eines Fließtextes verfasst, d. h., die erarbeiteten Informationen des Sequenzprotokolls werden zum einen auf die Dramaturgie des Films bezogen. Hierbei gilt es, die Aussageabsichten und Wirkungen der gestalterischen Elemente zu untersuchen. Zum anderen muss geklärt werden, ob diese Befunde repräsentativ für den gesamten Film sind oder nicht. Je nach Aufgabenstellung kann es ebenfalls wichtig sein, eine Kontextbetrachtung vorzunehmen und ggf. weitere spezifische Schwerpunkte wie z. B. Geschichte, Intertextualität (vor allem bei der Literaturverfilmung), Gender- oder biographische Aspekte in die Analyse aufzunehmen.

Modul VI

Die Abiturprüfung

1 Die schriftliche Prüfung

1.1 Aufgabenarten und Aufgabenstellung

Aufgabenarten

Folgende Aufgabenarten der schriftlichen Abiturprüfung im Fach Deutsch werden im Laufe der Einführungs- und Qualifikationsphase eingeübt:

Aufgabenart	Typ	Beschreibung
Aufgabenart I	A	**Analyse** eines **literarischen Textes** (ggf. mit weiterführendem Schreibauftrag)
	B	**Vergleichende Analyse literarischer Texte**
Aufgabenart II	A	**Analyse** eines **Sachtextes** (ggf. mit weiterführendem Schreibauftrag)
	B	**Vergleichende Analyse** von **Sachtexten**
Aufgabenart III	A	**Erörterung** von **Sachtexten**
	B	**Erörterung** von **Sachtexten** mit Bezug auf einen **literarischen Text**
Aufgabenart IV		**Materialgestütztes Verfassen** eines Textes mit fachspezifischem Bezug

Anforderungsbereiche

Die Aufgabenstellungen der schriftlichen Abiturprüfung im Fach Deutsch sind mehrgliedrig, d. h. sie setzen sich aus verschiedenen **Teilaufgaben** zusammen, die drei unterschiedliche **Anforderungsbereiche** (AFB) abdecken. Diese haben verschiedene Schwierigkeitsgrade und bauen aufeinander auf. Der Schwerpunkt liegt im Anforderungsbereich II, darüber hinaus sollen die Anforderungsbereiche I und III berücksichtigt werden. Die Anforderungsbereiche I und II sind auf grundlegendem Anforderungsniveau (z. B. Grundkurs). Auf erhöhtem Anforderungsniveau (z. B. Leistungskurs) sind die Anforderungsbereiche II und III stärker zu gewichten.

• Anforderungsbereich I: **Reproduktion**
Dieser Anforderungsbereich umfasst die Wiedergabe von Sachverhalten wie z. B. Inhalte, Fachbegriffe, Kenntnisse zentraler literarischer Werke im gelernten Zusammenhang, die Verständnissicherung sowie Kenntnis und Anwendung geübter Verfahren und Arbeitstechniken.

• Anforderungsbereich II: **Reorganisation und Transfer**
Dieser Anforderungsbereich umfasst die selbständige Übertragung und Anwendung von Gelerntem auf vergleichbare neue Sachverhalte und Zusammenhänge. Bekannt sind die Verfahren der Verarbeitung, Anordnung und sprachlicher Darstellung von Sachverhalten durch die Übungen im Unterricht.

• Anforderungsbereich III: **Reflexion und Problemlösung**
Dieser Anforderungsbereich umfasst die reflexive Verarbeitung von komplexen Sachverhalten. Ziel ist die reflexive Darstellung und Beurteilung des untersuchten Sachverhaltes. Dies verlangt:

- die Auswahl geeigneter Arbeitstechniken
- selbständige, dem Gegenstand angemessene strukturierte Darstellung
- selbständiges Gestalten und Interpretieren (Deuten), eigenständige Folgerungen, Begründungen und Wertungen (z. B. Argumentationsstrategie erkennen, erfassen und bewerten)

Operatoren für das Fach Deutsch

Operatoren sind **Arbeitsanweisungen**. Sie geben an, welche Tätigkeiten beim Lösen von Aufgaben gefordert werden. Für das Formulieren von Abituraufgaben sind sie verbindlich festgelegt und bestimmten Anforderungsbereichen (AFB) zugeordnet. So ist ein sehr genaues Verständnis der gestellten Prüfungsaufgaben möglich.

- Operatoren des Anforderungsbereichs I: **Reproduktion**:

Operator	Erklärung
nennen	ohne nähere Erläuterung aufzählen, Informationen zielgerichtet zusammentragen, jedoch ohne Bewertung
beschreiben	genaue und sachliche Darstellung von Personen, Vorgängen, Situationen, auf Erklärung und Wertung wird verzichtet
darstellen wiedergeben	einen Sachverhalt oder Zusammenhang strukturiert wiedergeben
zusammenfassen	wesentliche Aussagen komprimiert und strukturiert wiedergeben

- Operatoren des Anforderungsbereichs II: **Reorganisation und Transfer**:

Operator	Erklärung
analysieren, untersuchen	unter gezielten Fragestellungen Elemente, Strukturmerkmale und Zusammenhänge eines Textes herausarbeiten und die Ergebnisse darstellen
begründen	einen Sachverhalt oder eine Aussage durch nachvollziehbare (Text-)Argumente stützen
charakterisieren	Personen, Sachverhalte und Vorgänge (meist aus einem literarischen Text) genau erfassen, beschreiben und ihre Relevanz für den Textverlauf oder für das Textganze verdeutlichen
einordnen, zuordnen, in Beziehung setzen	in begründeter Form und mit erläuternden Hinweisen in einen historischen, literaturgeschichtlichen, thematischen, biographischen Kontext/Zusammenhang stellen; Zusammenhänge unter vorgegebenen oder selbst gewählten Gesichtspunkten begründet herstellen
erklären, erläutern	Materialien, Sachverhalte, Thesen etc. nachvollziehbar und verständlich veranschaulichen und begründet in einen Zusammenhang stellen
erschließen, herausarbeiten	aus Materialien etwas Neues oder nicht explizit Genanntes durch Schlussfolgerungen ermitteln
gegenüberstellen, vergleichen	nach vorgegebenen oder selbst gewählten Gesichtspunkten Gemeinsamkeiten, Ähnlichkeiten und Unterschiede ermitteln und darstellen

- Operatoren des Anforderungsbereichs III: **Reflexion und Problemlösung**:

Operator	Erklärung
beurteilen	zu einem Sachverhalt oder einer Aussage unter Verwendung von Fachwissen und Fachmethoden Stellung nehmen, um zu einer begründeten Einschätzung zu gelangen
bewerten	wie »beurteilen«; zusätzlich müssen eigene Maßstäbe dargelegt und begründet werden
kritisch Stellung nehmen	zu einzelnen Textaussagen, Problemstellungen oder einer Meinung eine fundierte, differenzierte und wertende Einsicht formulieren (s. auch »beurteilen« und »bewerten«)
diskutieren, sich auseinandersetzen	zu einem dargestellten Sachverhalt und/oder zur Art der Darstellung, zu einer Problemstellung, These oder Argumentation ein begründetes eigenes Urteil entwickeln
prüfen, überprüfen	eine Textaussage, These, Argumentation, einen Sachverhalt, ein Analyseergebnis auf ihre/seine Angemessenheit hin untersuchen und auf der Grundlage eigener Kenntnisse beurteilen

- **Übergreifende Operatoren**, die alle drei Anforderungsbereiche abdecken:

Operator	Erklärung
interpretieren, analysieren	aufgabenorientiertes Erschließen der Textvorlage (Form, Inhalt, Textstruktur, sprachliche Darstellung); aufgabenbezogene Kontextualisierung; begründetes, aus den Ausführungen abgeleitetes Urteil; Darstellung der Arbeitsergebnisse in einem zusammenhängenden Text
erörtern	die Vielschichtigkeit einer These oder eines Problems erkennen und methodisch (linear oder aspektorientiert) darstellen; unterschiedliche Positionen und Argumente abwägen und eine Schlussfolgerung erarbeiten und vertreten
gestalten	sachgerechtes Erfassen der Textvorlage; Einbeziehung von aufgabenbezogenem Kontextwissen; Strukturierung der eigenen Gestaltung; Anwendung aufgabenbezogener, textsortenspezifischer Muster

1.2 Klausur planen und schreiben, zitieren und paraphrasieren, Inhaltsangabe

Klausur planen und schreiben

Unabhängig vom Aufgabentyp ist ein methodisches Vorgehen beim Verfassen der Prüfungsklausur notwendig. Generell entsteht eine Klausur in drei Arbeitsphasen: 1. Sichtungsphase, 2. Schreibphase und 3. Überarbeitungs- bzw. Korrekturphase.

1. Sichtungsphase:

- Thema der Klausur und Aufgabenstellung klären
- Operatoren der Teilaufgaben markieren und sich über ihre Bedeutung klarwerden
- Material studieren: Auffälliges und Wichtiges markieren und/oder am Rand notieren
- beim materialgestützten Schreiben: Materialen den einzelnen Teilaufgaben zuordnen, dabei kein Material vergessen
- mögliche Hinweise auf den Bearbeitungsumfang (knappe oder ausführliche Darstellung beachten)
- Deutungshypothese formulieren

2. Schreibphase:

Vor der Reinschrift sollte eine Gliederung angefertigt werden. Die Gliederung hält in strukturierter Form fest, was man sich gedanklich vorab erarbeitet hat. Eine gute Gliederung bildet alle klausurrelevanten Aspekte ab. Auf dieser Basis kann die Reinschrift zügig erfolgen, denn die Stichpunkte der Gliederung werden lediglich ausformuliert. Folgendes gilt es allgemein zu beachten:

- eine funktionale, d. h. aufgabenbezogene Einleitung mit Basissatz schreiben
- den Hauptteil aufgabenorientiert entfalten
- Anforderungen der Operatoren umsetzen
- bei Darstellung von Sachverhalten grundsätzlich vom Allgemeinen zum Besonderen
- die Materialien nicht »nacherzählen«, sondern analysieren und auswerten
- der Klausur einen inhaltlichen roten Faden geben
- einen Schluss formulieren, in dem die Ergebnisse der Arbeit zusammengefasst, beurteilt, und ggf. relativiert oder kontextualisiert werden

Formale Aspekte:

- generell auf leserliche Schrift und saubere Streichungen achten
- optische Gliederung durch Absätze machen
- die Zitierregeln (vgl. S. 249 f.) beachten

Inhaltliche Aspekte:

- zentrale Aussagen begründen und am Text/Material belegen
- zentrale Aussagen an (Text-)Beispielen konkretisieren
- schlüssige Argumentation gestalten
- sachliche Richtigkeit der Ausführungen

Sprachliche Aspekte:

- sachliche Sprache verwenden (Umgangssprache vermeiden)
- treffende Ausdrücke und Formulierungen wählen
- mit Fachbegriffen und -ausdrücken arbeiten
- abwechslungsreicher Satzbau
- in der Wortwahl variieren
- einwandfreie Grammatik und Rechtschreibung (vgl. S. 283 ff.)
- im Präsens (!) schreiben

3. Überarbeitungs- bzw. Korrekturphase:

Die Überarbeitung der Klausur stellt einen unverzichtbaren Arbeitsschritt dar. Folgende Aspekte sollten dabei beachtet werden:

- Vollständigkeit: Sind alle Teilaufgaben bearbeitet?
- Sind zwischen allen Teilaufgaben Überleitungen formuliert?
- Sind die zentralen Argumente mit Zitaten belegt?
- Sind alle Sätze vollständig ausformuliert?
- Ist der Text leserlich, sind Streichungen und Reihenfolge eindeutig?

Inhaltliche Aspekte der Textanalyse

Kurzübersicht über die inhaltlichen Untersuchungsaspekte bei literarischen und Sachtexten:

Aspekt	Epik	Drama	Lyrik	Sachtext
Thema – Inhalt – Frage-/ Problem- stellung	•	•	•	•
Aufbau, Kompositi- on, Form	•	•	•	•
Konflikt	•	•	*(selten)*	• *(z. B. bei Streitschrif- ten)*
Raumge- staltung	•	•	•	–
Zeitgestal- tung	•	•	•	–
Figuren- charakte- risierung / Figuren- konstella- tion	•	•	• *(beson- ders bei Balladen, Sprecher in anderen Gedichtar- ten)*	–
sprach- lich-sti- listische Gestaltung	• *(muss immer analysiert werden)*	• *(muss immer analysiert werden)*	• *(muss immer analysiert werden)*	• *(muss immer analysiert werden)*

Erzähltechnik	•(muss immer analysiert werden)	(bei Teichoskopie oder Mauerschau)	(bei Balladen)	–
Gattungsbesonderheit	•	•	•	•
Autor / biographische Bezüge	•	•	•	•
Adressat	•	•	•	•
Epochenzuordnung / Kontextualisierung	•	•	•	•
poetologische Einordung (Gattung)	•	•	•	–
Rezeptionsgeschichte	•	•	•	•(wenn ein Text Kontroversen ausgelöst hat)

Richtig zitieren und paraphrasieren in Klausuren: Grundregeln und Techniken

Beim Umgang mit Texten ist richtiges Zitieren und Paraphrasieren unerlässlich. Zitate stellen die Beweisstücke für die Analyse dar, sie sind Teil der Argumentation, und zwar für alle Aufsatzformen, die in Bezug auf einen poetischen oder nichtpoetischen Text verfasst werden.

Bei der Verwendung von Zitaten gelten folgende Grundsätze:

- Zitate dürfen nie Selbstzweck sein; ihre Relevanz für die Deutung muss stets sichtbar sein
- der Beleg muss inhaltlich zur Behauptung passen
- das Zitat muss grammatisch korrekt mit dem Aufsatztext verknüpft werden

Beim **wörtlichen Zitieren** ist Folgendes einzuhalten:

- wörtliche Zitate stehen in doppelten Anführungszeichen
- wörtliche Zitate werden wortgetreu übernommen
- Hervorhebungen werden übernommen
- eigene Hinzufügungen innerhalb des Zitats werden durch eckige Klammern markiert
- Kürzungen im Zitat werden durch drei Punkte in eckigen Klammern angezeigt
- Zitate (ob Wort, Satz oder Abschnitt) müssen stets belegt werden (Seiten-, Zeilen-, Versangabe)
- Titel (des Gedichts, Romans, Dramas etc.) stehen in doppelten Anführungszeichen

Paraphrasieren ist die Umschreibung eines fremden Gedankens oder einer Textaussage mit eigenen Worten. Die Paraphrase löst sich von der wörtlichen Formulierung des Ausgangstextes, darf den Inhalt jedoch nicht verändern bzw. verfälschen. Die Paraphrase wird in der indirekten Rede formuliert oder mit Hilfe von folgenden sprachlichen Signalen gekennzeichnet:

- Die Autorin / Der Autor behauptet …
- Sie/Er begründet dies mit …
- Sie /Er untermauert ihre These mit Beispielen wie …
- Sie/Er unterstreicht den Standpunkt / die Aussage, dass …

Beim Paraphrasieren wird die Quelle mit »vgl.« und Seite/Zeile/Vers im Text angegeben.

Inhaltsangabe: Sinnabschnitte formulieren

Wenn eine Inhaltsangabe Bestandteil der Prüfungsaufgabe ist, ist es sinnvoll, Sinnabschnitte zu identifizieren und diese zusammenzufassen. Folgende Formulierungsbausteine können dabei verwendet werden:

Der vorliegende Textauszug (Romanauszug, Dramenauszug, Gedicht, Rede etc.) lässt sich in … Sinnabschnitte einteilen.

- Zunächst erfährt der Leser …
- Im weiteren Verlauf wird darauf verwiesen …
- Anschließend wird … behandelt/thematisiert
- Der darauffolgende Sinnabschnitt nimmt Bezug auf …
- Zitiert wird auch die Meinung …
- Hier erfährt der Leser …
- Abschließend wird darüber informiert …

Die einzelnen Sinnabschnitte sollen mit Seiten-, Zeilen- oder Versangaben versehen werden.

1.3 Analyse und Interpretation literarischer Texte

Werk- bzw. textimmanente Methode

Bei der Analyse und Interpretation von Texten gibt es verschiedene methodische Vorgehensweisen. Man unterscheidet zwischen der **werk- oder textimmanenten Methode** und **werkübergreifenden Ansätzen**.

Ausgangspunkt einer jeden Analyse bildet die werk- bzw. textimmanente Betrachtungsweise. Dabei geht es darum, den Text nur aus sich selbst heraus zu verstehen. Textexterne Informationen wie z. B. Leben des Verfassers oder der historische Kontext werden dabei nicht berücksichtigt. Der textimmanente Ansatz besteht grundsätzlich aus zwei wesentlichen Untersuchungsschritten:

- Im ersten Schritt wird die **Form** des Textes untersucht. Dazu gehören strukturelle und sprachliche Aspekte. Auf der strukturellen Ebene werden z. B. das Versmaß (bei Gedichten) oder die Erzähltechnik (bei epischen Texten) erfasst. Auf der sprachlichen Ebene erschließt die Analyse beispielsweise den Satzbau, die Wortwahl, die sprachlichen Bilder und die rhetorischen Figuren.
- Im nächsten Schritt gilt es, **Inhalt und Form** aufeinander zu beziehen. Inhalt und Form können wechselwirkend ineinandergreifen, einander unterstützen oder in einem Spannungsverhältnis zueinander stehen. Aus ihrem Verhältnis lassen sich Aussagen über den Text ableiten und belegen.

Werkübergreifende Ansätze

Gemeinsam ist diesen Methoden, dass sie textexterne Informationen heranziehen, um den Text zu deuten. Man unterscheidet:

- **Literaturgeschichtliche Deutung**: Ziel ist es, den Text literaturgeschichtlich in seine Epoche (z. B. Aufklärung oder Sturm und Drang) einzuordnen. Hierbei wird geklärt, ob ein Werk aufgrund von bestimmten Merkmalen repräsentativ für eine bestimmte Epoche oder Strömung ist.

- Bei einer **biographischen Deutung** werden Daten und Fakten aus dem Leben des Autors herangezogen. Relevant ist dabei alles, was Hinweise auf die Lebenserfahrungen und die Weltanschauung des Autors gibt (Tagebücher, Vorträge, Mitgliedschaften etc.). Eine Untersuchung kann dann verdeutlichen, ob bzw. inwiefern diese Aspekte in einem bestimmten Werk Niederschlag gefunden haben.

- Im Fokus der **literatursoziologischen Methode** steht die Beziehung zwischen dem literarischen Text und der gesellschaftlichen Realität. Gelesen wird der Text vorrangig als literarische Reaktion des Autors auf die gesellschaftlichen Verhältnisse seiner Zeit. Die entsprechende Konzentration auf das soziale Umfeld hat den Nachteil, dass dieser Ansatz der Komplexität und Vielschichtigkeit des literarischen Textes selbst nicht gerecht wird.

- Im Mittelpunkt der **rezeptionsorientierten Methode** steht das Verhältnis zwischen Leser und Text. Grundlegend ist dabei die Annahme, dass literarische Texte nicht über festgelegte Aussagen verfügen, sondern tendenziell offen sind und erst mit der Interpretation durch den Leser ihre Aussage entfalten. Die Analyse erschließt dabei beispielsweise, welchen Einfluss die soziale Herkunft oder historische Erfahrungen der Leser auf das Verständnis des Textes haben. Die Rezeptionsgeschichte untersucht die Entwicklung der Leserreaktionen auf einen Text über einen längeren Zeitraum. Dabei kann gezeigt werden, ob solche Entwicklungen auf zeitgeschichtliche Besonderheiten zurückzuführen sind.

Aufbau des Interpretationsaufsatzes

Beim Aufbau der schriftlichen Analyse und Interpretation von Texten werden grundsätzlich zwei Herangehensweisen unterschieden:

- **lineare Analysemethode:** Diese Methode folgt dem Textverlauf. Bei Gedichten z. B. geht man bei der Darstellung von Strophe zu Strophe voran. Diese Herangehensweise bietet zwar den Vorteil, dass die Analyseergebnisse einfach umgesetzt werden können, sie birgt aber das Risiko, dass der übergeordnete Deutungszusammenhang nicht erfasst wird.
- **aspektorientierte Methode:** Bei der aspektorientierten Methode wird der Text nach bestimmten Gesichtspunkten, die in der Regel in der Aufgabenstellung vorgegeben sind, untersucht. Diese Herangehensweise bietet den Vorteil, dass der Text zielorientiert untersucht wird, der Nachteil liegt darin, dass nicht explizit genannte Aspekte leicht aus den Augen verloren gehen können.

Die Entscheidung darüber, welche Methode angewandt wird, hängt von den praktischen Anforderungen der Aufgabenstellung ab. Auch ein Text selbst kann eine bestimmte Herangehensweise nahelegen. Texte, in denen das Thema schrittweise entwickelt wird, eignen sich eher für eine lineare Analyse, während Texte, in denen das nicht der Fall ist, sich eher für die aspektorientierte Methode anbieten.

Formulierungsbausteine für den Bezug zwischen Inhalt und Form

Form	Sprache
• die formale Gestaltung bildet eine Einheit mit / einen Kontrast zu … • der parallele Aufbau der Strophen spiegelt … wider • das Metrum / der Rhythmus verstärkt / unterstreicht die inhaltliche Aussage … • die formale Regelmäßigkeit unterstützt / betont … • durch die zahlreichen hellen / dunklen Vokale wird … deutlich • durch den Zeilen-/ Hakenstil wird das Gedicht …	• in der Wortwahl spiegelt sich das zentrale Thema … wider • der Vergleich zielt auf … • der parataktische / hypotaktische Satzbau bewirkt, dass … • der Vergleich veranschaulicht … • durch die Metapher … wird … deutlich • das Symbol … verdeutlicht … • die Personifikation zeigt / verweist darauf, dass … • durch die Inversion … wird … unterstrichen / hervorgehoben, dass … • die rhetorische Frage …. lässt … erkennen

Vorgehensweise bei der Analyse und Interpretation eines Gedichts

1. Die Aufgabenstellung lesen und verstehen.
2. Den ersten Eindruck festhalten (Deutungshypothese).
3. Die formalen Aspekte beschreiben und deuten.
4. Inhalt und Aufbau des Gedichts systematisch beschreiben.
5. Sprachliche und stilistische Besonderheiten (Satzbau, Wortwahl, rhetorische Figuren) untersuchen.
6. Epochentypische Merkmale erfassen.
7. Gliederung einer schriftlichen Gedichtanalyse und Interpretation anfertigen.

Beispiel:

Einleitung	• wichtigste Textdaten: Gedichtart – Titel – Autor – Erscheinungsjahr • historischer Hintergrund / Kontext • Inhalt (kurz) und Thema des Gedichts • Deutungsansatz / Deutungshypothese • Überleitung zum Hauptteil
Hauptteil	*Makrostruktur* • äußere Form des Gedichts: Strophenzahl – Verseinteilung pro Strophe – Reimschema – Metrum – Kadenzen • Rhythmus und Klangstruktur • Kommunikationssituation: Situation des lyrischen Sprechers – Atmosphäre *Detailanalyse* • Inhalt und Aufbau: Entfaltung des Themas in den einzelnen Strophen / inhaltliche Entwicklung. Hierbei müssen unbedingt die wechselseitigen Beziehungen von Inhalt, sprachlichen Darstellungsmitteln (Wortwahl, Satzbau, rhetorische Figuren) und Stil beschrieben werden.
Schluss	• Zusammenfassung der wichtigsten Beobachtungen und Erkenntnisse • auf dieser Basis eine abschließende Deutung des Gedichts: Intention, Aussage oder Wirkungsabsicht • Vergleich mit der Deutungshypothese • ggf. (d. h. falls in der Aufgabenstellung verlangt) Einordnung in historische, literaturgeschichtliche, biographische Kontexte

8. Klausur verfassen.
9. Klausur überarbeiten.

Vorgehensweise bei der Analyse und Interpretation eines Prosatextes (z. B. Romanauszugs)

1. Die Aufgabenstellung lesen und verstehen.
2. Den ersten Eindruck festhalten (Deutungshypothese).
3. Umgebung des Textes erfassen (Autor, Textart, Titel, Erscheinungsjahr).
4. Das Thema des Textauszuges erfassen.
5. Inhalt und Aufbau des Textes/Textauszugs systematisch beschreiben.
6. Die Erzähltechnik erfassen.
7. Figuren und Figurenkonstellation bestimmen.
8. Sprachliche und stilistische Besonderheiten (Satzbau, Wortwahl, rhetorische Figuren) untersuchen.
9. Epochentypische Merkmale erfassen.
10. Gliederung einer schriftlichen Analyse und Interpretation eines Prosatextes anfertigen.
    Beispiel:

Einleitung	• Autor
	• Titel
	• Textsorte
	• Thema
	• Einordnung in die Epoche
	• Deutungshypothese
	• Überleitung

Hauptteil	• Einordnung in den Gesamtzusammenhang des Werkes • Inhalt und Aufbau • Erzähltechnik (Erzählform, Erzählperspektive, Erzählerstandort, Erzählhaltung, Darbietungsform) • Charakterisierung der Figuren und Figurenkonstellation • Sprachlich-stilistische Gestaltung (Wortwahl, Satzbau, rhetorische Figuren und ihre Wirkung im Text) • Zeitgestaltung • Raumgestaltung • Thematik und Titel • Autorintention • Einordnung in die Epoche
Schluss	• Zusammenfassung der Analyseergebnisse • Bezug zur Deutungshypothese • Funktion des Textes im Gesamtwerk des Autors • Eigene Gedanken zum Thema • Vergleich mit einem anderen Werk • ggf. Aktualität des Themas

11. Klausur verfassen.
12. Klausur überarbeiten.

Formulierungsbausteine für die Kontextualisierung eines literarischen Textes

• Damit weist der Textauszug typische Merkmale der Epoche des ... auf
• Damit trägt der Text die für ...typische Handschrift

- Für die Einordnung in die Epoche/Strömung ... sprechen ...
- Prägend/kennzeichnend/typisch für die Epoche/Zeit/Strömung ... waren ...
- Diese Merkmale lassen sich am vorliegenden Textauszug erkennen, und zwar ...
- Ausschlaggebend für die Epochenzuordnung zum/zur ... sind ...

Vorgehensweise bei der Analyse und Interpretation einer Dramenszene

1. Aufgabenstellung lesen und verstehen.
2. Den ersten Eindruck festhalten (Deutungshypothese).
3. Die handelnden Figuren charakterisieren.
4. Struktur und Verlauf des Dialogs analysieren.
5. Die Sprache der Figuren analysieren.
6. Gliederung der schriftlichen Analyse und Interpretation einer Dramenszene anfertigen.

   Beispiel:

Einleitung (Überblicks-informationen)	• Autor – Titel des Dramas – Gattung – Erscheinungsjahr • historischer Kontext • Ort – Zeit – beteiligte Figuren • kurze Inhaltsangabe • Einordnung der Szene in den Gesamthandlungsverlauf • Deutungshypothese • Hinweis auf die Vorgehensweise (linear oder aspektorientiert) • Überleitung zum Hauptteil

Hauptteil	• Inhalt und Ziel des Gesprächs
	• Ort und Zeit des Gesprächs
	• Verhältnis der Gesprächspartner zueinander
	• Gesprächsaufbau (Ausgangssituation, Verlauf in Sinnabschnitten, Ergebnis)
	• Gesprächsstrategie (Ziel, Argumente, Folgerungen, Beispiele etc.)
	• Absichten der Gesprächspartner
	• Strategieumsetzung
	• Struktur:
	a) Taktik (z. B. Manipulation, Überredung, Belehrung etc.)
	b) Aktion und Reaktion (z. B.: Unterbrechungen, Replikenlänge, Gesprächstempo, Sprechweise)
	c) nonverbales Verhalten (z. B. Gestik, Mimik)
	d) rhetorische Strategien
	  – Argumentationstechniken (z. B. provozieren, aufwerten/abwerten, beleidigen, verschweigen, bestätigen, verzerren, ablenken, verschweigen, verdeutlichen, verschleiern etc.)
	  – rhetorische Figuren (z. B. Vergleiche, rhetorische Fragen, Ellipsen und ihre Funktion)
	  – Auffälligkeiten in der Wortwahl
	  – Besonderheiten im Satzbau

Schluss	• Zusammenfassung der Analyseergebnisse • Stellenwert der Szene für den Fortgang der Handlung • Einordung in die literarische Epoche oder Strömung (falls in der Aufgabenstellung verlangt), Vergleich mit einem anderen Werk • ggf. Aktualität der in der Szene behandelten Thematik

7. Klausur verfassen.
8. Klausur überarbeiten.

1.4 Literarische Texte vergleichen

Literarische Texte schriftlich vergleichen

Der Vergleich von literarischen Texten setzt Einzelanalysen und -interpretationen voraus, ist aber mehr als nur eine Kombination davon. Alle Beschreibungen und Deutungen sollten in einen Vergleichsrahmen (z. B. Liebe, Exil, Natur, Tod etc.) eingebettet werden.

Beim Vergleich zweier oder mehrerer literarischer Texte kommen folgende Möglichkeiten in Betracht:

- verschiedene Texte derselben Autorin / desselben Autors
- Texte unterschiedlicher Autoren zu denselben Themen oder Motiven
- Texte aus verschiedenen Epochen oder Strömungen zu denselben Themen oder Motiven

Unabhängig davon, ob die Aufgabenstellung einen Vergleich von zwei epischen, dramatischen oder lyrischen Texten verlangt, kann man zwischen einem diachronen und einem synchronen Vergleich wählen.

- **diachroner Vergleich:** Der Text A wird unter den Aspekten untersucht, die in der Aufgabenstellung vorgegeben sind. Danach werden vergleichend Bezüge zu Text B hergestellt. Bei der Untersuchung von Text A müssen Aspekte herausgearbeitet werden, die für den anschließenden Vergleich mit Text B gefordert sind.
- **synchroner Vergleich:** Es werden Vergleichsaspekte in bei-

den Texten herausgearbeitet und miteinander verglichen. Der Schluss stellt eine Zusammenfassung der Vergleichsergebnisse dar.

Oft ist bereits in der Aufgabenstellung vorgegeben, welche Variante gewählt werden soll.

Vergleichsaspekte epischer Texte

Vergleichsaspekt	Inhalt
Thema	• Ausgestaltung und • Entwicklung des Problems
Ort und Zeit der Handlung	• Handlungsort und dessen Bedeutung • Atmosphäre • Zeit der Handlung • Zeitstruktur
Erzähltechnik	• Erzählform • Erzählerstandort • Erzählverhalten
Sprache	• Wortwahl • Satzbau • rhetorische Figuren • Stilebene
Gattung / Genres	• Merkmale der Textsorte
Titel	• Bedeutung des Titels

1.5 Analyse und Vergleich von Sachtexten

Bei Sachtexten ist anders als bei literarischen Texten der pragmatische Kommunikationsaspekt wichtig. Eine reine Textanalyse kommt als Abiturthema selten vor. Von folgenden Möglichkeiten ist auszugehen:

- Analyse mit weiterführendem (kreativem) Schreibauftrag
- Vergleichende Analyse zwischen zwei Sachtexten
- Vergleich zwischen einem Sachtext und einem literarischen Text

Vorgehensweise bei einer schriftlichen Sachtextanalyse

1. Aufgabenstellung gründlich lesen und verstehen.
2. Zuerst überfliegen Sie den Text, um einen Überblick zu gewinnen.
3. Zweites gründliches Lesen, um ein vollständiges Verständnis herzustellen (Klärung wichtiger Begriffe).
4. Das Thema des Textes erschließen (worum geht es in dem Text?).
5. Den inhaltlichen Aufbau des Textes erschließen (wie ist der Text inhaltlich aufgebaut? Text in Sinnabschnitte einteilen und jeden Sinnabschnitt mit einer Überschrift versehen).
6. Gliederung einer schriftlichen Sachtextanalyse erstellen. Beispiel:

Einleitung	<ul><li>Textsorte</li><li>Titel</li><li>Autor</li><li>Erscheinungsjahr</li><li>Anlass für die Veröffentlichung</li><li>Kernproblem/Kernfrage des Textes</li><li>Position des Verfassers</li></ul>

Hauptteil	• knappe Inhaltsangabe
	• Inhalt und Aufbau (Sinnabschnitte und ihre Bezüge zueinander)
	• Analyse der Argumentationsstruktur (Reihenfolge der Argumente)
	• Analyse der Argumentationsstrategie (gewählte Argumentationstypen)
	• Sprachanalyse
	  – Wortwahl (und Funktion)
	  – Satzbau (und Funktion)
	  – rhetorische Figuren (und Funktion)
	  – Stil des Textes (und Funktion)
	• Analyse der Textintention

Schluss	• Zusammenfassung der Analyseergebnisse
	• Bewertung der Intention und Vorgehensweise des Verfassers
	• Fazit / persönliche Meinung:
	  – Ist der Text schlüssig? Verständlich?
	  – Gibt es offene Fragen?
	  – Sind weitere Differenzierungen nötig?

   Klausur verfassen.
7. Klausur überarbeiten.

Formulierungsbausteine: Die Absicht des Autors angemessen wiedergeben

informierende Ebene	argumentative Ebene
Die Autorin / der Autor ...	Die Autorin / der Autor ...
• erklärt	• hebt hervor
• führt aus	• behauptet
• stellt ... dar	• geht von ... aus
• nennt	• beurteilt
• führt an	• räumt ein
• erläutert	• befürwortet
• wertet aus	• widerspricht
• verweist auf	• legt nahe
• beschreibt	• kritisiert
• benennt	• empfiehlt
• weist auf ... hin	• wirft ... vor
• gibt wieder	• beeinflusst
• macht deutlich	• plädiert für ...
	• fordert auf
	• schlägt vor
	• bewertet
	• ironisiert

Vorgehensweise bei einem schriftlichen Sachtextvergleich

1. Aufgabenstellung lesen und verstehen.
2. Textumfeld erfassen (Textsorte, Autor/in, Titel, Quelle der Texte).
3. Texte aspektorientiert analysieren (Texte unter den vorgegebenen Aspekten betrachten, Zielgruppe und Aussageabsichten beider Texte erfassen, Texte einzeln analysieren und Ergebnisse schriftlich gegenüberstellen).
4. Vergleichsergebnisse ordnen (Deutungshypothese zum

Ausgangstext formulieren, Vergleichshypothese zum Vergleichstext formulieren, Fazit formulieren: Ähnlichkeiten und Unterschiede, aus Deutungs- und Vergleichshypothese eine These bilden).

5. Gliederung eines schriftlichen Vergleichs von Sachtexten. Beispiel:

Einleitung	• Angaben zu den Autoren • Titel nennen • Textsorte • Erscheinungsjahre • Quelle • Positionen der Verfasser für beide Texte benennen
Hauptteil I	• Thema des ersten Textes • Analyse des ersten Textes mit Blick auf die in der Aufgabenstellung vorgegebenen Aspekte • vorläufiges Resümee • Überleitung: Nennung der Vergleichsaspekte
Hauptteil II	• Untersuchung des zweiten Textes entsprechend der Aufgabenstellung • aspektorientierter Vergleich der beiden Texte • Deutung der Unterschiede
Schluss	• Zusammenfassung der Ergebnisse • Beurteilung der Unterschiede • ggf. persönliche Meinung

6. Klausur verfassen.
7. Klausur überarbeiten.

Formulierungsbausteine für den Vergleich von Sachtexten

Gemeinsamkeiten formulieren	Unterschiede formulieren
• Beide Autoren vertreten die Auffassung / den Standpunkt, dass ... • Die Argumentation weist Übereinstimmungen auf: ... • Beiden Autoren/Texten ist gemeinsam, dass ... • Beide Texte befassen sich mit dem Thema ... • Ähnlich wie ... begründet ... seine Auffassung/Position/ These mit ...	• Anders als ... begründet ... • Im Gegensatz zu ..., versucht ... nachzuweisen, dass ... • Während ... die Auffassung vertritt, dass..., versucht... eine Begründung dafür zu liefern, dass... • ... unterscheidet sich von ... hinsichtlich ...

Diskontinuierliche Texte

Bei diskontinuierlichen Sachtexten ist es wichtig, das grafische Material gezielt zu erschließen und zu bewerten. Hilfreich können dabei folgende Leitfragen sein:

• Welcher Typus Diagramm oder Schaubild liegt vor?
• Welchen Sachverhalt veranschaulicht das Schaubild?
• Welchen Zeitraum erfasst das Schaubild?
• Woraus wird der Entwicklungsverlauf ersichtlich?
• Ist das Schaubild übersichtlich und gut lesbar?
• Stimmen die Darstellungsform mit dem Inhalt der Aussage überein?

1.6 Erörterung

Die Erörterung ist eine Form des Argumentierens. Man unterscheidet zwischen einer **themenbezogenen** und einer **textbezogenen Erörterung**. Während sich die **themenbezogene Erörterung** auf relevante gesellschaftliche Probleme wie z. B. Klimawandel, neue Medien, Sprachwandel etc. bezieht, steht bei der **textbezogenen Erörterung**, wie der Name schon sagt, weniger ein Thema als vielmehr eine Textvorlage im Mittelpunkt. Das Thema wird von der Textvorlage bestimmt, die den Ausgangspunkt für weiterführende systematische Überlegungen bildet. Gründliche Textarbeit ist daher die Grundvoraussetzung für eine gezielte textbezogene Erörterung. Bei jeder Form der Erörterung sind Kenntnisse über die Elemente der Argumentation und ihre jeweiligen Funktionen unverzichtbar.

Elemente der Argumentation

Als Argumentation bezeichnet man ein sprachliches Verfahren, mit dessen Hilfe der Schreiber oder Redner versucht, den Leser oder Zuhörer von der Richtigkeit der eigenen Auffassung eines Sachverhaltes, einer Frage- oder Problemstellung zu überzeugen. Eine schlüssige Argumentation besteht aus folgenden Bauelementen: These – Antithese, Argument, Beispiel.

• **These – Antithese:** Behauptung und Gegenbehauptung, Meinung oder (Gegen-)Position, die den Ausgangspunkt der Argumentation bildet.
Beispiel:

Deutsche Grammatik sollte auch in der Oberstufe unterrichtet werden.

- **Argument:** Begründung. Argumente liefern eine nachvollziehbare Erklärung dafür, warum man die These bzw. Antithese vertritt. Argumente stützen sowohl die These als auch die Antithese.
Beispiel:

> …, weil sich die Regeln und Besonderheiten der deutschen Grammatik nicht bis zum Ende der Mittelstufe vollständig beherrschen lassen.

- **Beispiel:** Erst wenn Argumente durch Beispiele oder Belege untermauert sind, wirken sie überzeugend. Konkret formulierte Beispiele oder Belege machen die Argumente anschaulich.
Beispiel:

> Die Studie X von Y aus dem Jahr Z weist nach, dass die schriftlichen Abiturleistungen im Fach Deutsch deutlich besser ausfielen, wenn die Abiturienten die wichtigsten Regeln der deutschen Grammatik anzuwenden wüssten.

Die drei Ebenen gehören zusammen: Eine These wird mit mehreren Argumenten und den dazugehörigen Beispielen unterstützt. Gleiches gilt für die Antithese. In einer begründeten persönlichen Stellungnahme werden die Argumente abschließend gegeneinander abgewogen.

Bei der Darstellung gibt es zwei mögliche Formen:

- in »Blöcken«: Zunächst werden alle Pro-Argumente mit Beispielen vorgestellt, danach alle Contra-Argumente. Abschließend wird eine Entscheidung durch Gewichtung vorgenommen.

- in »Kettenform«: zu jedem Pro-Argument mit Beispiel wird ein entsprechendes Contra-Argument gestellt; beide werden gegeneinander abgewogen, bevor das nächste Pro-Argument dargestellt wird. Abschließend wird auch hier eine begründete Entscheidung vorgenommen.

Erörterung eines Sachtextes

Die Erörterung eines Sachtextes ist ein **zweistufiger Aufgabentyp**, bei dem der eigentlichen Erörterung eine intensive und systematische Auseinandersetzung mit den Thesen des Sachtextes vorgeschaltet wird (siehe Gliederung unten). Demnach bereitet die genaue Analyse des Sachtextes darauf vor, die eigene und fremde Position zu einem Problem, einem Thema, einem Sachverhalt oder einer Frage zu unterscheiden. Dabei dient die Wahrnehmung fremder Argumente dem Ziel, eigene Argumente aufzubauen und zu präzisieren.

Vorgehensweise bei der schriftlichen Erörterung eines Sachtextes

1. Aufgabenstellung lesen und verstehen.
2. Textumfeld erfassen (Autor/in, Textart, Titel, Erscheinungsjahr und ggf. Quelle).
3. Inhalt des Textes erfassen.
4. Thema des Textes erfassen (themengeleitet lesen).
5. Gliederung einer schriftlichen Erörterung von Sachtexten. Beispiel:

Einleitung	• Autor, Titel, Textsorte, Erscheinungsjahr • Nennung des Themas des Textes • Nennung des zu erörternden Aspekts, der Fragestellung oder des Problems

Hauptteil I	*Textanalyse*
	a) Untersuchung von Inhalt und Aufbau:
	• strukturierte Wiedergabe der Kernthese/n in eigenen Worten
	• Untersuchung des Argumentationsgangs des Textes (Wie entwickelt der Autor seine Thesen? Worauf bezieht er sich? Wie belegt er seine Argumente? Inwiefern berücksichtigt er Gegenargumente? Wie geht er damit um?)
	b) Untersuchung der Sprache und ihrer Funktion:
	• Analyse der Sprachebene (gehobene Sprache, Umgangssprache, Fachbegriffe etc.)
	• Analyse der Wortwahl (Häufung bestimmter Wortarten, Fremdwörter, Schlüsselbegriffe etc.)
	• Analyse des Satzbaus (z. B. Parataxen, Hypotaxen, Inversion, Ellipsen)
	• Analyse der rhetorischen Strategie (Stilmittel)
Hauptteil II	*Erörterung*
	a) Kritik der im Sachtext genannten Thesen und Argumente
	• Verdeutlichung von Stärken und Schwächen der Argumente (z. B. Welche Thesen/Argumente werden überzeugend/stichhaltig dargelegt und warum? Welche Qualität haben die genannten Beispiele? Welche Formulierungen sind vage? Welche Argumente werden nicht oder schwach belegt? Wo lassen sich argumentative Unstimmigkeiten ausmachen?)
	b) Entwicklung einer eigenen Stellungnahme
	• Verdeutlichung der eigenen Position (ausgehend von den Schwachpunkten in den Thesen und Argumenten des Ausgangstextes)
	• Formulierung der eigenen Argumente, Belege und Beispiele mit dem Ziel, die Argumentation des Ausgangstextes zu ergänzen, zu widerlegen oder zu relativieren
	• abschließendes Urteil über den Sachtext

Schluss	Formulierung eines Fazits
	Relevanz des Themas benennen
	ggf. einen abrundenden Ausblick formulieren

6. Klausur verfassen.
7. Klausur überarbeiten.

Formulierungshilfen für differenziertes Argumentieren

einerseits ... andererseits
im Gegenteil ...
dafür spricht ... / dagegen spricht ...
zwar ..., aber ...
obwohl ...
vor dem Hintergrund, dass ...
überdies ..., außerdem ..., zusätzlich ...
ein wichtiger/anderer Grund ist ...
zu beachten ist zudem ...

Erörterung von Sachtexten mit Bezug auf einen literarischen Text

Bei diesem Aufgabentypus werden eigenständige Verstehens- und Argumentationsleistungen gefordert. Zentraler Bezugspunkt ist dabei die möglichst differenzierte Erfassung der Inhalte und Argumentationsstruktur des Sachtextes (ggf. mehrerer Sachtexte). Verknüpft wird diese Bezugsbasis zusätzlich mit dem Deutungswissen zu einem literarischen Text (Epik, Drama oder Lyrik).

Vorgehensweise bei der schriftlichen Erörterung von Sachtexten mit Bezug auf einen literarischen Text

1. Aufgabenstellung lesen und verstehen.
2. Textumfeld des Sachtextes erfassen (Verfasser, Textart, Titel, Erscheinungsjahr und ggf. Quelle).
3. Thema des Sachtextes (keine Inhaltsangabe!).
4. Textumfeld des literarischen Textes (Verfasser, Textart, Titel, Erscheinungsjahr und ggf. Quelle).
5. Thema des literarischen Textes (keine Inhaltsangabe!).
6. Knappe Einordnung des Sachtextes in einen größeren Zusammenhang.
7. These zu einer gedanklichen oder thematischen Verknüpfung zwischen dem Sachtext und dem literarischen Text.
8. Gliederung einer schriftlichen Erörterung von Sachtexten mit Bezug auf einen literarischen Text.
   Beispiel:

Einleitung	• Autor, Titel, Textsorte, Erscheinungsjahr • Nennung des Themas des Textes • Nennung des zu erörternden Aspekts, der Fragestellung oder des Problems
Hauptteil I	*Analyse des Sachtextes* a) Inhaltsanalyse • Inhalt und Aufbau (Hier werden die wesentlichen Aussagen in ihrem gedanklichen Zusammenhang erfasst) b) Analyse von Sprache und Stil • Analyse der Sprachebene (gehobene Sprache, Umgangssprache, Fachbegriffe etc.) • Analyse der Wortwahl (Häufung bestimmter Wortarten, Fremdwörter, Schlüsselbegriffe etc.) • Analyse des Satzbaus (z.B. Parataxen, Hypotaxen, Inversion, Ellipsen etc.) • Analyse der Stilmittel

Hauptteil II	*Erörterung*
	• Erarbeitung der wichtigsten Argumente im Sachtext
	• Überprüfung der Stichhaltigkeit der vorgestellten Position und Argumentation
	• Entwicklung einer begründeten und strukturierten Stellungnahme zur Fragestellung (Formulierung der eigenen Argumente, Belege und Beispiele mit dem Ziel, die Argumentation des Ausgangstextes zu bestätigen, zu ergänzen, zu widerlegen, einzuschränken oder zu relativieren.)
	• sinnvolle Bezüge zum literarischen Text herstellen und begründet erläutern
Schluss	• Zusammenfassung der Erörterung
	• Bewertung der Verbindung zum literarischen Text (inwiefern hilft der Sachtext, das Verständnis des literarischen Textes zu erweitern, und stützt der literarische Text die Aussage des Sachtextes?)
	• Bedeutung des hergestellten Bezugs hinsichtlich neuer Erkenntnisse
	• Schlussfolgerung (z. B. Appell, Empfehlung, Forderung)

9. Klausur verfassen.
10. Klausur überarbeiten.

1.7 Materialgestütztes argumentierendes Schreiben

Im Unterschied zu Textanalysen und Interpretationen ist materialgestütztes Schreiben kein Schreiben über Texte. Die Aufgabe besteht darin, vorgegebenes Material zu nutzen, um einen Text zu verfassen, wie er im Leben vorkommt, z. B. einen Blog, eine Kritik, eine Anleitung, eine Rezension oder einen Leserbrief. Auch einen **Essay** oder einen **Kommentar** zu schreiben, kann der Schreibauftrag sein. Diese Texte sind an bestimmte Adressaten in einer bestimmten Situation gerichtet. In der Regel werden in der Aufgabenstellung die zu verfassende Textart (z. B. Leserbrief, Kommentar, Blogbeitrag etc.) und der Publikationsort sowie ggf. die Textlänge vorgegeben. Die Materialien müssen im Hinblick auf die Aufgabenstellung gelesen werden. Dabei gilt es wichtige Inhalte, die später in den eigenen Text einfließen sollen, zu markieren und zu notieren.

Vorgehensweise beim materialgestützten argumentierenden Schreiben

1. Die Aufgabenstellung lesen und verstehen.
2. Das Material in Bezug auf die Aufgabenstellung sichten.
3. Das Material ordnen und in eine sinnvolle Reihe bringen.
4. Den Aufbau des Textes festlegen und eine Gliederung erstellen.
   Beispiel:

Einleitung	Hier nennen Sie:
	• das zu bearbeitende Thema
	• den eigenen Standpunkt dazu
	• Angaben über das Material, auf das Sie sich beziehen (z. B. Rezension, wissenschaftliche Abhandlung, Leserbrief etc.)

Hauptteil	Hier entfalten Sie Ihre Argumentation in der Auseinandersetzung mit dem vorgegebenen Material. Sie können entweder • einen wesentlichen Aspekt in Ihrer Argumentation näher ausführen (z. B. bei einem Leserbrief) oder • eine dialektische Erörterung des Themas mit Pro- und Kontra-Argumenten verfassen (z. B. bei einem Essay)
Schluss	Hier runden Sie Ihre Gedanken ab, und zwar durch • eine pointierte Zusammenfassung der eigenen Position • einen Hinweis auf das zentrale Argument • ggf. Rückbezug zur Einleitung • ggf. Appell an den Leser

5. Den Text verfassen: Textsorte beachten, Adressatenbezug herstellen.
6. Den Text überarbeiten bzw. korrigieren.

Einen Essay schreiben

Der Essay ist ein sprachlich-stilistisch anspruchsvoller Text zu einem beliebigen Sachthema, das unter einer **subjektiven Perspektive** und unter Einbezug persönlicher Erfahrungen erörtert wird. Der Adressat soll nicht von einem Standpunkt überzeugt, sondern zu eigenem Nachdenken angeregt und unterhalten werden. Der Schreibstil ist nicht streng sachlich, sondern kann alle **rhetorischen Mittel** aufbieten: rhetorische Fragen, Metaphern, Alliterationen, Oppositionen usw. Das Thema muss nicht vollständig und systematisch bearbeitet werden. Allerdings benötigt der Essay einen »**roten Faden**«, der z. B. durch Rückbezug des Schlusses auf die Einleitung (möglicherweise in Variation mit einem neuen Aspekt) hergestellt werden kann.

Auch der Essay unterliegt der »klassischen« **dreiteiligen Gliederung**: Einleitung, Hauptteil und Schluss. Absätze sind dabei hilfreich, um die Grenzen zwischen diesen Teilen auch optisch sichtbar zu machen.

Einleitung: Einstieg in das Thema	<ul><li>den Leser zum Weiterlesen motivieren (Provokation, Frage, eigene Erfahrung, Zitat etc.)</li><li>Problemstellung ansprechen und vorstellen</li><li>Auf eine weitschweifende Einleitung verzichten</li><li>Eigene Position bereits zu Beginn deutlich vermitteln</li><li>Ggf. wichtige Begriffe erklären</li><li>Ggf. auf die Gliederung des Essays hinweisen</li><li>Zum Hauptteil überleiten</li></ul>
Hauptteil: Argumente der Fragestellung	<ul><li>das Problem darlegen</li><li>sich klar positionieren</li><li>verschiedene Perspektiven betrachten</li><li>Gedanken stringent gliedern</li><li>eigene Position reflektieren</li><li>den Leser durch den Text führen</li><li>einen zusammenhängenden Text schreiben</li><li>Gedankengänge und Ergebnisse verbinden</li></ul>
Schluss: Eigene Meinung formulieren	<ul><li>die wichtigsten Argumente kurz (!) zusammenfassen</li><li>ein Fazit ziehen</li><li>den eigenen Standpunkt besonders hervorheben</li><li>mögliche Fragestellungen aufzeigen</li><li>weitere Denkansätze anbieten</li></ul>

1.8 Gestaltende und adressatenbezogene Schreibformen

Kreative und gestaltende Schreibaufträge sind im Oberstufen-unterricht eine Möglichkeit, literarische oder pragmatische Texte zu interpretieren. Man unterscheidet zwei Formen der kreativen Ausgestaltung des Ausgangstextes:

- gestaltendes Interpretieren
- adressatenbezogenes Schreiben

Gestaltendes Interpretieren

Einem gestaltenden Schreibauftrag liegt eine literarische Text-vorlage (z. B. Gedicht, Kurzgeschichte, Märchen, Dramensze-ne) zugrunde. Auf dieser Grundlage wird ein Text in einer an-deren Textsorte verfasst, um einen im Ausgangstext nicht ex-plizit genannten Aspekt zu füllen oder zu vertiefen. Die bevorzugten Formen für die Realisierung eines gestaltenden Interpretierens sind: Brief, Tagebucheintrag, Perspektivwech-sel, innerer Monolog.

- **Brief:** Bei diesem Schreibauftrag muss ein Brief an einen ech-ten oder fiktiven Adressaten formuliert werden. Dabei ist es besonders wichtig, dass sowohl die Gedanken als auch die Gefühle im Brief aufgegriffen und in einer persönlichen Aus-drucksweise vermittelt werden. Der Brief kann ebenfalls Er-innerungen, Hoffnungen oder Erwartungen zum Ausdruck bringen. Der Adressat sollte explizit angesprochen und in die inhaltliche Gestaltung des Briefes einbezogen werden.
- **Tagebucheintrag:** Der Tagebucheintrag bildet eine mono-logisch angelegte Form der gestaltenden Weiterarbeit. Dabei wird auf den Inhalt des Ausgangstextes zurückgegriffen: Der Schreiber schlüpft in eine literarische Figur hinein und äu-

ßert sich in deren Gedankenhorizont, wobei der Tagebuch-charakter beibehalten werden muss.

- **Perspektivwechsel:** Ein Textauszug wird in Form eines Paralleltextes aus einer anderen Sicht verfasst. Hier ist es möglich, die Erzählform und das Erzählverhalten zu ändern oder das Geschehen vom Standpunkt einer anderen Figur aus neu zu erzählen.

- **Innerer Monolog:** Die Ich-Form und die Zeitstufe des Präsens sind charakteristisch für die Gestaltung des inneren Monologs. Er setzt sich aus einer Abfolge von Assoziationen, Gedanken und Empfindungen zusammen. Auch wenn der Gedankenstrom ausufern kann, muss er dennoch für den Leser nachvollziehbar bleiben. Um die Intensität des seelischen Zustandes sichtbar zu machen, empfiehlt sich ein elliptischer Satzbau sowie die Verwendung von rhetorischen Fragen und Ausrufen.

Adressatenbezogenes Schreiben

Der adressatenbezogene Schreibauftrag baut auf einem **Sach-text** auf. Die Aufgabe besteht darin, Argumentationen und Sachverhalte für einen mehr oder weniger konkreten **Adressa-tenkreis** (von einer Einzelperson bis zu Zeitunglesern) ange-messen aufzubereiten. Die Aufgabe ist oft zweigeteilt:

- Der erste Arbeitsauftrag bezieht sich auf den Ausgangstext (journalistische, wissenschaftliche oder philosophische Textform) und kann eine eingehende **Analyse** verlangen (vgl. S. 254).

- Der zweite Arbeitsauftrag bildet das **adressatenbezogene Schreiben** selbst. Je nach Arbeitsanweisung kann hier der Schwerpunkt des Aufsatzes liegen oder aber eine Ergänzung der vorausgegangenen Textanalyse das Ziel sein. Die beim adressatenorientierten Schreiben häufig zu gestaltenden Textarten sind: (Leser-)Brief, Kommentar, Glosse. Auch der Essay (vgl. S. 276 f.) gehört zu dieser Textart.

2 Die mündliche Prüfung

Die mündliche Prüfung im Abitur ist für die meisten Prüflinge eine ungewohnte, so nie vorher geübte Prüfungssituation. Doch eine rechtzeitige Vorbereitung kann helfen, den Anforderungen dieser Prüfungsform gerecht zu werden.

Die mündliche Abiturprüfung ist eine formalisierte Gesprächssituation. Sie dauert insgesamt 30 Minuten und gliedert sich in zwei Teile:

- Referat
- Prüfungsgespräch

Referat

Bei der mündlichen Abiturprüfung erhalten Sie eine Aufgabe, die sich in der Regel an den Aufgabenarten für das schriftliche Abitur orientiert. Der zu bearbeitende Text ist in der Regel kürzer und die Aufgabenstellungen sind weniger komplex. Das Referat bildet den ersten Teil der mündlichen Prüfung. Sie stellen in einem zusammenhängenden und strukturierten Vortrag die Ergebnisse Ihrer Bearbeitung der Aufgabe(n) kurz und prägnant vor. Hierbei ist es wichtig, alle Aufgaben anzusprechen und den Zeitrahmen einzuhalten.

Vorbereitungstipps: Nutzen Sie die Vorbereitungszeit (etwa 20–30 Minuten) zur gezielten Auseinandersetzung mit dem Prüfungstext:

- Lesen Sie die Aufgabenstellung genau.
- Stellen Sie das Verständnis des Textes/Themas sicher.
- Machen Sie übersichtliche und sinnvolle Markierungen.
- Bereiten Sie stichwortartige Notizen vor (Stichwortkarten).

Folgende **Anforderungen** muss das Referat erfüllen:

Äußere Anforderungen	Inhaltliche Anforderungen
• Prüfungskommission begrüßen • Blickkontakt zu allen Prüfern aufnehmen • Stichwortkarten auf dem Tisch ablegen • möglichst frei sprechen • auf Körpersprache und Stimmführung achten (aufrecht sitzen, langsam und deutlich sprechen) • Vortrag möglichst klar strukturieren • grammatisch korrekte und vollständige Sätze	• genaues Erfassen des Themas • präzises Eingehen auf die Aufgabenstellungen • Aussagen am Text belegen • auf den Text Bezug nehmen, zitieren • sachgerechte, der Aufgabenstellung entsprechende Gliederung • Gebrauch der Fachterminologie • auf Genauigkeit der Begriffe achten (statt vom »Buch« vom »Drama« oder »Roman« sprechen) • fachspezifische Methoden anwenden

Prüfungsgespräch (Kolloquium)

Das Prüfungsgespräch (auch Kolloquium genannt) bildet den zweiten Teil der mündlichen Prüfung. Das Prüfungsgespräch verläuft asymmetrisch: Das Fragerecht liegt beim Prüfer. Er lenkt das Gespräch durch die Fragen, die er stellt und die Sie beantworten müssen. Das Prüfungsgespräch kann in zwei Teile gegliedert werden:

Im Anschluss an den Vortrag können offene Fragen, Unstimmigkeiten oder Aspekte, die im Vortrag nicht zur Sprache gekommen sind, angesprochen werden. Ziel ist es dabei, eine notwendige Grundlage für den weiteren Gesprächsverlauf zu schaffen.

Im weiteren Verlauf des Gesprächs werden zusätzliche Gebiete der Kursstufe thematisiert. Diese knüpfen nach Möglichkeit an die Themen des Referats an. Hierbei hat der Prüfling die Gelegenheit, die Breite seines Wissens in den Inhalten des Faches Deutsch unter Beweis zu stellen.

Tipps für das Prüfungsgespräch: Neben dem **fachlichen Wissen** spielt die **rhetorisch-argumentative Kompetenz** des Prüflings beim Prüfungsgespräch eine wichtige Rolle. Die folgenden Tipps können dabei als Orientierung dienen:

Fachliche Kompetenz	Rhetorische Kompetenz
• das Thema genau erfassen • Fachfragen richtig erfassen • auf die Fragestellungen eingehen • sach- und adressatengerechtes Antworten • korrekter Gebrauch der Fachbegriffe • Kenntnis und Anwendung fachbezogener Methoden • Kenntnis fachlicher Zusammenhänge • kritische Urteilsfähigkeit	• Blickkontakt halten • Prüfer ausreden lassen • sachliche Antworten formulieren • ausführliche und strukturierte Antworten auf Fragen des Prüfers geben • Aussagen mit Argumenten belegen • versuchen, das Gespräch mitzusteuern, indem Schwerpunkte gelegt oder indirekte Hinweise gegeben werden • Bezug zur Aufgabenstellung wahren • auf die Reaktion des Prüfers achten und ggf. Fehler erkennen und korrigieren

Modul VII

Wiederholungskurs: Grammatik, Rechtschreibung, Zeichensetzung

Grundwissen in deutscher Grammatik, Rechtschreibung und Zeichensetzung ist für die Abiturprüfung unerlässlich, auch wenn diese Aspekte nicht direkt Thema der Prüfung sind. Rechtschreibung und Zeichensetzung fließen in die Beurteilung ein, grammatische Grundkenntnisse sind bei der Textanalyse hilfreich, beispielsweise um besondere Wortstellungen beschreiben oder Hypotaxen erläutern zu können. Schwierige oder fehlerträchtige Aspekte werden deswegen hier noch einmal kurz zusammengefasst.

1 Grammatik

1.1 Wortarten

Es gibt verschiedene Wortarten. Sie lassen sich in flektierbare, d. h. veränderbare Wortarten (bei Verben spricht man von konjugieren, bei Nomen und Adjektiven von deklinieren) und nicht flektierbare, d. h. unveränderliche Wortarten einteilen.

Die Wortarten im Überblick

Flektierbare Wortarten	
Wortart (Fachbegriff)	**Beispiele**
Verb • Vollverb • Modalverb • Hilfsverb	lesen, arbeiten, nachdenken können, sollen, wollen, müssen, dürfen haben, sein

Nomen (Substantiv)	Haus, Baum (Konkreta) Klugheit, Langeweile (Abstrakta)
Artikel • bestimmter Artikel • unbestimmter Artikel	 der, die, das ein, eine
Adjektiv	schön, gut, schnell
Pronomen • Personalpronomen • Possessivpronomen • Demonstrativpronomen • Relativpronomen • Indefinitpronomen • Interrogativpronomen • Reflexivpronomen	 ich, du, er, sie, es mein, dein, sein, ihr dieser, diese, dieses der, die, das, welcher, welche, welches man wer, was sich
Numerale • Kardinalzahlen • Ordinalzahlen	 eins, zwei, drei der erste, der zweite, der dritte

Nicht flektierbare Wortarten	
Wortart (Fachbegriff)	**Beispiel(e)**
Konjunktion • nebenordnende Konjunktion • unterordnende Konjunktion	 und, aber, denn weil, obwohl, nachdem
Präposition	auf, aus, unter, neben
Adverb • Temporaladeverb • Lokaladverb • Modaladverb • Kausaladverb • Relativadverb • Interrogativadverb	 heute, gestern, nachmittags hier, dort sehr, schnell, langsam deshalb, folglich, schließlich womit, wofür, worüber, wo (zur Einleitung eines Relativsatzes) wer?, wie?, wo?
Interjektion	ach!, oh!

1.2 Satzglieder und Satzgliedteile

Grammatisch vollständige Sätze bestehen nicht einfach aus aneinandergereihten Wörtern, sondern aus Satzgliedern. Ein Satzglied kann aus einem oder mehreren Wörtern bestehen, z. B. aus einem Substantiv und einem Artikel. Welches Wort bzw. welche Wortgruppe ein Satzglied bildet, lässt sich mit Hilfe der Umstellprobe und der Frageprobe ermitteln.

Satzglieder im Überblick

Fachbegriff	Satzgliedfrage	Funktion im Satz
Subjekt	wer/was?	Satzgegenstand: *Der Schüler* liest ein Gedicht vor.
Prädikat	was tut jemand?, was geschieht?, was ist?	Satzaussage/Satzkern: Der Schüler *liest* ein Gedicht *vor*.
Genitivobjekt	wessen?	Ergänzung im 2. Fall: Er gedenkt *seines verstorbenen Freundes*.
Dativobjekt	wem/was?	Ergänzung im 3. Fall: Sie schenkt *ihrem Vater* ein Buch.
Akkusativobjekt	wen/was?	Ergänzung im 4. Fall: Ich schreibe *einen Brief*.
präpositionales Objekt	auf was / worauf?, mit wem / womit?, für wen/was?	Ergänzung mit Präposition: Wir warten *auf die Ergebnisse*.

Adverbiale Bestimmung		
• des Ortes	wo?	lokal: *im Klassenzimmer*
• der Zeit	wann?	temporal: *am Vormittag*
• der Art und Weise	wie?	modal: *ungeduldig*
• des Grundes	warum?	kausal: *aus Pflichtbewusstsein*
• des Zweckes	wozu, zu welchem Zweck?	final: *zur Nachkorrektur*

Das Attribut

Attribute bestimmen Nomen/Substantive im Satz näher. Sie sind keine selbständigen Satzglieder, sondern Satzgliedteile. Deshalb können sie nur mit ihrem Bezugsnomen/Bezugssubstantiv umgestellt werden. Mit Ausnahme des Prädikats können Attribute jedes andere Satzglied näher bestimmen. Sie stehen entweder vor oder hinter dem Bezugsnomen. Die wichtigsten Attribute sind:

Attributart	Beispiel
Adjektivattribut	die *spannende* Vorstellung
Genitivattribut	die Handlung *des Dramas*
präpositionales Attribut	der Unterschied *zwischen Wortart und Satzglied*
Apposition	Goethe, *der in Frankfurt am Main geborene Dichter*, war schon zu Lebzeiten berühmt.
Attributsatz/Relativsatz	Das Drama, *das ihn berühmt machte*, trägt den Titel »Faust«.

1.3 Parataxe und Hypotaxe

Der Satzbau ist ein wichtiger Aspekt bei der Analyse von literarischen Texten und Sachtexten. Teilsätze können in einem komplexen Satz neben- oder gleichgeordnet sein. Sie können aber auch auf hierarchisch unterschiedlichen Ebenen so angeordnet sein, dass Teilsätze einem übergeordneten Satz untergeordnet sind.

Parataktische Satzstruktur

Von einer **parataktischen Satzstruktur** oder **Satzreihe** spricht man, wenn in einem Text viele Hauptsätze aneinandergereiht sind. Die Hauptsätze können durch nebenordnende Konjunktionen wie »und«, »oder«, »aber« oder durch Satzzeichen wie Punkt, Komma, Semikolon oder Gedankenstrich voneinander getrennt sein. Beispiel:

> Am Anfang schuf Gott Himmel und Erde. Und die Erde war wüst und leer, und es war finster auf der Tiefe; und der Geist Gottes schwebte auf dem Wasser. Und Gott sprach: Es werde Licht! Und es ward Licht. (Altes Testament, 1. Buch Mose.)

Überwiegend parataktisch gebaute Texte haben häufig einen Aufzählungscharakter und sind oftmals verständlicher. Doch aufgrund der Verdichtung auf das Wesentliche können Texte, die sich eines parataktischen Satzbaus bedienen, auch undifferenziert wirken.

Das Gegenstück der Parataxe ist die Hypotaxe.

Hypotaktische Satzstruktur

Von einer **hypotaktischen Satzstruktur** oder einem **Satzgefüge** spricht man, wenn ein Text durch eine Über- und Unterordnung bei den Gliedsätzen gekennzeichnet ist. Die Verknüpfung von Hauptsätzen und Gliedsätzen/Nebensätzen wird durch unterordnende Konjunktionen wie »weil«, »da«, »nachdem«, »ob« oder Relativpronomina wie »der, die, das«, »welcher, welche, welches« etc. gewährleistet. Beispiel:

Ich, der mit meinem Haufen eben in einem Wirtshause abgestiegen und auf dem Platz, wo diese Vorstellung sich zutrug, gegenwärtig war, konnte hinter allem Volk am Eingang einer Kirche, wo ich stand, nicht vernehmen, was diese wunderliche Frau den Herren sagte; dergestalt, dass, da die Leute aneinander lachend zuflüsterten, sie teile nicht jedermann ihre Wissenschaft mit, und sich des Schauspiels wegen, das sich bereitete, sich sehr bedrängten, ich, weniger neugierig, in der Tat, als um den Neugierigen Platz zu machen, auf eine Bank stieg, die hinter mir im Kircheneingang eingehauen war. (Heinrich von Kleist, *Michael Kohlhaas*, 1810.)

Das Gegenstück der Hypotaxe ist die Parataxe.

Arten von Gliedsätzen bzw. Nebensätzen

Gliedsätze sind einem Hauptsatz untergeordnet und von ihm abhängig. Deshalb werden sie auch als Nebensätze bezeichnet. Sie können die Funktion eines Satzglieds übernehmen.

Gliedsätze können vor oder hinter einem Hauptsatz stehen, sie können auch in den Hauptsatz integriert werden. Das konjugierte Verb steht am Satzende.

Art des Gliedsatzes/ Nebensatzes	Einleitungs- wort	Funktion und Beispiel
Temporalsatz	als, seit, nachdem, während, bevor	*Zeitpunkt, Zeitdauer:* Während wir Fußball spielten, fing es an zu regnen.
Kausalsatz	da, weil	*Ursache, Begründung:* Die Sterne sind gut zu erkennen, weil der Himmel wolkenlos ist.
Konditionalsatz	falls, sofern, wenn	*Bedingung, Voraussetzung:* Falls es regnet, fällt das Konzert aus.
Konsekutivsatz	so dass, so ..., dass	*Folge:* Er hat sich so über das Er- gebnis gefreut, dass er sein Buch vergessen hat.
Konzessivsatz	obgleich, obwohl	*Einräumung:* Er hat das Buch nicht mit- gebracht, obwohl ich ihn darum gebeten habe.
Finalsatz	damit, auf dass, dass	*Absicht, Zweck:* Sie spricht langsam, damit wir ihrem Vortrag folgen können.
Modalsatz	indem; da- durch, dass	*Art und Weise:* Er begrüßte den Gast, indem er ihm die Hand reichte.
Adversativsatz	anstatt dass	*Gegenteil:* Anstatt dass er für die Klausur lernt, ist er ins Kino gefahren.

Lokalsatz	wo, woher, wohin	*Ort:* Wo wir unsere Ferien verbringen, ist es sehr warm.
Komparativsatz	als, wie, als ob, als wenn	*Vergleich:* Er tut so, als ob er müde wäre.

1.4 Modus: Indikativ, Imperativ, Konjunktiv

Die Aussageweise, die ein Sprecher oder Schreiber wählt, um ein Geschehen auszudrücken, bezeichnet man als Modus. An der Verbform wird erkennbar, ob das Geschehen als real, möglich, erwünscht, nur erdacht oder nicht real eingeschätzt oder ob die Aussage als Aufforderung oder Befehl verstanden werden soll. Man unterscheidet drei Modi:

- Indikativ
- Imperativ
- Konjunktiv

Ein Kennzeichen für guten Schreibstil in der Abiturprüfung ist die korrekte Verwendung des Konjunktivs.

Der Indikativ

Mit diesem Modus wird ausgedrückt, dass die Aussage als tatsächlich angesehen wird. Beispiel:

Mit dem Abitur kann man an jeder deutschen Universität studieren.

Der Imperativ

Mit dem Imperativ drückt der Sprecher oder Schreiber eine Aufforderung, eine Bitte oder einen Befehl aus. Der Imperativ wird nur für die 2. Person Singular und Plural gebraucht. Beispiel:

> Ruf mich heute Abend an! (2. Person Singular)
> Ruft mich heute Abend an! (2. Person Plural)

Der Konjunktiv I

Hauptaufgabe des Konjunktivs I ist es, die indirekte Rede zu kennzeichnen. Mit Hilfe des Konjunktivs I gibt ein Sprecher oder Schreiber aus seiner Perspektive die wörtliche bzw. direkte Äußerung eines Dritten wieder. Dabei wählt man in der Regel ein Satzgefüge, aus einem redeeinleitenden Hauptsatz (mit einem Verb des Sagens, Denkens, Fragens) und einem Nebensatz, der die eigentliche indirekte Rede enthält. Beispiel:

> Faust stellt fest, er habe nun Philosophie, Juristerei und Medizin und leider auch Theologie mit heißem Bemühen studiert. Doch da stehe er nun, ein armer Tor und sei so klug als wie zuvor.

In der indirekten Rede werden in der Regel die Formen des Konjunktivs I verwendet. Man bildet den Konjunktiv I aus den Indikativformen des Präsens, Perfekts und Futurs. Beispiele:

	Indikativ	Konjunktiv I
Präsens	Er schreibt eine E-Mail.	Er sagte, er schreibe eine E-Mail.

Perfekt	Er hat eine E-Mail geschrieben. Sie ist sehr überrascht gewesen.	Er sagt, er habe eine E-Mail geschrieben. Sie sagt, sie sei sehr überrascht gewesen.
Futur	Er wird am Freitag fahren.	Er sagt, er werde am Freitag fahren.

Alle Vergangenheitsformen (Präteritum, Perfekt, Plusquamperfekt) haben eine gemeinsame Form des Konjunktivs der indirekten Rede. Beispiel:

Vergangenheitsformen im Indikativ	gemeinsame Konjunktivform
Sie war in Berlin. Sie ist in Berlin gewesen. Sie war in Berlin gewesen.	Sie sei in Berlin gewesen.

Der Konjunktiv II

Der Konjunktiv II kann verschiedene Funktionen übernehmen:

- **Ausdruck der Nicht-Wirklichkeit:** Wenn der Sprecher oder Schreiber ausdrücken möchte, dass ein Geschehen nicht wirklich, sondern nur gedacht, gewünscht oder vorgestellt ist. Beispiel:

Hätte er mich nur rechtzeitig informiert!

- **Höflichkeitsform:** Wenn der Sprecher oder Schreiber in Frage- oder Aussagesätzen höflich sein möchte. Beispiel:

Herr Meyer, könnten Sie mir bitte kurz ihren Stift leihen?

- **Ersatzform für Konjunktiv I:** Stimmt die Form des Konjunktivs I mit dem Indikativ überein, verwendet man den Konjunktiv II als Ersatzform. Ist auch der Konjunktiv II (im Textzusammenhang) nicht vom Indikativ zu unterscheiden, dann verwendet man die Form »würde + Infinitiv«. Die Umschreibung mit der »würde-Form« anstelle des Konjunktivs II ist außerdem angemessen, wenn der Konjunktiv II zwar richtig, aber ungebräuchlich ist. Beispiel:

Er sagte, die Schüler bereiteten sich auf die Abiturprüfung vor. → Er sagte, die Schüler würden sich auf die Abiturprüfung vorbereiten.

Die Formen des Konjunktivs II werden aus den Indikativformen des Präteritums gebildet. Bei starken Verben werden aus den Stammvokalen des Indikativ Präteritum »a, o, u« die Umlaute »ä, ö, ü«. Beispiele:

Verbform	Präteritum	Konjunktiv II
haben (stark)	Er hatte viel Geld	Er meint, er hätte viel Geld
stehen (stark)	Sie stand allein	Sie sagt, sie stünde allein
wählen (schwach)	Er wählte sie nicht	Er meint, er wählte sie nicht

2 Rechtschreibung und Zeichensetzung

2.1 Prinzipien der Rechtschreibung

Die Rechtschreibung einer Sprache folgt bestimmten Grundsätzen. Um die deutsche Rechtschreibung besser verstehen und beherrschen zu können, ist es hilfreich, sich ihre vier Prinzipien klarzumachen:

- Das **Lautprinzip**: Schreibe, wie du sprichst. Sprich deutlich und sprich Hochdeutsch! Die Schreibweise entspricht der Aussprache. Das Lautprinzip ist deswegen so grundlegend für die Rechtschreibung, weil wir eine Lautschrift haben. Es wird nach Sprechsilben getrennt. Beispiele:

Be-we-gungs-ab-läu-fe, ar-bei-ten

- Das **Stammprinzip**: Schreibe Gleiches möglichst gleich! Die Schreibung verwandter Wörter leitet sich vom Wortstamm ab. Nach diesem Prinzip soll der Stamm aller verwandten Wörter möglichst gleich geschrieben werden. Beispiele:

Nummer → *nummer*ieren
weit → *weit*er

- Das **grammatische Prinzip** bestimmt Regeln für Groß- und Kleinschreibung, Getrennt- und Zusammenschreibung und Zeichensetzung.
- Das **Prinzip der Homonymie**: Gleichlautende Wörter mit verschiedener Bedeutung sollen durch verschiedene Schreibweisen unterscheidbar gemacht werden. Beispiele:

Laib ≠ Leib
mahlen ≠ malen
Saite ≠ Seite
Lid ≠ Lied

Diese Prinzipien sind allgemeine Grundkonzepte der Rechtschreibung. Sie ergänzen einander, stehen aber auch oft im Widerspruch zueinander. Deshalb wird erst mit Hilfe der Recht-
schreibregeln klar, wann welches Prinzip wie anzuwenden ist.

2.2 Groß- und Kleinschreibung

Großschreibung

Großschreibung gilt im Deutschen in den folgenden Bereichen:

- Satzanfänge, Überschriften, Werktitel, z. B.: »Der Vorleser«
- Substantive und Substantivierungen, z. B.: »Das Verfassen
  eines Essays«
- Anredepronomen bei Höflichkeitsformen, z. B.: »Vielen
  Dank für Ihren Brief.«
- Eigennamen, z. B.: Goethe, Schiller
- Tageszeiten nach Adverbien, z. B.: »heute Abend«
- als Substantiv gebrauchte Adjektive, z. B.: »In Märchen wird
  das Gute belohnt und das Böse bestraft«
- Partizipien in festen Wortgruppen, z. B.: »im Allgemeinen«
- alle zu mehrteiligen Namen gehörenden Adjektive, Parti-
  zipien und Zahlwörter, z. B.: Karl der Große

Kleinschreibung

Die Kleinschreibung gilt im Deutschen in den folgenden Bereichen:

- von Substantiven/Nomen abgeleitete Präpositionen, z. B.: dank deiner Unterstützung
- aus Substantiven/Nomen entstandene Wörter in Verbindung mit dem Hilfsverb sein und werden, z. B.: angst, bange, klasse, spitze, schuld, pleite etc. (»Er ist klasse.«)
- abgeleitete Zeitadverbien, z. B.: morgens, abends, freitags etc.

2.3 ss/ß-Schreibung

Für die Schreibung von »ss/ß« gelten folgende einfache Regeln:

- Nach einem **kurzen Vokal** wird »ss« geschrieben, z. B.: »Fluss«, »müssen«, »lassen«. Diese Regel gilt auch dann, wenn dadurch drei s-Laute aufeinanderfolgen, z. B.: »Schlussstrich«, »Anschlussstelle«.
- Nach einem **langen Vokal** oder **Diphthongen** wird »ß« geschrieben, z. B.: »Straße«, »Fußball«, »heißen«.
- »das« oder »dass«:

»das«	»dass«
Der **Artikel** und das **Demonstrativ-** bzw. **Relativpronomen** »das« werden immer mit einem einfachen »s« geschrieben. Beispiele: • Das Heft auf dem Tisch ist blau. (Artikel) • Das möchte ich kaufen. (Demonstrativpronomen) • Das Buch, das ich gerade lese, ist sehr interessant. (Relativpronomen) **Prüfregel:** Man kann »das« durch »dieses« oder »welches« ersetzen.	Die **Konjunktion** »dass« (sodass, so dass) leitet einen Nebensatz ein und wird mit »ss« geschrieben. Beispiele: • Der Autor behauptet, dass er einen genialen Romanschluss erfunden habe. • Dass er den Preis gewonnen hat, wundert mich nicht. **Prüfregel:** Man kann »dass« nicht durch »dieses« oder »welches« ersetzen.

2.4 Getrennt- und Zusammenschreibung

Getrenntschreibung

Wörter aus verschiedenen Wortgruppen werden getrennt geschrieben, z. B.: »klein beigeben«, »zusammen trinken«. Das gilt insbesondere auch in folgenden Fällen:

- **Verbindungen von gleichrangigen Verben:** z. B. »baden gehen«, »laufen lernen«, »sitzen bleiben« (nicht aufstehen)
- **Verbindungen mit dem Verb »sein«:** z. B. »fertig sein«, »da sein«, »hinüber sein«
- **Verbindungen aus Adverb und einem Verb:** wenn das Adverb erweiterbar oder steigerbar ist, z. B. »klein schreiben«, »frei sprechen« (im Sinne von: ohne Vorlage sprechen)
- **Verbindungen aus Substantiv und Verb:** in den meisten Fällen, z. B. »Auto fahren«, »Schlittschuh laufen«, »Kuchen backen«.

Zusammenschreibung

- **Verbindung aus Adverbien und Verb**: Adverbien wie »aufeinander-«, »auseinander-«, »ineinander-«, »vorwärts-« etc. schreibt man mit dem Verb zusammen, wenn sie in der Verbindung den Hauptakzent tragen, z. B. »ineinandergreifen«, »auseinandergehen«.
- **Verbindungen aus Adverb und Verb:** wenn dadurch ein Wort mit neuer Gesamtbedeutung entsteht, z. B. »fernsehen«, »wahrnehmen«, »freisprechen« (vor Gericht). Auch hier gilt in der Regel der Betonungstest: Der Hauptakzent liegt auf dem Adverb.
- **Verbindung aus zwei Verben:** wenn dadurch ein Wort mit neuer Gesamtbedeutung entsteht, z. B. »sitzenbleiben« (eine Klasse wiederholen)
- **Verbindungen aus Substantiv und Verb:** wenn das Sub-

stantiv in der Verbindung mit dem Verb verblasst ist oder seine Selbständigkeit verloren hat, z. B. »eislaufen«, »kopfstehen«, »teilhaben«

- **Verbindungen unflektierter und gleichrangiger Adjektive:** z. B. »bitterkalt«, »halbstaatlich«, »dunkelgrün«, »nasskalt«, »feuchtwarm«

2.5 Kommasetzung

Ein Komma muss stehen	Beispiele
bei Aufzählungen	Faust hat Philosophie, Juristerei, Medizin und Theologie studiert.
zwischen Haupt- und Nebensatz	Er behauptet, dass er in Rom war.
zwischen Nebensätzen unterschiedlichen Grades	Wir wissen, dass die Klausur, die wir bald schreiben, nicht leicht sein wird.
bei Anreden	Ich gratuliere Ihnen, lieber Herr Maier, zu Ihrer neuen Position.
bei entgegensetzenden Konjunktionen	Das Wochenende war schön, aber wir hatten wenig Zeit zum Schwimmen.
bei wörtlicher Rede zur Abtrennung des Begleitsatzes	»Wie viel Uhr ist es?«, fragte der Kommissar ungeduldig.
bei herausgehobenen Satzgliedern	Die Lesung, die war ausgezeichnet.
bei Appositionen	*Faust*, eines der bekanntesten Werke Goethes, ist eine spannende Lektüre.
bei nachgestellten Erläuterungen	Wir lesen ein modernes Drama, und zwar *Top Dogs*.

| bei den Konjunktionen »aber«, »andererseits«, »sondern« | Das Abitur wird nicht nur im Fach Deutsch, sondern auch im Fach Englisch geschrieben. |

Ein Komma darf nicht stehen	**Beispiele**
bei anreihenden Konjunktionen wie »sowohl ... als auch«, »entweder ... oder«, »weder ... noch«, »beziehungsweise«, »oder«, »und«, »wie« (es sei denn, sie verbinden ganze Sätze)	Ich habe sowohl das Drama als auch den Roman gelesen. Aber: Entweder ihr benehmt euch jetzt, oder ich verlasse den Raum.
bei einfachen Vergleichen (außer bei einem Vergleichssatz)	Mein Aufsatz ist besser als deiner. Aber: Mein Aufsatz ist besser, als ich dachte.
nach langen adverbialen Bestimmungen	Aufgrund eines seit letztem Montag andauernden Streiks bei der besten Fluggesellschaft hat der Referent seine Teilnahme abgesagt.

Weiterführende Literatur

Modul I: Sprache und Sprachgebrauch

Göttert, Karl-Heinz: Deutsche Sprache. 100 Seiten. Stuttgart 2017.

Hinnenkamp, Volker: Soziolinguistik. Stuttgart 2009.

Riecke, Jörg: Geschichte der deutschen Sprache. Eine Einführung. Stuttgart 2016.

Saussure, Ferdinand de: Grundfragen der allgemeinen Sprachwissenschaft. Eine Auswahl. Aus dem Frz. übers. von Ulrich Bossier. Hrsg. von Oliver Jahraus. Stuttgart 2016.

Schmid, Hans Ulrich: Einführung in die deutsche Sprachgeschichte. Stuttgart/Weimar ²2013.

Schulz von Thun, Friedemann: Miteinander reden. Bd. 1: Störungen und Klärungen. Reinbek bei Hamburg ⁵⁴2017.

Watzlawick, Paul: Man kann nicht nicht kommunizieren. Das Lesebuch. Hrsg. von Trude Trunk. Bern ²2016.

Modul II: Literarische Gattungen – Sachtexte – Lesestrategien

Freund, Winfried: Novelle. Stuttgart 2009 [u. ö.].

Gelfert, Hans–Dieter: Kompaktwissen. Wie interpretiert man ein Drama? Bibl. erg. Ausg. Stuttgart 2010 [u. ö.].

Gelfert, Hans–Dieter: Kompaktwissen. Wie interpretiert man eine Novelle und eine Kurzgeschichte? Stuttgart 1993 [u. ö.].

Gelfert, Hans–Dieter: Kompaktwissen. Wie interpretiert man einen Roman? Stuttgart 1993 [u. ö.].

Heyde, Hartmut von der: Erörtern und Sachtexte analysieren. Freising 2012.

Kellermann, Ralf: Kompaktwissen XL. Gedichte analysieren und interpretieren. Stuttgart 2017.

May, Yomb: Kompaktwissen. Literarische Grundbegriffe. Stuttgart 2012 [u. ö.].

Moennighoff, Burkhard: Metrik. Verslehre und Versgeschichte. Stuttgart ³2017.

Modul III: Grundzüge der deutschsprachigen Literaturgeschichte

Lauer, Gerhard: Grundkurs Literaturgeschichte. Stuttgart ²2009.

Meid, Volker: Das Buch der Literatur. Deutsche Literatur vom frühen Mittelalter bis ins 21. Jahrhundert. Stuttgart ⁴2017.

Meid, Volker: Reclams Lexikon der deutschsprachigen Autoren. 2., aktual. und erw. Ausg. Stuttgart 2006.

Zmegac, Viktor / Skreb, Zdenko / Sekulic, Ljerka: Kleine Geschichte der deutschen Literatur. Von den Anfängen bis zur Gegenwart. Berlin ⁵1997.

Modul IV: Rhetorik und Redeanalyse

Händel, Daniel / Kresimon, Andrea / Schneider, Jost: Schlüsselkompetenzen: Reden – Argumentieren – Überzeugen. Stuttgart 2007.

Knape, Joachim: Was ist Rhetorik? Bibliogr. erg. Ausg. Stuttgart 2012 [u. ö.].

Moennighoff, Burkhard: Stilistik. Stuttgart 2009 [u. ö.].

Modul V: Filmisches Erzählen. Grundlagen der Filmanalyse

Abraham, Ulf: Filme im Deutschunterricht. Seelze-Velber 2009.

Faulstich, Werner: Grundkurs Filmanalyse. München ³2013.

Maiwald, Klaus: Vom Film zur Literatur. Moderne Klassiker der Literaturverfilmung im Medienvergleich. Stuttgart 2015.

Modul VI: Die Abiturprüfung

Duden. Die schriftliche Arbeit. Von Jürg Niederhauser. Mannheim/Zürich 2011.

Lehner, Martin: Viel Stoff – schnell gelernt: Prüfungen opimal vorbereiten. Bern 2015.

May, Yomb: Kompaktwissen. Wissenschaftliches Arbeiten. Eine Anleitung zu Techniken und Schriftform. Stuttgart 2010.

Reinhaus, David: Lerntechniken. Freiburg i. Br. [2]2014.

Schindler, Kirsten: Klausur, Protokoll, Essay. Kleine Texte optimal verfassen. Paderborn 2011.

Modul VII: Wiederholungskurs: Grammatik, Rechtschreibung, Zeichensetzung

deutsch.kompetent. Trainingsheft Grammatik, Rechtschreibung, Stil. Oberstufe. Stuttgart 2012.

Staaden, Steffi: Rechtschreibung und Zeichensetzung endlich beherrschen. Regeln und Übungen. Paderborn [2]2016.

Register